宋《江陰軍志》輯佚

宮昌俊　主編
曹磊　副主編

鳳凰出版社

圖書在版編目（CIP）數據

宋《江陰軍志》輯佚 / 宮昌俊主編. -- 南京 : 鳳凰出版社, 2022.12
ISBN 978-7-5506-3804-4

Ⅰ. ①宋… Ⅱ. ①宮… Ⅲ. ①江陰一地方志一宋代
Ⅳ. ①K295.33

中國版本圖書館CIP數據核字(2022)第216809號

書　名	宋《江陰軍志》輯佚
主　編	宮昌俊
責任編輯	尤丹丹
特約編輯	彭子航
裝幀設計	徐　慧
出版發行	鳳凰出版社(原江蘇古籍出版社) 發行部電話025-83223462
出版社地址	江蘇省南京市中央路165號,郵編:210009
照　排	南京凱建文化發展有限公司
印　刷	鳳凰數碼印務有限公司 江蘇省南京市栖霞區堯新大道399號,郵編:210038
開　本	880毫米×1230毫米　1/32
印　張	11.125
字　數	259千字
版　次	2022年12月第1版
印　次	2022年12月第1次印刷
標準書號	ISBN 978-7-5506-3804-4
定　價	88.00圓

(本書凡印裝錯誤可向承印廠調換,電話:025-57718474)

簡策哉遂議同摹白具事於郡郡官嘉其議下所屬州縣採摭事實將纂輯成書以續前志會公將代事竟因循至治癸亥郡侯周太中到任慨然以修志為念乃屬郡文學文君志仁竟其事甞不鄙疎陋俾贊厥成於是芟煩翦浮列為一十卷第見聞不廣紀錄未詳尚當考之圖經詢諸耆舊以增益其所未備焉旹泰定二年龍集乙丑八日暨陽劉文炳序

江陰志大江自京口委折而南浩漾澎湃勢益壯越數百百里聚為澄江之區其山川甚秀其生齒甚繁其風物甚

（以上圖片出自《[洪武]常州府志》卷一《歷代序文》）

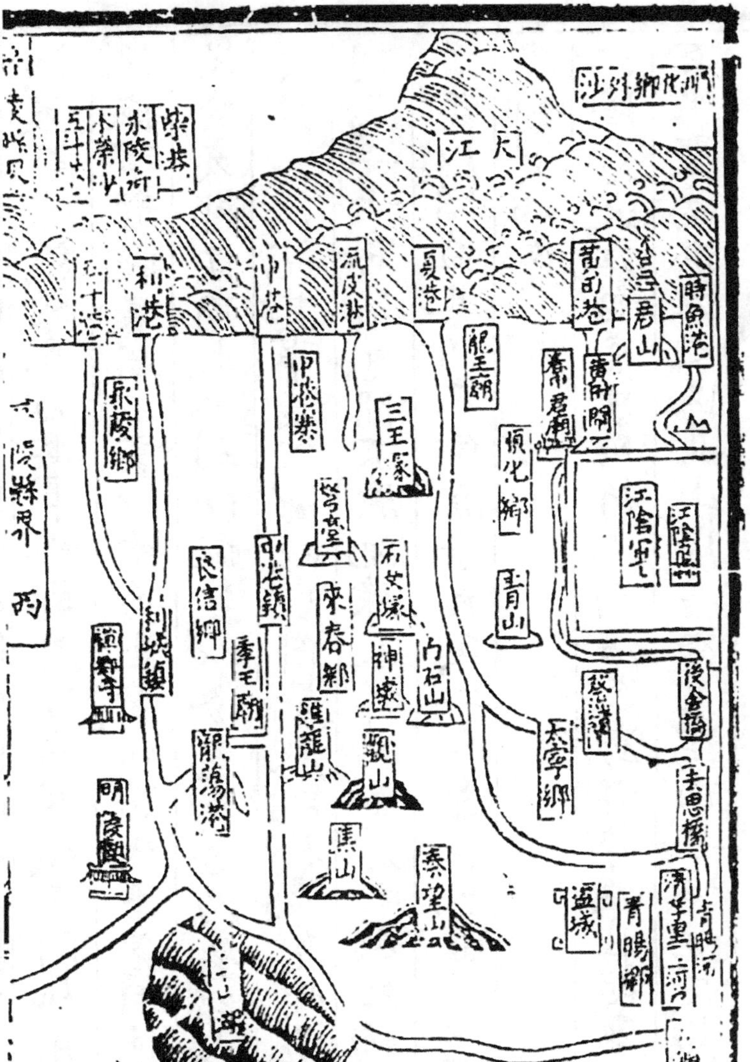

大江
時魚港
夏港
流皮港
利港
三王冢
江陰軍
青山
來春鄉
秦望山
君山
良信鄉
申港鎮
利港鎮
順化鄉
太寧鄉
龍王廟
青暘鄉

宋志全境圖

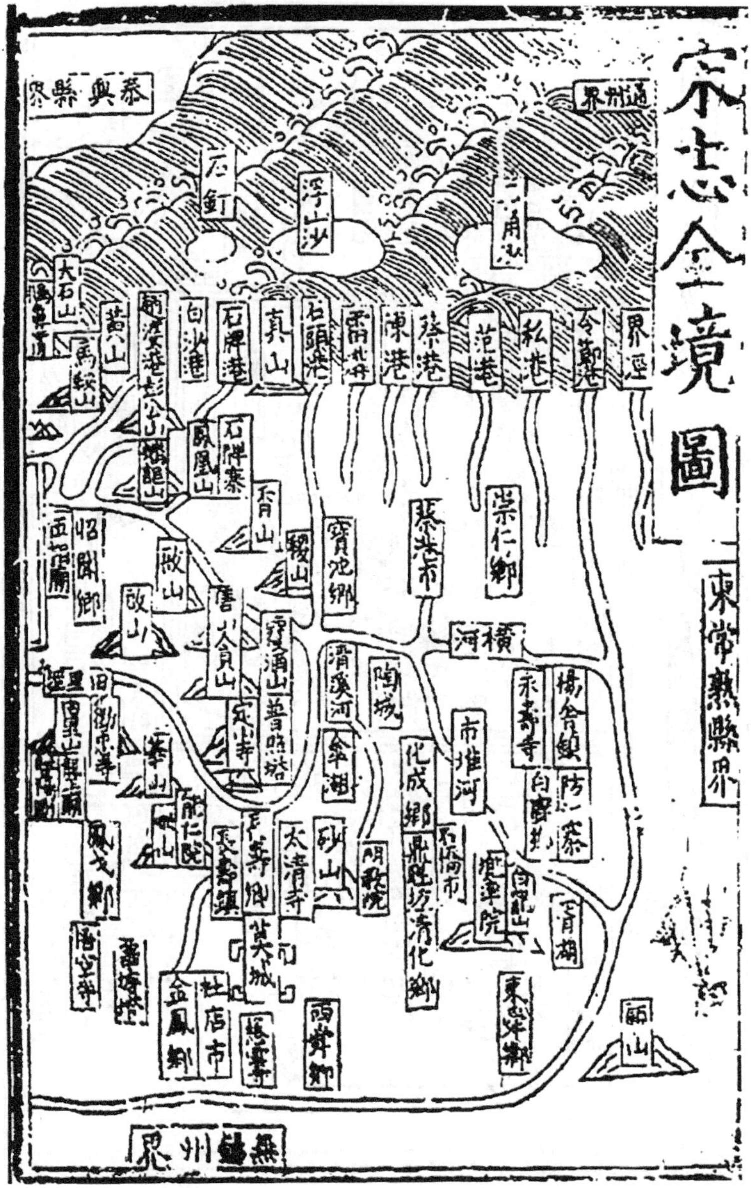
宋志全境圖
泰興縣界
通州界
石釘
浮山沙
界涇
私港
范港
蔡港
陳港
石頭港
真山
石牌港
白沙港
黃山
大石山
馬鞍山
石牌寨
鳳凰山
香山
崇仁鄉
蔡港市
敔山
橫河
清溪河
陶城
東常熟縣界
楊舍鎮
永壽寺
化成鄉
砂山
太清寺
明教院
金鳳鄉
杜店市
顧山
無錫州界

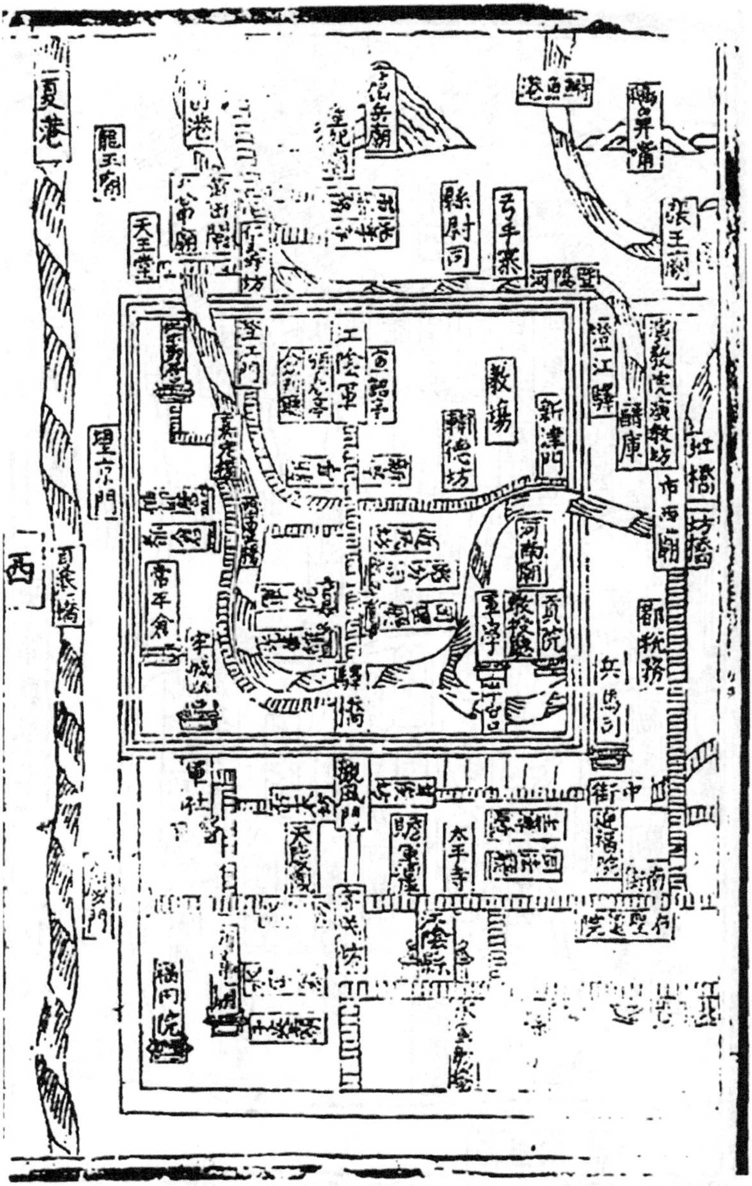

夏港
龍王廟
天王堂
縣尉司
教場
新津門
澄江驛
張王廟
常平倉
貢院
兵馬司
都稅務
太平寺
西

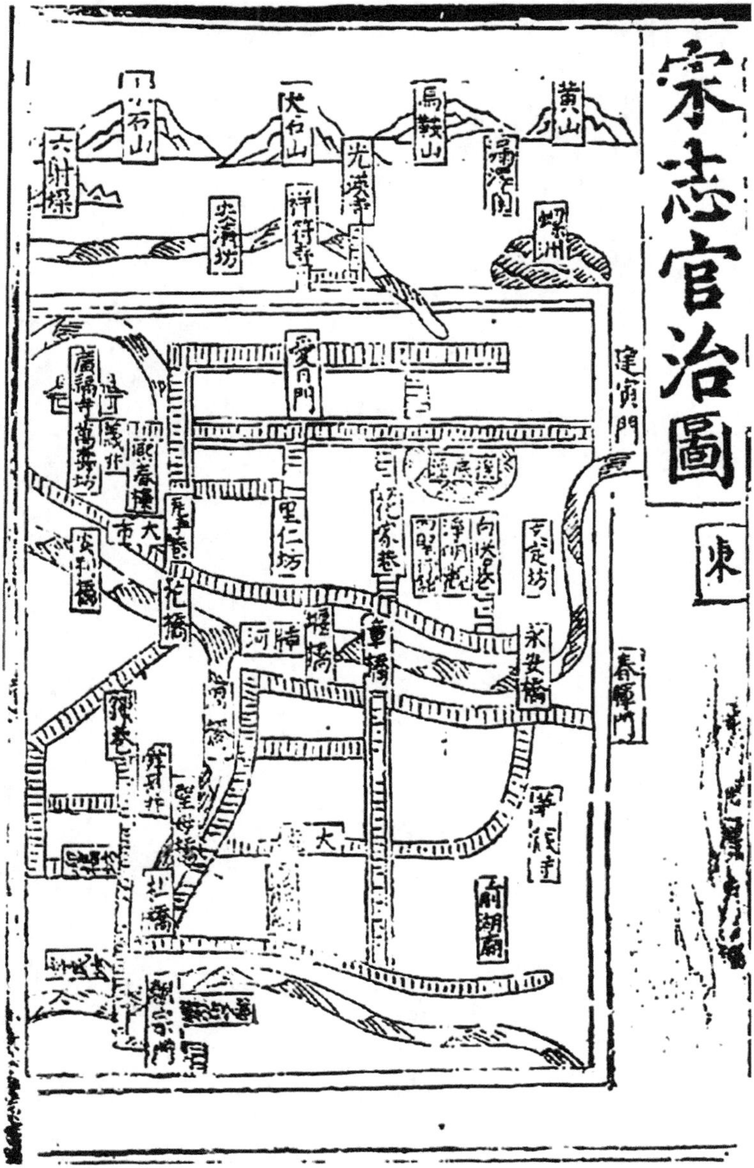

（以上圖片出自《[弘治]江陰縣志》卷十四《離合圖譜》）

前　言

宋代社會政治、經濟、文化的發展，使得方志編纂進入定型、成熟的重要時期，正如清代學者郭嵩燾所言“地志體例，經始於北宋，至南宋而始備”。雖歷經元、明、清、民國，方志體例的格局始終沒有大的改變，可見宋代方志編纂影響之深遠。

宋代諸府、州、軍、縣每隔一段時間（一般爲三十年）便編修地方志，但至今存世者僅二十九種。江陰歷代方志記載，宋代就已編纂過《江陰軍志》，然而現存最早的完整方志是明《［弘治］江陰縣志》，宋志最遲可能於明正德、嘉靖以後就全部散佚，誠如清人朱廷鋐續纂《［康熙］江陰縣志》時慨嘆：“考舊志自宋以來，諸本俱亡失不可問。”因此，一旦《江陰軍志》被發現或整理，其意義不言而喻。在此背景下，江陰市圖書館開展了《宋〈江陰軍志〉輯佚》一書的編纂工作。

一、宋《江陰軍志》源流梳理

據《［弘治］江陰縣志》所録序文兩篇——即《紹熙中創編江陰志序》《紹定續修記》，可知宋《江陰軍志》創修於紹熙年間，紹定年間曾兩次續修。而依明《常州府志》（清抄本，據《上海圖書館藏稀見方志叢刊》定名，以下簡稱《［洪武］常州府志》，今人論證爲《永樂大典・常州府》，此處不作討論）的引文來看，應當還有慶元、景定、咸淳至少三次續修。

1. 紹熙

南宋紹熙五年(1194),知軍施邁修,教授鄭應申、知縣徐綱纂,世稱"施志"。這是江陰歷史上首部以"志"命名、體例相對完備的地方志。從《紹熙中創編江陰志序》中可知,"施志"共十卷,分三十二門,資料詳實,條目井井。其後紹定續修皆稱"續添"或"添入",可見均依托《[紹熙]江陰軍志》添入相關内容。

2. 慶元

《[洪武]常州府志》卷十九徵引宋《江陰軍志》"招隱院新建鐘樓"條下有"已下碑記,慶元四年郡侯陳序已類叙,刊成《續志》",故慶元四年(1198),知軍陳序可能有衹録碑文的續修之舉。

3. 紹定

紹定三年(1230),知軍顏耆仲修,郭庭堅、蔣汝通編纂《[紹定]江陰軍志》。據《紹定續修記》所言,此次續修的方式是在《[紹熙]江陰軍志》的基礎上,"因其編目,隨類附入,視前志爲稍詳",并增題詠一卷,共十一卷,仍分三十二門。

紹定五年(1232),知軍史寯之再度續修,命蔣汝通增補遺闕,簽判石祖文總其綱。據《紹定續修記》所言,重軍旅、俎豆二事,補江防、鄉飲等内容。

4. 景定與咸淳

據《[洪武]常州府志》引文,宋《江陰軍志》不僅包括《[紹熙]江陰軍志》和《[紹定]江陰軍志》,還包括景定之後補入的内容,據此估計當時還有《[景定]江陰軍志》和《[咸淳]江陰軍志》。《[洪武]常州府志》引"景定續添"之文,因序、跋無存,不知係何年何人所續,主修或爲時任郡守孫應鳳;引《江陰續志》之文,皆爲紹定五年後至咸淳三年(1267)之事,主修或爲時任知軍趙孟奎。

因軍志"遺闕泯漫",元至元二十三年(1286)教授朱子昌"重加校正，命工鋟梓”；明洪武九年(1376)知縣饒玄德“搜葺散亡，掇拾殘斷”，并據張彦翔藏本校對重刊。《[弘治]江陰縣志》編纂之時尚可見宋志原貌，但此後再没有相關記載。

二、輯佚價值

宋《江陰軍志》的輯佚甚至復原，不僅能爲江陰找到方志的源頭，也能爲全國呈現現存唯一比較完整的宋代軍志，其重要價值，王繼宗等學者已經有過詳細闡述，故不再贅述。這裏以本書卷第十三趙孟奎所撰《便民劄子》一文爲例，探討宋《江陰軍志》對於地方文史研究的意義。

《便民劄子》是趙孟奎到任半年後的奏章，他提出了六項希望得到朝廷允許的舉措。其中第一項爲“分縣治”，他提出，在崇仁鄉楊舍鎮設立新的縣治，以便更好地治理江陰軍。楊舍鎮是如今張家港市政府所在地，張家港市的前身是1962年成立的沙洲縣。可以看到，早在沙洲縣成立的近七百年前，就有了重新劃分行政區劃的提議。在論述“分縣治”的必要性時，趙孟奎花了較大篇幅描繪當時江陰的民風：“本軍雖曰小壘，地里曠遠，沿江一帶及對岸沙蕩，民居星散，土俗率多頑獷，全類淮鄉。每有期會，官司之令不行於都保，都保之令不行於田里，以抵拒爲得計，以不受追呼爲能事。只緣止有一縣，相去隔跨，雖鞭之長，不及馬腹。更有崇仁、長壽、白鹿、東西舜等鄉，地險民惡，離城郭尤遠，未嘗有輸王賦。每歲縣不得已，委官差使催督，亦不體悉，動是率衆趕散，謂之‘打局’。前任都監包良，被其縱火逐出，去歲巡檢張維，被其群毆折支。皆緣頑民恃遠，不知有官司，致滋長凶惡。詢之父老，采之寓貴，僉議皆謂合於崇仁揚(疑作楊)舍鎮添置一縣，以便控御、催科。”

很顯然，當時江陰民風頗爲彪悍，將下鄉催收租税的官吏都打跑了。這樣看來,"江陰莫動手""江陰强盗"等俗語,其來源至少可以追溯到南宋時期,而敢於抗争的民風,也是江陰發生"抗清八十一日"的歷史淵源。

此外,趙孟奎在《便民劄子》中還提到了宗室俸禄是江陰軍支出的負擔之一,結合《建炎以來繫年要録》卷六十八"乙丑"條所載"宗子扰民"一事,可知江陰本地石橋趙氏、章卿趙氏爲宋代宗室後裔的記載不假。

宋《江陰軍志》的突出特點是條目内容多徵引他書,甚至整段徵引而不自作陳述。所徵引之書,今多散佚,殘文賴宋志得以保存,如《祥符圖經》、舊《經》、《十國紀年》、《條山記》、《南徐州記》、《源山須知》、《十道四蕃志》、《高麗入山傳》等。另外,本書卷第七《人物》門整段徵引《葛氏家譜》,可證家譜"補史"之作用。

三、本書情况

本書輯録各志、書徵引宋《江陰軍志》的内容依《[弘治]江陰縣志》所載目録彙編而成,故書名定爲《宋〈江陰軍志〉輯佚》,同一類目下的正文末注明相應的徵引出處。

1. 目録

《[弘治]江陰縣志》卷十四《諸志序例次第》中存《紹定志》十一卷目録:卷第一總叙、分野、風俗、形勢、道里、縣鎮、城社;卷第二學校(貢院附)、刑獄、户口、物産、財賦;卷第三郡守、軍治、官廨;卷第四年表、職田;卷第五坊市、倉庫(場務、酒坊附)、營寨(教場附)、亭館(遞鋪附)、橋梁;卷第六山阜、河渠(堰、閘、井、泉附);卷第七人物、科名;卷第八古迹、寺觀、祠廟;卷第九碑刻、題詠上;卷第十題詠下;卷第十一題詠(紹定續添)。本書前十一卷基本按此編排。《[弘治]江陰縣志》卷十四《洪武中重刊宋志序》又載,饒玄德"招集遺老、延至儒流，胥會於學宫，搜葺散亡，掇拾殘斷舊書，前、後、續編總一十三卷"。可知後人刊刻之時，有"後編""續編"之册，即卷第十二《續修江陰志》、卷第十三《江陰續志》。本書整合《紹定志》《續修江陰志》《江陰續志》，共十三卷。

2. 内容

本書中：有徵引"江陰志"而無"續""添"字樣者，屬紹熙創編的内容；有徵引"紹定新入""紹定添入""紹定續入(人物)"字樣者，屬紹定三年所續添；有徵引"紹定壬辰增入""紹定壬辰添入"字樣者，屬紹定五年再續添，重點詳載江防、民政、學事；有徵引"景定續添"字樣者，屬景定續添，除《人物》門，或另有紹定後奏章兩通(《[洪武]常州府志》徵引文末未注明"景定續添"或"咸淳續添")；有徵引"江陰續志""咸淳丁卯添入"字樣者，屬咸淳三年續添。

前十一卷正文爲前編，録紹熙、紹定内容。卷第十二正文爲後編，即慶元續修，《[洪武]常州府志》兩處標注徵引《續修江陰志》之正文皆爲碑記文章，或因《[紹熙]江陰軍志》卷九《碑刻》只録碑名，不録其文，故此卷録碑文。卷第十三正文爲續編，即咸淳續志，録紹定五年後至咸淳三年之事。

本書《物産》門雖亦見於《[弘治]江陰縣志》卷十二、《[嘉靖]江陰縣志》卷六、《[咸淳]重修毗陵志》卷十二、《[成化]重修毗陵志》卷八等各志書，但均未見"宋志(云)"等有關徵引字樣，故僅保留目録，不摘録内容。

附録收録《至元中重刊宋志題識》《洪武中重刊宋志序》。

3. 編輯原則

一是輯佚。較早引用宋江陰志的是《輿地紀勝》，但引用時多用己語，故不貿然摘録。《[成化]毗陵續志》徵引不多且也好用己語，故也不輕易摘録。《[弘治]江陰縣志》引用較多，且同時標明

"宋志""紹熙志""紹定志"等字樣,内容上也較忠於原文。《[洪武]常州府志》則爲輯佚提供了主要來源。此外,參照當代學者研究著作,如《宋遼金元方志輯佚》之《江蘇省·江陰志》篇、《無錫方志輯考》之《江陰縣》篇等,又輯出《永樂大典》《重修琴川志》等文獻中相關内容。

二是校勘。所用文獻包括史、志、詩、詞、文集等;文字儘量保持原字,校勘作注脚;標點按意點斷,儘可能疏通文意。

(1) 明顯訛誤之處如古詞彙、古地名、年號等進行改動,并標明依據或出處。

(2) 缺文、不可辨、存疑之處不盲目增、删、改,但注明相關參考文獻或據上下文疑作何字。如模糊但可確定字數的,采用符號"□"代替,可考者直接補出并標注;若無校勘文獻對校,則作注存疑;不可辨或缺失者,則不采用符號而直接標注説明。

(3) 徵引文獻有抄寫者添加的小字,徑改大字録入,并作注,如"然後敢瀝血忱呼籲"中的"後"字;正文中的原注爲小字的,保持原書格式。

(4) 書中引用其他文獻的原文,儘可能核實出處,如有出處者加雙引號,若無法斷定者則不加雙引號。

4. 難點

一是内容考證。《[洪武]常州府志》十九卷内,各處徵引《江陰軍志》類目錯雜繁瑣,不可算作一部完整的江陰志書,只是彙而不纂,加之爲清嘉慶間抄本,内容難免缺、誤。其他各志書、文獻也有錯誤之處。人力、物資有限,無法對所有存疑之處剖析是非、辨明正訛,無法做到"逢人必考、逢事必究、逢文必核"。

二是版本恢復。府志按類彙抄宋江陰之志時,非宋志原書的類目順序,《輿地紀勝》《[弘治]江陰縣志》更係摘引,今衹能摘、輯其内容而無法一睹全貌，部分内容也難以區分所述爲何年代，更無從詳考體例，無從確定舊時版本。

結　語

《宋〈江陰軍志〉輯佚》一書的編纂歷經兩年多時間，由宫昌俊對全書總負責并進行最終審定，曹磊負責全書統稿并組織修改。先後參與編纂、校勘工作的人員有陸新强（卷第十至十三、附録等），貢振亞（卷第四至六），方洪（卷第一至三），何思怡（卷第七至八），闞玲（卷第九）。

本書的編纂，受到《明永樂常州府志》（葉舟等點校）、《宋江陰志輯佚》（楊印民輯校）、《〈永樂大典·常州府〉清抄本校注》（王繼宗校注）等著作的啓發，得到本地專家（趙統、繆幸龍等）和組織（江陰虞門曹氏文化研究會等）的支持，在此一并致謝。

因學識有限，在整理、輯校過程中難免存在錯誤，期盼得到社會對本書的意見和建議，以助宋《江陰軍志》真正無限接近"復原"，發揮最大價值。

目　録

前　編

後　編

續　編

前　编

從事郎、江陰軍軍學教授鄭應申編

迪功郎、江陰軍軍學教授郭庭堅重修

迪功郎、新平江府嘉定縣主簿蔣汝通同修

學賓曹崧、掌書吴天成、學諭貢士丁時發參校

從事郎、監潭州南嶽廟蔣汝通增修

朝奉郎、簽書江陰軍判官廳公事石祖文提督

以上據《[弘治]江陰縣志》卷十四《諸志序例次第》

歷次編修軍志序文[①]

紹熙中創編江陰志序[②]

大江自京口委折而南，浩渼澎湃，勢益壯，越數百[③]里，聚爲澄江之區。其山川甚秀，其生齒甚繁，其風物甚雅，而名公賢、士大夫落落繼出，如騎星辰，通德之門，奐焉相接也。自縣升軍額，不惟其地望更重，而其去行在所不信宿，亦獲附畿甸五等侯之列，故守將爲時高選。雖在江一隅，商舶輻至，然道號"清簡少事"，有枚數當今樂州者，必屈指焉。

郡各有志，澄江獨未之作也。吴興施公太博知軍事，慨然以爲闕[④]典，首命郡博士鄭君、邑大夫徐君，相與搜獵，以編爲書，庶幾來者有考。鄭君於是質之古，驗之今，采其土地所有、記聞所傳，瑣[⑤]科條所當登載者，分爲三十二門，計一十卷，其文直，其事核，其目井井也。書成，而施公[⑥]以請祠去。巨源暫[⑦]以幕[⑧]僚攝承，泮宫諸生僉以鋟木爲鄭君請，因贊其成。且巨源嘗爲施公屬，載其作

① 原無此目，今加。
② 題名據《[弘治]江陰縣志》卷十四《諸志序例次第》補。
③ "數百"後原多"百"字，據《[弘治]江陰縣志》删。
④ "闕"，《[弘治]江陰縣志》作"缺"。
⑤ "瑣"字，《[嘉靖]江陰縣志》卷二十一《遺文第十五》無。
⑥ "施公"後，原另注"紹熙甲寅宋光宗五年"。
⑦ "暫"，《[弘治]江陰縣志》《[嘉靖]江陰縣志》均作"嘗"。
⑧ "幕"，原作"纂"，據《[弘治]江陰縣志》《[嘉靖]江陰縣志》改。

書之自，及識其月日，敬不敢辭。然鄭君爲是書也，亦勤矣。先賢讀《詩》之“緑竹猗猗”，知衛地淇澳之産；“在其板屋”，知秦野西戎之居。隻字片辭，坐致千里。古人發興於詠歌且爾，而况紀事之書乎？鄭君誠有仿乎此。

紹熙甲寅十月朔，僉書軍判官廳公事、吴興俞巨源謹序。

紹定續修記

江陰舊志，前廣文鄭應申所編，時紹熙甲寅歲也，間有考之未詳、略而弗備者。况歷三紀之餘，時異事殊，洊有增益，盍廣前聞，庶免疎缺？顔侯奏院一寓目而深有志焉，庭堅以文學掾承侯命，偕前國學進士蔣汝通纂修之。乃審訂是非，搜訪遺逸，因其編目，隨類附入，視前志爲稍詳，若曰全備，則非庭堅敢知也。

紹定庚寅季夏望日，修書告成，姑記其略云。郡文學郭庭堅識。①

軍旅、俎豆，皆重事也。史侯樞院下車而經畫江防，期年而講行鄉飲，二者俱前志所缺，書之爲宜。貳郡會稽石祖文總其網，汝通承增修之命，乃各紀其實，以識歲月。

紹定壬辰良月上澣日，荆溪蔣汝通敬書。

以上《[洪武]常州府志》卷一《歷代序文》徵引《江陰志》

① 此句《[弘治]江陰縣志》作“郡文學掾郭庭堅謹識”。

卷第一

總　叙

江陰,古延陵境也,於漢魏爲鄉,於晋爲縣,於梁爲郡,於陳爲國,於唐爲州,而軍額之建,實自南唐始。其在《禹貢》《周·職方》,皆爲揚州之域。自吴季札避位而耕封于延陵,遂爲季子所居之地。延陵,今之常州,而札之墓在申浦,以此故也。按《前漢①·地理志·會稽郡·毗陵》注云:季札所居,舊延陵,漢改之。又杜佑《通典·潤州·延陵縣》注:非古之延陵。古延陵,今晋陵縣是也。其後屬楚,考烈王封黄歇爲春申君,請地江東,於是城故吴墟以爲都邑,故今因春申爲號者居多。如黄田港、申港、君山、黄山之屬。秦漢以來,郡則會稽,縣則毗陵,兹以鄉屬,是名暨陽。按魏文帝《皇覽》云:季子冢在毗陵縣②暨陽鄉。而李吉甫《元和郡國志》亦云:江陰本漢毗陵之暨陽鄉。至順帝時,分會稽爲吴郡。晋太康二年,分毗陵縣以爲暨陽,立毗陵郡,至是始爲暨陽縣矣。元帝渡江,僑立郡縣以處淮北流徙之衆,邑有利城,郡有南蘭陵,皆隸南徐州。咸康以後,暨陽分爲南沙,而利城爲邑,乃屬南蘭陵。迨至蕭梁,置江陰郡,敬帝時分蘭陵爲江陰縣,而利城、梁豐亦以縣屬,江陰之名始於此。故在梁則領縣者三:江陰、利城、梁豐是也。歐陽忞《輿地廣記》云:梁分蘭陵縣置江陰縣及江陰郡,初不詳其歲

① 當指《漢書》。

② "縣"字,《皇覽》無。

月。《太平寰宇記》《祥符圖經》皆云梁立爲郡，而江陰縣則或云敬帝太平二年所置。今據《梁紀》及《通鑑》，於天監十年云，是歲梁之境内有州二十三、郡三百五十、縣千二十二，是後，廢置離合不可勝紀。又《沈文阿傳》云：侯景平，文阿監江陰郡。景平在元帝承聖元年，則江陰郡之置，當在承聖之前矣。是時，江陰乃爲梁國。

隋平陳，郡廢，并利城、梁豐入江陰縣，屬毗陵郡[①]。唐置暨州，領縣三：江陰、暨陽、利城。武德九年，州廢，并爲江陰一縣，屬常州。南唐昇元中，始建爲軍，領縣一即江陰，軍之名創於此矣。國朝[②]開寶八年，既入版圖，至太平興國二年，乃錫軍額。後淳化元年，廢爲縣，三年，從邑人司諫張觀之請，復爲軍。至熙寧四年，又廢爲縣。後建炎中興，沿江守禦，復爲軍。至紹興二十七年，因浙西安撫榮薿奏請，又廢。後紹興三十一年，講修防江之策，則又復之。其廢也，并爲毗陵屬邑，其復則皆爲軍。蓋自五代至今，廢置不常，而所領唯江陰一縣爾。

以上《[弘治]江陰縣志》卷一《建置沿革》徵引《宋志》

分　野

《周禮》："保章氏以星土辨[③]九州之地，所封封域皆有分星，以觀妖祥。"分野之説，其來尚矣。然鄭康成注乃謂："大界則曰九州，州中諸國封域，於星亦有分焉。其書亡矣。堪輿雖有郡國所入度，非古數也。今其存者，十二次之分也。"則是九州之中，又有諸郡國

① 《[弘治]江陰縣志》卷一《建置沿革》注"'毗陵郡'三字誤，當作'常州'"。

② "國朝"，原作"宋朝"，徑改。

③ "辨"，《[弘治]江陰縣志》卷六《星分》作"辯"。下同。

所配之度，其書泯[1]滅，莫得而詳。故司馬子長之《天官書》、班[2]孟堅之《地理志》，所舉不過十二次而已。至東漢及晋《志》，乃以躔度分剖，毫厘悉矣。然諸家往往不同，故杜佑《通典》[3]既曰"下分區域，上配星躔"[4]"詳辯[5]隸屬，甚爲乖互[6]"。雖已議其失，又以"歷代所傳"，欲"備一家之學"，以"示無闕"。是則分野之説，圖志所不容缺。今列[7]諸史所載于後，亦杜祐[8]意也。《史記・天官書》："牽牛、婺女，揚州。"《前漢・地理志》[9]："吴地，斗分野。"《後漢・郡國志》[10]："斗十一度至婺女七度，吴、越分。"《晋・天文志》[11]："斗、牽牛、須女，吴、越，揚州。自南斗十二度至須女七度，爲星紀。"

以上《[洪武]常州府志》卷二《建置沿革・地理二》徵引《江陰志》

風　俗

江陰故縣治，言風俗者視毗陵，而毗陵爲郡，隸屬不一，或揚州，或會稽，或吴郡。境地宏闊，世變推蕩，因方辨俗，不免異論。

---

① "泯"，《[弘治]江陰縣志》作"泯"。

② "班"字原闕，據《[弘治]江陰縣志》補。

③ 此下原有"分剖毫厘悉矣然諸家往往不同故杜佑通典"，疑爲衍文，據《[弘治]江陰縣志》删。

④ 此下"詳辯隸屬……一家之學"句原闕，僅有"此以挖"几字，上下皆有多格空，疑有貼改，據《[弘治]江陰縣志》録。

⑤ "詳辯"，《通典》卷一百七十二《州郡二》作"辯詳"。

⑥ "互"，《[弘治]江陰縣志》作"玄"，據《通典》改。

⑦ "列"，《[弘治]江陰縣志》作"刻"。

⑧ "祐"，上文作"佑"。

⑨ 《前漢・地理志》，即《漢書・地理志》。

⑩ 《後漢・郡國志》，即《後漢書・郡國志》。

⑪ 《晋・天文志》，即《晋書・天文志》。

故以夫差、勾踐，則謂之好劍，班孟堅説也；以太伯、延陵，則謂之克遜，左太冲説也；以顔、謝、徐、庾，則謂之藝文，杜佑説也。要之，道有升降，時有污隆，風俗隨之，難拘一説云爾。

以上《[洪武]常州府志》卷四《風俗形勢》徵引《江陰志》

形勢

江陰北抵江淮，東連海道，自六朝與五季，皆爲置兵之地。矧今駐蹕武林[①]，浙右諸郡，兹爲控扼，其於形勢，詎可輕乎？謹采古人屯戍之由與夫往歲守禦之要，列于左方，亦有備無患之義也。

宋文帝元嘉二十七年，魏太武帝率大衆至瓜步，壞[②]民廬舍，及伐葦爲筏，聲言欲渡江，建康震懼[③]。丹陽統内盡户發丁，命領將軍[④]劉遵[⑤]等將兵分守津要，游邏上接于湖，下至蔡州，陳艦列營，連匝[⑥]江濱，自采石至暨陽，六七百里。

唐李希烈之亂，韓滉鎮潤州，造樓船三千柁[⑦]，以舟師由海門大閲，至申浦乃還。

吴徐温禦越師，一戰于潘葑，二戰于霍丘，三戰于江陰，四戰于無錫，以平内難功授常州刺史。見宋齊丘[⑧]《廣平集·報先禪寺碑》。

---

① “秝”，《[成化]重修毗陵志》卷十六《武備·教場》作“林”。
② “壊”，《[弘治]江陰縣志》卷五《兵衛》作“壞”。
③ “民廬舍……建康震懼”句，《[弘治]江陰縣志》無。
④ “領將軍”，《資治通鑑》卷一百二十五《宋紀七》作“領軍將軍”。
⑤ “劉遵”，《資治通鑑》卷一百二十五作“劉遵考”。
⑥ “匝”，《[弘治]江陰縣志》作“亘”。
⑦ “柂”，《[弘治]江陰縣志》作“枕”。
⑧ “丘”，原作“兵”，據《[弘治]江陰縣志》《[成化]重修毗陵志》改。

周顯德二年，王師征淮南[①]。吴越屯兵境上，以待周命，吴越相吴程欲遂取常州。會南唐有詔，安撫江陰吏民，元[②]德昭請姑俟[③]之。俶不從，直趨常州，又使路彦銖攻南唐宣州。唐羅晟師戰艦屯江陰。

紹興四年十二月二十日，三省、樞密院同奉聖旨勘會："江南沿江爲軍，皆係緊要控扼重地。除已措置專委諸路帥臣、漕臣打造諸[④]戰船外，合行招置水軍，教習戰船，以備緩急、禦敵。内一項：令臨安、平江、鎮江府，秀、常州，江陰軍，太平、池、江、洪州，興國、鄂、岳、潭州，各置水軍，以五百人爲額，并以'横江'爲名。其招軍例物并請受，并依[⑤]雄節指揮則例支破[⑥]。"

隆興二年十一月二十二日[⑦]，指揮勘會："通、泰，江陰軍，海道江面闊遠，切虞[⑧]任責不專。三省、樞密院同奉聖旨，令范榮專一措置捍禦通泰料角、楚州鹽城縣水陸一帶，李寶專一防捍江陰軍一帶。江面如有緩急，即互相策應，不得少有誤事。"是年，知軍宋藻、節使李寶各有申請利害。文多不載。

乾道五年，御前水軍統制[⑨]馮湛申請，本軍官兵、人船分屯明

---

① "南"，《[弘治]江陰縣志》作"安"。

② 原"元"作小字，疑後補。

③ "俟"，《[弘治]江陰縣志》作"伺"。

④ "諸"，《[弘治]江陰縣志》作"車"。

⑤ "依"，《[弘治]江陰縣志》《[嘉靖]江陰縣志》《[成化]重修毗陵志》均作"係"。

⑥ "破"，《[弘治]江陰縣志》《[嘉靖]江陰縣志》《[成化]重修毗陵志》均作"放"。

⑦ "十一月二十二日"，《[弘治]江陰縣志》作"十二月一十二日"，《[嘉靖]江陰縣志》卷十《兵衛記第八》作"十二月二十二日"。

⑧ "虞"，《[弘治]江陰縣志》作"慮"。

⑨ "制"，《[弘治]江陰縣志》作"置"。

州定海縣，元額三千人，舊排作第一、第二、第三將，江陰軍見管二千人，乞分作第四、第五將。

乾道六年，左翼軍統領李彦椿駐劄，造寨屋二千四百九十二間。元在天慶觀西，今廢。

乾道八年，知軍向子豐劄子："契勘：江陰軍邊臨大江，正是下流。北與通、泰相對，東連海道，西接鎮江，最爲控扼。昨自建炎之初，朝廷差撥喬仲福等軍馬在此屯駐，防遏盜賊。至于紹興間，邊埸罷嚴，并歸大軍。三十年以來，鎮江分差水軍三百人，在軍彈壓，後兵騎臨淮，拘收前去。續有李寶、馮湛、李彦椿前來駐劄。逐年防秋之際，尚于福建路分差海船，在軍擺泊。後至乾道六年，李彦椿移屯許浦，自此本軍全無軍馬。欲望朝廷詳酌事體，近屯駐大軍去處，分撥三五百人，在軍屯泊，不唯盜賊屏迹，居民安堵，則江上不測有警，亦可應援。"後不施行。至于淳熙七年，始得請于朝，以許浦水軍三百[①]人分駐于此。

開禧元年九月二十七日，奉聖旨："駐劄水軍遇有邊警急切，許從本軍守臣時暫遣發，仍聽節制。"紹定新入。

建炎三年，江東安撫使劉光世、江浙制置使韩世忠各提重兵，有詔："江淮宣撫使總護諸將。"世忠乞不受節制，上怒曰："豈容如此！速[②]置之法。"光世即時自江州移屯江陰。又諜報兀朮將自海道窺江浙，韓世忠亦駐軍江陰。《中興事略》。紹定添入。

紹興五年，劉光世充淮西、太平州宣撫使。水賊邵清擾通、泰，有大小戰船三千餘，至是，抵太平州城下。詔光世討之。又犯江陰軍及崇明鎮，遂爲光世所圍，勢蹙乃降。《光堯聖政》。紹定添入。

① "百"字原闕，據《[弘治]江陰縣志》《[成化]重修毗陵志》補。

② "速"，《[弘治]江陰縣志》作"違"。

大江之險，所當固守。守江之策有三節焉。大江之南，則宜列兵戍，多備舟楫，以俟濟師。錢鏐之備浙西，則于福山、江陰控阸[①]尤緊。今誠效此，令鎮江陰、福山沿流，各具戰艦，又于江岸常屯重兵，此備真、揚、通、泰渡江之策也。吕祉《奏議》。紹定添入。

靳賽[②]猖獗，朝廷遣劉光世應援王燮，并力掩殺，切度殄滅，必在旦暮。然臣有過慮，以謂賊軍見屯興化縣，所謂窮寇，頗聞具舟甚久，一旦爲官軍迫逐，計無所出，必走通、泰。泰與江陰軍對岸，通亦與平江府昆山縣福山對岸，兩處沿江各有岸步，可渡人馬。昨來，官軍趍錢塘行在所，亦有自此往者，此路今人皆知之矣。臣愚，欲望聖慈詔御營使司，量遣兵將前去江陰、福山等處把隘，委自兩州守臣措置，不得張皇。候賊平，即抽兵歸行在。此臣雖過爲之防，於朝廷亦無所傷也。吕祉《奏議》。紹定添入。

江防事宜紹定壬辰添入

紹定三年冬，李[③]全梟鳴蟻聚，恣爲陸梁，直抵海陵，聲摇江浙，檄移堤備。江陰控帶長江，聯淮接海，尤是護風寒處。郡侯史榷院甯之下車甫逾月，適赤白囊交至，亟請兵分屯，以廣聲援。旋即報可，調殿[④]司禁旅千五百人來戍，制閫[⑤]兼資參决，列將仍稟節

① “阸”，上文作“扼”。

② “靳賽”，《[弘治]江陰縣志》《[成化]重修毗陵志》均作“寇兵”。

③ “李”，《[弘治]江陰縣志》卷五《兵衛》作“季”，當誤；卷九《名宦》與本文同。

④ “殿”，《[弘治]江陰縣志》卷九同，卷五作“援”。

⑤ “閫”字原闕，據《[弘治]江陰縣志》卷九補；《[弘治]江陰縣志》卷五作“閫”。

制。乃約軍數而割隊伍，度地宜而創堡栅，截上供以資口券[①]，厚犒饗，備器具，使之至有所歸、作有所用。士感悦思奮，厢禁兩軍，土兵弓級，與夫屬縣民兵，亦各整治搜閲，課以藝能，申嚴紀律，信用賞罰。合中外之兵，其數及萬。自始謀以至迄事，軍整民安，秋毫無擾，史侯盡備守之策，合措置之宜，春喉告捷，抑亦同心恊濟之效歟！事叢業巨，登載惟允。

紹定三年十月八日，樞密院劄下："勘會：江陰軍見有許浦都統司防托兵船，須至指揮。已劄下許浦水軍都統司證應外，劄付江陰軍：權行節制本軍防托兵[②]船。具知稟狀，申樞密院。"

本軍申乞節文

紹定三年十一月十四日，承鎮江府節制司牒，爲承淮東制司公文，關報紅軍人馬於今月十二日未時，已到泰州城下。牒軍嚴爲堤備。切緣本軍邊臨大江，正與泰州對境，相距密邇，兼近拱行都，委是控扼衝要之地。雖有見管許浦撥到舊戍水軍三百人，除差出巡邏、機察、監渡等人外，在寨人數不及一半，元不曾有戰船擺泊。況本軍素無城壁，全憑江面舟師防托，而兵力單弱，略無以爲堤備之計。今承鎮江府牒關報前項事體，所合具申朝廷，於近便沿江州郡屯駐大軍去處，多差軍士戰船，前來本軍防托，仍聽守臣節制。所有差到軍船，合支生券錢米，一面證例於合發上供錢米內截留支用，續具申聞。

紹定三年十一月十七日，樞密院劄下："勘會：淮東邊報不一，

① "券"，原作"劵"，《[弘治]江陰縣志》卷五同，據《[道光]江陰縣志》卷六《武備》改。

② "兵"，《[弘治]江陰縣志》卷五作"軍"。

合預爲防托。奉聖旨:'令殿前司日下揀擇精鋭步軍五百人,仍仰遴選有智勇、經戰陣統制官,躬親統率,前去江陰軍防托,聽候知軍節制。'已劄下。"去後,十一月十八日,又奉聖旨:"令殿前司更揀擇精鋭步軍一千人,通前五百人,共作一千五百人,前去江陰軍防托,聽候知軍節制。劄付江陰軍,權從所申事理施行。仍將截留錢米,專充差撥到人兵生券支用。候事定日,開具的實支用過錢米,細①狀供申,仍先具已截留錢米數目申尚書省。并劄下户部證應外,所是申乞多差軍船防托一節,關送樞密院證應施行。"樞密劄下江淮制置大使司,證所申事理,仰措置那撥軍船,前去防托。江淮制置大使回申稱:"戰兵正在江北岸泰州城下,本司極力措置,所用戰船唯恐不多,難以抽摘前去。"復劄下江陰軍證會,本軍續證例根括民船,分隸三巡尉擺泊。

紹定四年正月十八日,江淮制置大使公文:"準尚書省紹定四年正月空日劄子,正月十二②日奉聖旨:'史寯之特添差兼江淮制置大使司參議官,劄付本司,須議③指揮。'右劄制參、江陰史知軍,遵從前項尚書省劄子内備聖旨指揮施行。"

本軍措置分屯處所:

小石山寨,將官一員,正軍三百人。

黄田港寨,將官一員,正軍三百人。

夏港寨,將官一員,正軍三百人。

六射垛寨,訓練官一員,正軍一百人。

---

① 《[弘治]江陰縣志》卷五《兵衛》、《[成化]重修毗陵志》卷十六《武備》"細"之前均有"夾"字。

② "十二",《[弘治]江陰縣志》作"二十"。

③ "議",《[弘治]江陰縣志》作"擬"。

君山感化院，將官一員，正軍二百人。

光孝寺，統制一員，常思訓，武德。正軍一百人、訓練官等，晝夜沿江巡警，提督諸寨官兵。

貢院，統制一員，陳輔，秉義。將官一員，正軍二百人，聽候調遣。

隨軍火頭、白直三百八十三人，亦依軍數多寡分隸。

李節使事迹徐知縣述初

紹興三十一年，逆亮犯邊。李侯[1]被命統水軍，於江陰軍駐劄，實寄治江陰縣。虜以海船，從膠西縣起發前進。李侯率水軍，裝露橈逆戰，用火箭射中油帆，風利火猛，烟焰張天，番[2]船千餘隻，一發俱盡，生獲大漢軍及女真等酋首，并器甲不知其數。軍復回江陰，虜氣震懾。高宗皇帝遣使宣諭，賞賚甚厚。命學士院草詔，加節度使。李侯立節堂于縣治之東偏，以侈上之賜，其堂至今存焉。其麻制慷慨[3]壯健，與其功相稱。人徒知逆亮授首于淮甸，不知李侯海道之捷，實有以奪其心也。縣令徐綱覽其遺迹，實以爲江南之偉觀，因録其麻制于後。

門下：

率貔貅而遠討，獨高靖海之功；鼓鍾鎛以凱還，宜懋策勛之典。眷予良將，克着顯庸，有光盟府之藏，爰峻齋壇之拜。誕敷命綍，遍告廷紳。左武大夫、宣州觀察使、改添差權發遣兩浙西路馬步軍副

① “侯”，《［弘治］江陰縣志》卷九《名宦・将官》作“寶”。

② “番”，《［弘治］江陰縣志》卷五作“虜”。

③ “慷慨”，《［弘治］江陰縣志》卷五作“慨慷”。

總管、江陰軍駐劄李寶[①]，氣勁以雄，才全而果。結髪而與虜确，勛收百戰之多；執戈而爲士先，勇冠萬夫之表。蠢兹羯虜，恣彼狼心，欺天背盟，殘民逞欲。萃犬羊于淮甸，方深窺伺之圖；潛舟楫于海壖，欲肆包藏之計。乃授成于虎旅，俾遐陟于雲濤。忠誠仗[②]義而鼓行，豪傑聞風而響應。千艘水擊，威名遠繼[③]于伏波；萬舸灰飛，偉迹更高于赤壁。俘獲靡容于數計，招降何啻於千群。一空蟻穴之屯，永息鯨波之涌。第功居最，錫寵宜優，啓巨[④]屏以建旄，分諸道而置使，肇新封爵，倍敦户租，用壯戎容，益昭予眷。於戲！歌出車以勞還率，朕方施不次[⑤]之恩；誓擊楫以清中原，爾尚建非常之績。往祇顯渥，佇奏膚功，可特授靖海軍節度使，充浙東西路，通、泰、海州沿海制置使，京東路招討使，依[⑥]舊江陰軍駐劄，武功縣開國子，食邑五百户，食實封二百户。主者施行。

紹興烽燧去處[⑦]

尉司三所：君山、黄山、夏港。

石牌[⑧]巡檢司八所：石碑港、石頭港、雷溝、陳溝、蔡港、季港、

---

① “寶”，原作“實”，據《[弘治]江陰縣志》卷五、《[嘉靖]江陰縣志》卷二十一《遺文第十五》改。

② “仗”，《[弘治]江陰縣志》作“俠”。

③ “繼”，《[弘治]江陰縣志》卷九、《[成化]重修毗陵志》卷十六《武備》均作“計”。

④ “巨”，《[弘治]江陰縣志》作“臣”。

⑤ “次”，原作“决”，據《[弘治]江陰縣志》改。

⑥ “依”字，《[弘治]江陰縣志》無。

⑦ “去處”，《[弘治]江陰縣志》卷九、《[成化]重修毗陵志》卷十六均作“處所”。

⑧ “牌”，原作“碑”，據《[弘治]江陰縣志》卷五《兵衛》改，下文“石碑港”同。

范港、令節港。

申港巡檢司八所：五斗港、諸墟江岸、鍾究江岸、横擔江岸、利港西頰、桑墟江岸、申莊江岸、申港東頰。

以上《[洪武]常州府志》卷八《兵防・形勢》徵引《江陰志》

道　里

東西一百三十五里，南北七十二里。東至本縣界七十里，界首至平江常熟縣七十里。西至本縣界七十里，界首至常州晉陵縣四十五里。南至本縣界六十里，界首至常州無錫縣四十七里。北至本縣界四十里，界首至泰州海陵縣五十七里。東南到本縣界六十四里，界首到[①]無錫縣四十二里。西南到本縣界二十五里，界首到晉陵縣六十里。東北到本縣界百六十里[②]，界首到通州静海縣七十五里。西北到本縣界二百五十里，界首到揚州泰興縣四十里。去京：東京一千七百里，西京二千一百里，臨安五百四十里。

以上《[洪武]常州府志》卷三《至到》徵引《江陰志》

縣　鎮

江陰縣，觀風門外、太平興國寺之南。按《寰宇記》："本漢曲阿縣之地……晉武帝於曲阿立武進縣……梁改武進爲蘭陵……敬帝太平中[③]，分蘭陵置江陰縣。"屬江陰郡。隋屬毗陵。唐初屬暨州，州廢，復隸常州。貞元中，定爲望縣，管鄉十有七。自江陰爲軍，是

① "到"字原闕，據《[弘治]江陰縣志》卷六《封域》補。
② "里"，原作"界"，據上下文、《[弘治]江陰縣志》改。
③ "太平中"，《太平寰宇記》作"太平三年"。

後獨以縣隸焉。至其公宇創改、縣宰名氏，見于《官廨》門云。

順化鄉舊名化龍，縣東北二十里。管里二：遷鶯、千秋。

來春鄉，縣西三十五里。管里四：懷仁、守節、遵太、青山。

昭聞鄉，縣東十五里。管里五：祁山、慈鳥、興業、招寶、金玉。

太寧鄉舊名翔鸞，縣南十里。管里三：崇教、招賓①、就日。

寶池鄉，縣東二十里。管里三：甘露、祥雲、白豐。

鳳戈鄉，縣東南二十五里。管里四：執竿、武興、義成、安福。

永陵鄉，縣西六十里。管里三：西昌、永泰、安仁。

良信鄉，縣西六十里。管里三：安化，月②清，宣就。

金鳳鄉，縣東南五十里。管里三：崇驤、餘風、烏巢今改爲風③巢。

青暘鄉，縣南三十五里。管里五：上臉、常熟、黄城、依仁、修義。

長壽鄉，縣東三十五里。管里五：王④臉、夜虞、善常、永康、西兼。

化成鄉，縣東四十里。管里二：薦福、支信。

崇仁鄉，縣東五十里。管里三：白雪、石塘⑤。

白鹿鄉，縣東五十里。管里三：散明、常鳳、注汝。

清化鄉，縣東五十里。管里三：豐財、明遠、鳳凰。

東舜鄉，縣東七十里。管里二：東城⑥。

---

① “賓”，《[弘治]江陰縣志》作“賢”。

② “月”，《[弘治]江陰縣志》作“目”。

③ “風”，《[弘治]江陰縣志》作“鳳”。

④ “王”，《[弘治]江陰縣志》作“玉”。

⑤ “石塘”之後，《[弘治]江陰縣志》注“缺一”。

⑥ “東城”後，《[弘治]江陰縣志》注“缺一”。

西舜鄉，縣東七十里。管里二：慶雲[①]。

右諸鄉名，或以義取，或以物言，唯東、西舜城二鄉，殊爲難曉。土人至有舜井、馮塘之號，皆以舜嘗在此，誕矣。然按周處《風土記》，太湖中有大、小靁山，山之中曰靁澤，即舜所漁之地，又以淛東有餘姚縣、上虞江，云是舜本土，今《寰宇記》多授[②]其説，則東、西舜之名豈亦承《風土記》而然耶？

利城鎮，本邑名，晋元帝渡江僑置，以隸南徐。梁敬帝時，始屬江陰，隋唐廢置不一。并見《總叙》。國朝[③]以來，用以名鎮，置酒、税、茶、鹽務，監鎮一員，在縣西五十里。

索村鎮，縣南十八里，酒、税、茶、鹽務，監鎮一員。舊《經》已載，其來久矣。

以上《[洪武]常州府志》卷三《坊鄉》徵引《江陰志》

村　寨

魚門村，在縣西二十里。舊《經》云：甿人所居之處。

以上《永樂大典》卷三五八〇《歷代序文》徵引《江陰志》

城　社

社稷壇，觀風門外西南，舊址也。至紹熙[④]辛亥，知軍陳研重修，頗有更改。姚舜陟爲記。其略云：天子社壝，方五丈，取諸土

① “慶雲”後，《[弘治]江陰縣志》注“缺一”。

② “授”，疑當作“援”。

③ “國朝”，原作“宋朝”，徑改。

④ “紹熙”，原作“紹興”，據《[弘治]江陰縣志》卷二《壇祠》改。

數，諸侯則半之。社東而稷西，俱以北面爲尊。祭之日，三獻皆南嚮，於北墉下，答陰之義也。風師雨師，皆附於此。江陰社稷之壝，在軍之西南，地平且正，真土穀之神所依焉者。而歲久荒圮，頽垣斷塹，樵牧所易。門顧南入，殊乖面埶[①]之宜。舍事頗遠於壇，儻罍洗列於前榮，則進不便於登陟。故每祭，則往往旋幄籧篨，以列獻次。其壇校以古尺，不及土數之半，而又甎甓斷缺，法所當修。遂展其壝，以從古制。而陶瓬[②]易之一新，立石壇上，以爲其主。徙屋稍南，以便祭事。牆仞重整，門改北嚮，而爲路於東垣之外。西轉順入，焚幣有所，待贊有室[③]。復取土之所宜，環植以松。興工於正月己未，粵二月甲申告[④]成。

縣社壇，舊在天慶門裏[⑤]南際，今在縣西南，知縣程準[⑥]所建。

以上《［洪武］常州府志》卷六《壇壝》徵引《江陰志》

楊吴、南唐軍城，《祥符圖經》云：周迴十三里。唐天祐十年築，舊有碑，今不復存。凡四門，曰：延慶、欽明、通津、朝宗。

以上《［弘治］江陰縣志》卷二《城池》徵引《宋志》

---

① “埶”，原作“執”，據本書卷第十二所收《紹熙重修社壇記》“勢”改。《［弘治］江陰縣志》《［嘉靖］江陰縣志》均作“執”。

② “瓬”，《紹熙重修社壇記》作“甓”，《［弘治］江陰縣志》《［嘉靖］江陰縣志》均作“甄”。

③ “室”，《［弘治］江陰縣志》同，《紹熙重修社壇記》作“屋”。

④ “告”，《紹熙重修社壇記》《［弘治］江陰縣志》均作“用”。

⑤ “裏”，《［弘治］江陰縣志》卷二《壇祠》作“内”。

⑥ “程準”，《［弘治］江陰縣志》卷二《壇祠》作“任準”，同卷《學校》作“程準”。

卷第二

學　校貢院附

國朝明道以來，始興庠序之教，然非名藩大郡，雖請弗俞。故江陰自熙、豐以前，廑能廟事先聖，士之學者，或肄習乎其中。崇寧大闢黌宇，復爲毗陵屬邑，紹興壬子，乃克建立。由是文风藹然，英雋輩出，學校教養之力爲多。縣故無學，以講堂西偏之屋數楹而爲之名。紹熙辛亥，邑宰程準更加修葺，榜以“縣學”，亦存禮之意云①。

文宣王廟，《祥符圖經》：在②觀風門東③。景祐三年④，博士⑤范宗古守江陰，以切於郡獄爲黷，卜遷於此⑥。范文正公仲淹爲今記。殿宇乃王侯棠所改建，紹熙三年，詹侯徽之所重修也，嘉定四年，趙侯⑦彦适重修。

御書閣，經始於前郡守王秘監枏⑧，大備於今郡守顔奏院耆仲。

---

① 《[弘治]江陰縣志》卷二《學校》“云”之後有“歟”字。

② 《[弘治]江陰縣志》“在”之前有“舊”字。

③ “觀風門東”，《[弘治]江陰縣志》作“觀風門外”。

④ “景祐三年”，《[弘治]江陰縣志》作“景祐中”。

⑤ “博士”，《[弘治]江陰縣志》作“知軍”。

⑥ “此”，《[弘治]江陰縣志》作“軍治之東南”。

⑦ “侯”，原作“候”，據上下文改。

⑧ “枏”，原字殘，據下文改。另，本書卷第三《郡守》有“王柟，朝奉郎，（嘉泰）元年十二月到”，《[弘治]江陰縣志》亦作“柟”。

舊有記，吴郎中漢英撰。其略謂：秘監王枏、尚書戴溪、寺簿葉延年、權郎蘇十能前後助以緡錢。至玉牒趙彦适以沙田六頃撥隸養士，資其餘以助費，閣乃告成。然標榜未備，弗稱尊奉。顔奏院耆仲命僉幕張即之恭題"御書閣"三字，畫塗以金，一聳觀瞻，凛然知敬。徽宗皇帝有《付河北糴便司》御筆親札，囊留軍治，敬用奉安，傑閣珍儲，卓爲浙右之冠。紹興[①]新入。御製：《文宣王贊》，真宗皇帝御製，大中祥符六年孟冬刻石；《付河北糴便司》，徽宗皇帝御筆一本，紹定二年顔奏院耆仲安奉；《八行八刑碑》，大觀元年三月御製；大成殿額，政和丙申，宣和殿書，遍賜天下；《孝經》，高宗御書，紹興己未刻石；《作新士風宸翰碑》，理宗御筆，寶慶三年教授陳煃立石。

軍學，王侯棠之所建也。先是建炎以前，廊[②]廟爲學，軍興之後，廢爲營屯。自紹興三年，崔侯頌知軍，稍加葺理，而以縣丞莫份攝教。觀余一[③]所記，但云"培舊址，掄廢材，扶危補罅，飾以丹雘而已"，其規模可知也。至王侯棠更而新之，學者賴焉，至今繪像立祠於講堂之東。正字胡珵爲記，其略云：紹興五年八月，知軍事王侯棠請於朝，曰："軍故縣治，有學，實廢餘十五年，士無所肄[④]業。今升縣復軍，法得視列郡，應立學官教授員。軍有間[⑤]田若干畝，士廪是充，願補學官弟子員二百四十。"詔可。於是以[⑥]儒林郎范雩充[⑦]教授，乃改治學官。未幾，講堂穹宏，兩序端直，舍次靖深，

① "紹興"，疑當作"紹定"。
② "廊"，《[弘治]江陰縣志》卷九《名宦・守令》作"即"。
③ "一"，《[弘治]江陰縣志》作"壹"。
④ "肄"，《[弘治]江陰縣志》卷二《學校》作"於"。
⑤ "間"，《[弘治]江陰縣志》作"閑"。
⑥ 《[弘治]江陰縣志》"以"之後有"左"字。
⑦ 《[弘治]江陰縣志》"充"之後有"軍學"二字。

庖湢潔具。從事郎陳剛中請以"命教"名堂,取《禮》"天子命之教,然後爲學"之義也。舊爲齋者三,曰"誠身""遜志""進德",其後復增"育英",而爲四齋。今齋及職事位牌,皆嚴知軍焕之所書也。紹興十二年富守元衡、乾道二年徐守蕆重修,紹熙四年詹侯復修之。今侍郎耿秉記鄭應申書。近增堊飾,向所未及者,至是始備矣。

學宫修建,前書載之甚詳。若夫備其未備,方來未已,豈容無述?講堂重立於前教授徐逢年,西廊重建於前教授孫應成,各有壁記。會拜有集,所以明鄉曲長幼之序,義廪有儲,所以備士子慶吊之禮,此則教授方萬里創之。至於春秋丁祭,冠珮鏘鏘,若士與官,各稱其服,郡侯司馬郎中述之賜也。今郡守彦奏院耆仲既捐金以修東廊,謂"名德不尊,則何以淑風教?祠宇不肅,則何以旌先達?葛公書思,操行凛凛,鄉邦推重",於是立清孝公祠於講堂之右。范文正公與夫前郡守王侯棠、樓侯鍔、戴侯溪、趙侯彦适,向也繢像環列於堂之後,今合爲一室,而立先賢祠於講堂之左。又謂"朔旦謁殿,士服不整",則備襴幞、革帶,以資寒士,觀廳維新,學校增重。諸生德顔侯者非一,相與立祠以祀之。紹定新入。

小學,嘉定庚辰方教授萬里始置員。春秋有補,旬月有試,意甚美矣。後來莫繢,因循至今。郡侯顔奏院耆仲命[1]教授郭廷堅復尋前規,招俫教養,文理稍優者,厚加激勸,又取朱文公所纂小學之書,敬鋟諸木,以廣其傳。髫齔之童,入是學而讀是書,可以正其趨向矣。

泮宫門,大觀四年常州太守徐申所建,爲縣學門,教授林虙作記。其略云:熙寧四年,廢軍,江陰以縣屬常州,廟學如故,士患墉壓其前,面勢不直,請穴墉作門,且設觀臺,内外二橋而南,其路抵

① "命",原作"今",據《[弘治]江陰縣志》改。

街爲升俊坊。今移於中街路口。今“泮宫”字乃紹興三十一年復軍之日教授高翥所立、司法陳雄篆書也。淳熙初易名“觀旂”，尋復故。

泮宫外門，嘉泰初前教授王益祺始建。屬以地勢稍局，固宜易壞，久廢弗葺，瞻視不尊，郡侯顔奏院耆仲以善價得升俊坊左右之民地而建焉。石柱屹立，爲門者三，文筆峙於前，泮水環其北，游泳於中者皆知克廣於德心。

射圃，學廳之東。舊爲熙春園，楊蟠有詩。自淳熙乙未以來，始爲射圃，後佃爲民居，今改創貢院。

貢院，愛日門外，祥符寺之側，郡侯樓編修鍔之所建也。先是，三歲大比，試士於學宫，撤左藩右，往往不寧者數月。乾道戊子，始就迎福僧舍。越十有五年，樓侯以淳熙壬寅八月始創之，合七十楹。癸卯乃秋試於此。今丞相葛公嘗爲記。貢額九人。開禧元年，遷於軍學之東，即射圃舊地，郡侯戴宗簿溪所建。“貢院”二字，丘文定公崈書。

鄉飲酒禮，成周盛時，靡歲不舉，由漢及唐，間具[①]方策。暨陽古季子國，僅行於紹興間，禮廢樂缺，迨今百年，往往視爲迂闊而念不到此也。郡侯史椎院寯之篤意舉行，遣辭喻指，命鄉之耆秀參訂異同，潤色綿蕝，修廢典而新之。吾黨胥悦，翕然鄉風，曾不及月，咸熟於事。乃以紹定壬辰春日，釋菜於泮宫，蕆禮於貢闈，凡仕隱爵齒之尊、鄉曲貢舉之彦，國學京庠之隸籍、堂校月評之蜚聲，與夫名閥故家之勛與德、寓公時貴之子若弟，文武僚屬，共事觀禮，各盡敬恭。是日也，冠帶班列，豆籩有楚。主賓之揖遜逾再，歌笙之升間以三。濟濟蹌蹌，雍容和樂，獻酬交錯，情文粲然，燕席有序，登

① “具”，《［弘治］江陰縣志》卷九《名宦・守令》作“見”。

樂無筭[①]，純音縟禮，皆疇昔耳目之所未接，禮義之心油然以生。賢侯有功於名教多矣！敬紀其略，使來者有考焉。目欠詳，則有專録。紹定壬辰添入。

學廪學租，管收米、麥、豆，歲僅千餘石，出入錢穀，掌以州縣官。豐歉不時，用每不足，州家月給錢百二十千[②]省，以供公厨。又歲有助學錢米，自胡侯綱、司馬郎中述、衛太社樸、盧郎中子章、顔奏院耆仲節次發田下學，故助學錢米有時而給焉。更寶慶風潮之後，沙田有蕩爲草區者，有損學計。顔侯撥錢米修築岸圍，然流移未復，未能如舊。

貢院前街，自泮宫門以東皆泥途，試日設遇霖潦，往來有泥濘之患。郡侯奏院顔耆仲敬愛士類，報政有期，猶念及此。乃捐金甃砌，命教授郭庭堅、前國學進士蔣汝通董其事。自此，秋賦之士獲履坦途矣。街有洞溝，通潮流，歲久湮塞，史権[③]院膺之又捐緡錢修浚之。

賓興會，吾鄉前此未之講也。嘉熙改元，教授徐琳尋仿盱江遺規，經始斯會，鄉達副其事，鄉貢則任主約、主計、糾首之責。每遇秋貢，預期立盟泮宫，舉行斯會。預試者皆欣然出金，鳩集於主計，以爲榮薦赴省之助。繼此，又有登雲會焉。守、倅、宰、教及鄉寓等，鳩金以爲正奏者助。登雲集，自淳祐丁未創於郡守趙崇侯，凡鄉人登第歸里者預此集，允爲盛事。寶祐改元，郡守陳協繼舉是集，親書其事，鋟梓於學，以其避親諱，易"登[④]"爲"梯雲"焉。

---

① "燕席有序，登樂無筭"，《[弘治]江陰縣志》作"燕席序登，爵樂無筭"。

② "百二十千"，《[弘治]江陰縣志》卷二《學校》作"一百二十貫"。

③ "権"，原作"權"，據上下文改。

④ "登"之後疑闕"雲"字。

以上《[洪武]常州府志》卷七《學校》徵引《江陰志》

學前河，大觀四年，常州太守徐申穴内子城，建立縣學門，并作觀臺，内外二橋。

以上《[弘治]江陰縣志》卷二《學校》徵引《宋志》

刑　獄

軍有兩院，縣亦有獄，所以防奸禁邪，不可缺也。然民淳訟簡，抵冒者希[①]，故狴犴多以空告，比之他郡，是爲樂國。歷觀圖志，大率以獄院繫于官廨，或略而不書，非所以重明謹之意。故特出之。

軍院，軍治之西南。郡守顔奏院耆仲重修，并創建鞠讞之廳。

司理院，軍治之東南，郡守顔奏院耆仲重修，并[②]創建鞠讞之廳。

縣獄，紹定二年林知縣庚重建。舊無囚粮，自前知縣余右司鑄至林知縣，前後共籍到二伯石[③]。

以上《[洪武]常州府志》卷八《古迹·官寺》徵引《江陰志》

户　口

祥符舊書數[④]：税户一萬二千二百七十五，口一萬三千二百二十八；客户一萬七千六十四，口一萬七千六百二十七。

① “希”，《[弘治]江陰縣志》卷五《刑獄》作“稀”。

② “并”，《[弘治]江陰縣志》作“各”。

③ “伯”，《[弘治]江陰縣志》作“百”。《[弘治]江陰縣志》“石”之前有“餘”字。

④ “祥符舊書數”，《[弘治]江陰縣志》卷四《户口》作“《祥符圖經》舊數”。

乾道六年，嘗計税客户三萬三百有二。以今較之，復增加矣。

紹熙[1]五年數：主、客户共三萬三千三百三十九，口共約十餘萬。[2]

紹定三年數：户六萬四千三十五，口一十萬五千八百一十二。

以上《[洪武]常州府志》卷四《户口》徵引《江陰志》

物　産[3]

財　賦

江陰名雖爲軍，財賦所入不敵一壯縣。官吏、宗子俸仰給，而養兵之費，往歲失於申請，不以省額窠撥，一切取辦、上供、送使、貢發不貲。守是邦者，務從約嗇，亦其勢然也。出納大數今具于左：

歲　入

夏税[4]

紹熙五年數紹定三年數同：本色綿三萬二千一百二十九兩五錢，本色絹四千九十七匹七寸六分五厘，大麥一萬四千二百二十石

---

① “紹熙”，《[弘治]江陰縣志》作“紹興”。

② “紹熙五年……”句原在“乾道六年……”句之前，據《[弘治]江陰縣志》改。

③ 《物産》，雖《[弘治]江陰縣志》卷十二《物産》、《[嘉靖]江陰縣志》卷六《食貨記第四下・土産》、《[咸淳]毗陵志》卷十三《風土・土産》、《[成化]重修毗陵志》卷八《食貨三・土産》均有涉及，但未見徵引宋志字樣，且内容所屬朝代不可辨，故此處不作輯録。

④ “夏税”，《[成化]重修毗陵志》卷七《財賦》作“夏租”。

四升，小麥二千二百八石八斗七升。

折帛紹熙五年數：錢八萬九千四百五十四[①]貫八百八十七文，内丁鹽錢八千五百五十九貫一百文。紹定三年，撿[②]照開禧三年十二月二十六日奉聖旨，蠲放過丁鹽錢八千五百五[③]十九貫一百文，外有經界前逃户闕[④]綿絹錢一千三百貫文有奇，故見催數比前爲減。

秋税[⑤]

紹熙五年數：苗米四萬二千三百四十五石四斗八升，鹽米一萬一千三百一十八石，衫布二千五百十五匹三丈五尺，折錢一萬三千八十二貫五百五十文。

紹定三年數：私田一百二十一萬四千七百九十七畝有零[⑥]，管秋苗、鹽米共三萬六千九百八十九石一斗一升；省田三萬八千八百五畝有零，管屯苗一萬四千七十八石四斗七升；衫布與紹熙五年數同。

營田

紹熙五年數：夏料二税錢[⑦]九百九十九貫六百二十三文，本色大麥一百七十二石九斗四升；秋料折苗錢六百二十二貫八百七十六文，本色稻子一千四百一十五石四斗七升。

紹定三年數：夏料折税錢一千二十八貫三百三十九文，本色大

---

① "四"，《[弘治]江陰縣志》作"五"。

② "撿"，《[弘治]江陰縣志》作"檢"。

③ "五"，《[成化]重修毗陵志》作"玖"，《[弘治]江陰縣志》與本書同。

④ "户"字原闕，據《[弘治]江陰縣志》《[成化]重修毗陵志》補。另，二書均無"闕"字。

⑤ "秋税"，《[弘治]江陰縣志》作"秋租"。

⑥ "零"，《[成化]重修毗陵志》作"畸"。

⑦ "錢"字原闕，據《[弘治]江陰縣志》《[成化]重修毗陵志》補。

麥一百四十六石九斗一升；秋料折苗錢六百四十七貫三百九十二文，本色稻子一千二[①]百七十九石六斗。

常平稅租

紹熙五年數：夏料一百八十一貫七百八十五文，大麥三十五石六斗五升，小麥八石九斗八升；秋料租米二百五十九石七斗七升，豆五斗五升。

紹定三年數：夏租錢三十六貫六十三文，大麥一十五石三斗六升五合，小麥三石七斗二[②]升；秋租米九十四石八斗三升。

沙田

紹熙五年與紹定三年數同：錢一千六百十六貫一百九十四文。

役錢

紹熙五年數：正錢二萬四千九百五十四貫有零，夏秋兩料拘催；官户增半錢五千四百五十四貫有零，作兩料拘催。

紹定三年數：正錢二萬六千四百貫一百八十文，分夏秋兩料拘催；官户增半錢五千三百五貫四百八十四文，作兩[③]料拘催[④]。

轉運司支撥錢

三千九百七貫一百四十文，兑糴本軍寬剩大麥起發。

酒錢

都酒務，年額三萬二千四百七十二貫四十三文；户部贍軍酒庫并趁比較務，年額共十三萬八千六百九貫九百八十一文；崇村酒務，年額五千八百三十三貫七百九十文；利城酒務，年額六千六百三十八貫六百六十一文。

---

① “二”，《[弘治]江陰縣志》作“叁”，《[成化]重修毗陵志》與本書同。

② “二”，《[弘治]江陰縣志》作“三”。

③ 原“兩”作小字，疑後補。

④ “拘催”二字原闕，據上下文補。

税錢

都税務，年額三萬二千四百七十二貫四十三文；茶村務，年額六千七十二貫四文；利城務，年額三千三百六十二貫五百九十九文。乾道間，又有楊舍、蔡港、申港三税場，每年合趁錢一萬九千二百三十四貫三百五十八文，今已俱廢。茶①村舊爲舟車往來之衝，徵榷辦集，自烈塘②港既開，歲額浸虧矣。

物力錢③

紹定三年排户，據鄉司吴仔等具到永陵等一十七鄉物力錢，通計二百十七萬二千八百文有零。科和④買紬三百二十八匹二丈三尺九寸八分，科和⑤買絹一千八百七十七匹二丈八尺四寸，六千四百八十貫科紬一匹，一千一百三十四貫科絹一匹；寺觀物力錢共四萬三千三百五貫九百□□⑥七文，二千八百六十八貫科紬一匹，六百八十貫科絹一匹。

諸鄉官、民户及寺觀，除官户不減半役錢外，科：正錢一萬二千四百七十七貫六百十七文，不減半錢二千七百二十七貫四百五十文；正錢一貫科七文三分五厘四毫，不減半錢一貫科七文六分。浮財，一貫科十九文。

宗室物力錢共八萬八千三十四貫四百六十九文。據鄉司供，不敷役錢。已上并係關會到江陰縣數。

以上《[洪武]常州府志》卷四《財賦》徵引《江陰志》

---

① “茶”，原作“秦”，據《[弘治]江陰縣志》改。

② “烈塘”，《[弘治]江陰縣志》作“利城”。

③ “物力錢”三字原闕，據[弘治]江陰縣志》補。

④⑤ 和，《[弘治]江陰縣志》作“加”。

⑥ “□□”，《[弘治]江陰縣志》作“四十”。

江陰管下十七鄉物力錢數排推説附。

永陵鄉每畝三貫二百五十文，良信鄉每畝二貫七百八十文，來春鄉每畝三貫九百八十文，順化鄉每畝三貫六百六十文，昭聞鄉每畝三貫九百一十文，鳳戈鄉每畝三貫七百文，太寧鄉每畝四貫七百三十文，青暘鄉每畝五貫文，金鳳鄉每畝三貫二百一十文，長壽鄉每畝二貫七百七十文，清化鄉每畝二貫二百六十文，西舜鄉每畝二貫二百三十文，東舜鄉每畝二貫八百八十文，白鹿鄉每畝二貫九百四十文，崇仁鄉每畝三貫二十文，化成鄉每畝四貫四百七十文，竇池鄉每畝三貫七百二十文。坊郭係計積地，每畝增折三畝倍筭；外鄉鎮市税地，每畝亦增折倍筭有差。

五等户，一等一萬貫止一千五百貫文，二等一千五百貫[1]止五百貫文，三等五百貫止二百五十貫文，四等二百五十貫止一百二十貫文，五等一百二十貫止七十貫文。[2] 應官民户田地自供納五色税物苗、粳、鹽、糯、衫布外，每畝官又計其直而籍之，名曰物力錢。分[3]爲五等户，凡役次户長、和買紬絹、夏秋正增四料役錢，皆因其多寡以均敷。至於水潦勸分，非泛科配，亦多視此爲據。人户若以田産典其五色税物苗、粳、鹽、糯、衫布，則可以當年過割與得産人，其物力錢未經推排，則仍籍在户。所謂和買紬絹、四料役錢，猶是出産人代納，其得産户能依數償還者，十無二三也。儻遇役次户長，勸分科配，或者不察其産業之已去，徒指其物力之見存，往往不得而免焉，愈受其困。所以三年一次推排，著爲定式。非惟少紓産去之户，而兼并之家、契約之未經税者，亦不容以自匿矣。推排物

① 原“貫”作小字，疑後補。

② “五等户”句，《[弘治]江陰縣志》在下文“視此爲據”之後。

③ “分”，《[弘治]江陰縣志》卷四《貢賦》作“厘”。

力，公私各有關係，息[1]録其數而附載其説。

紹定義役

本軍自經界既久，版籍淆亂，户役不均，民思爲義。知軍顔耆仲、知縣林庚復以利病加勸誘，人乃樂從。先是，進士吴珏、寓公惠朝請疇定[2]爲義役倡，衆視以爲則，各參物力之多寡，定歲月之先後，或量力出資，或鳩工[3]置産，各有次第，户長大小役次，亦將效是舉行，已條具便宜，聞之廟堂矣。鄉人能以善始之意保其終，則役少[4]義名，自今日始，顧不韙歟！

歲　出

聖節進奉

銀、絹二百兩、匹。

上供錢

五千[5]貫文。

大禮年分添發

銀、絹各二百兩、匹。

上[6]供絹

肆千一百三匹。和買在内。

綿[7]

如前管催數。

---

① “息”，疑當作“悉”。
② “定”，《[弘治]江陰縣志》作“首”。
③ “鳩工”，《[弘治]江陰縣志》作“爲金”。
④ “少”，《[成化]重修毗陵志》作“以”。
⑤ “五千”，《[成化]重修毗陵志》同，《[弘治]江陰縣志》作“伍拾”。
⑥ 《[弘治]江陰縣志》“上”之前有“夏税”二字。
⑦ 《[弘治]江陰縣志》《[成化]重修毗陵志》“綿”之前均有“上供”二字。

秋苗

每年起發百官米二千五百碩。常米年額不定。

折帛錢

每年起發[1]八萬八千一百一十六貫五百三十六文。

馬料

每年赴行在及鎮江府大軍倉交納大麥一萬四千一百一十六碩[2]六勝[3]。係行在料。

轉運司兊糴

折苗稻子：營田[4]折稻子一千四百十五石四斗七升，營田秋料折苗錢六百二十二貫八百七十八文。

營田夏秋兩料稻麥[5]：夏料大麥一百七十二石九斗七[6]升，夏料折錢七[7]百九十七貫六百二十二文。[8]

淮東西總領司月椿錢

每年遇朝廷科撥七萬九千一[9]百二十七貫五百五十二文，逐月解發。

馬草

每年拋買二萬束，赴鎮江大軍草場。

---

① "每年起發"，《[成化]重修毗陵志》無。
② "碩"，《[成化]重修毗陵志》作"石"。
③ "勝"，疑當作"升"，《[成化]重修毗陵志》亦作"勝"。
④ 《[成化]重修毗陵志》"營田"之後有"秋料"二字。
⑤ "麥"，原作"夌"，據《[成化]重修毗陵志》改。
⑥ "七"，《[弘治]江陰縣志》作"四"。
⑦ "七"，《[弘治]江陰縣志》作"九"。
⑧ 此條《[成化]重修毗陵志》無。
⑨ "一"，《[成化]重修毗陵志》作"二"。

揍[1]額四分糴本錢

二萬五千貫文。

七分酒息[2]錢

年額九千九百九十七貫二百文數内，撥發錢七千九百二十二貫七百四十八文，充按月大軍錢，外趲剩錢二千七十四貫四百五十二文，分四季入總制帳内收起申發。

打船錢

四千三百四十七貫八百七十六文。

轉運司耗剩米錢

三千七百七十四貫三百三十九文。

效士酒錢

三[3]貫文。發赴轉運司。

本軍每月約支官兵俸料錢米：錢一千七百九十六貫四百三十九文，米一千八百九十七石二斗一勝[4]。

官員、諸軍春冬衣錢

春衣錢一萬二千八百九十七貫六百三十六文，冬衣錢一萬一千六百四十七貫六百三十六文。

簽判廳合趁錢

經制錢六萬三千四百十八貫五百三十四文，總制錢四萬四千四百五十四貫九百六十八文，無額[5]錢一百八十八貫八百文，移用降本錢二千貫文，沙田蘆場錢二千二百七十一貫二百九十七文，營

---

① “揍”，《[成化]重修毗陵志》作“凑”。
② “息”，原作“恩”，據《[成化]重修毗陵志》改。
③ “三”，《[弘治]江陰縣志》作“三百”。
④ “勝”，疑當作“升”。
⑤ “額”，《[弘治]江陰縣志》作“賴”。

田二税錢一千六百二十二貫五百一文，僧道免丁錢八百十五貫五百文。其餘公使供給起發靡費之屬，不可盡録。

田　畝[①]

乾道六年准轉運司牒抛買草料，據江陰縣申，所管良信等十七鄉，地界隘窄，止管私田、省田共一百二十五萬餘畝。紹定三年數：大甲□，小甲□。田畝紹熙五年數：乾道六年中[②]准轉運牒抛買草料，據江陰縣申，所管良信等十七鄉，地界隘窄，止管田共一百二十五萬餘畝。紹定三年數：會到江陰縣數，良信等鄉私、省田共一百二十五萬三千六百二畝有零。

以上《[洪武]常州府志》卷四《財賦》徵引"紹定續添"

---

① 此條文字多有重复，無參照文本，故照録。其中"大甲""小甲"後皆有空，疑缺載其數，按《[弘治]江陰縣志》卷四《户口》有"紹熙五年數：大甲五百拾壹，小甲陸千柒百捌拾叁。"

② 中，疑當作"申"。

卷第三

郡　守

浙西諸郡，江陰自爲道院。《澠水燕談》云："江陰[1]北距大江，地僻，鮮過客，將[2]迎之煩。所額[3]一縣，公事絶少，仕官[4]者最爲逸[5]。故士大夫謂江陰爲'兩浙道院'。"民淳事簡，真樂土也。由蕭梁置郡，迄于五代，雖四百有餘歲，而并廢之日多。守是邦者，名氏政績，史傳漫不可考。今自皇朝以前，有可著則間出之。太平興國以來，取題名、壁記及長老所傳者，以次而書，所缺無幾矣。

沈文阿《南史·儒林傳》："文阿，吴興武康人。梁簡文引爲東宫學士，後監江陰郡。"《輿地紀勝》："及侯景寇逆，簡文别遣文阿募士卒援都。臺城陷，與張嵊保吴興。及景平，陳霸先以文阿州里，表爲原鄉令，監江陰郡。"

黄他《地[6]志》云："陳霸先揔百揆，利城民、少府卿黄他啓立爲郡，即以他郡守。"

---

① 《澠水燕談録》卷第九《雜録》"江陰"之後有"軍"字。

② 《澠水燕談録》"將"之前有"無"字，《[弘治]江陰縣志》卷十三《括志·職官年表》無。

③ "額"，《澠水燕談録》作"隸"。

④ "官"，《澠水燕談録》作"宦"。

⑤ 《澠水燕談録》"逸"之前有"優"字，《[弘治]江陰縣志》無。

⑥ 《[弘治]江陰縣志》"地"之前有"顧野王輿"四字。

倪敵[①]《寰宇記》:"陳至德元年,敵爲郡守,從江陰治夏浦。"《南史[②]·陳紀》,時江陰尚爲梁國,未必有郡守也,姑存之。

以上《[洪武]常州府志》卷十《宦迹》徵引《江陰志》

戴玄,太常博士,太平興國二年。李汶,殿中丞,四年。胡伾[③],太子中允,六年。陳矜,秘書丞,七年。康戬,著作佐郎,八年。

鞠傳式,太子左贊善大夫,雍熙三年。

劉日用,殿中丞,淳化元年。是年廢軍,三年復。吴直方,殿中丞,四年。

張瓘,殿中丞,至道二年。

傳演,尚書虞部員外郎,咸平二年。李允升,國子博士,五年。

趙遂良,殿中丞,景德元年。

張仲甫,都[④]官員外郎,大中祥符元年。宋皋,祠部員外郎,直集賢院,三年。狄棐,太常博士,四年。樂黄庭,殿中丞,五年。石待問,太常博士,七年。丁慎修,屯田員外郎,八年。

馮瓘,太常博士,天禧三年。

范宗古,國子博士,乾興元年。崔立,職方員外郎,四年。[⑤]

李含章,太常少卿,天聖二年。王冕,都官員外郎,四年。朱昌符,太常博士,五年。楊偕,太常博士,七年。張其,都官員外郎,八年。

---

① "倪敵"二字原闕,據《[弘治]江陰縣志》"寰宇記"補。

② 《[弘治]江陰縣志》"南史"之前有"爲艦浦池據"五字。

③ "伾",《[弘治]江陰縣志》作"丕"。

④ "都",《[弘治]江陰縣志》作"鄉"。

⑤ 《[弘治]江陰縣志》"崔立"條置於"范宗古"之前。乾興僅一年,又《宋史》卷九十六《河渠志》:"(天禧)四年……崔立率民修廢塘……"可知《[弘治]江陰縣志》爲是。

馬尋，虞部員外郎，明道元年。

劉泳，國子博士，景祐元年。劉效賢，駕部員外郎，三年。

張益之，駕部員外郎，寶元元年。

鄭有章，駕部員外郎，慶曆元年。逢冲，駕部員外郎，三年。汪隨，職方員外郎，五年。戚舜舉，駕部員外郎，六年。徐宗況，都官員外郎，八年。田京，祠部員外郎，八年。

陳太素，祠部員外郎，皇祐元年。劉玘，都官員外郎，至和元年。葛閎，屯田員外郎，三年。《輿地紀勝》：蘇魏公頌爲葛閎墓志云：閎知江陰，圭租所得幾百斛，悉輸之官庾。①

黄炳，職方員外郎，嘉祐元年②。王端，都官郎中，三年。章峴，職方員外郎，五年。畢從善，光禄少卿，六年。胡獻臣，職方員外郎，六年。楊士彦，都官員外郎，七年。

徐師閔，虞部員外郎，治平元年。

熙寧四年廢軍，至建炎二年復。胡紡，二年到。張鋭，奉議郎，直秘閣，四年。

崔頌，右朝奉郎，紹興元年。薛嘉言，三年。《輿地紀勝》：《永嘉志》云，薛嘉言昨爲郡之日，以俸給差優，奏請其半。王棠，左朝奉郎，五年。紀交，七年。蔣璿，八年。錢濬明，左朝請大夫，九年。章傑，十一年。富元衡，左宣教郎，十一年。趙士鵬，右朝請大夫，十三年。蔡積，右朝奉郎，十五年。石嗣慶，十七年。蔣及祖，左朝散郎，十七年。趙雋③之，右④朝請大夫，十九年。宋曖，朝請大夫，二

① 據《[弘治]江陰縣志》，“葛閎”條目疑當置於“劉玘”之前。

② “嘉祐元年”，《[弘治]江陰縣志》作“嘉祐四年”。

③ “雋”，《[弘治]江陰縣志》作“嶲”。

④ “右”，《[弘治]江陰縣志》同，《[嘉靖]江陰縣志》卷十二《官師表第十上》作“左”。

十一年。黄敏行，右承議郎，二十三年。徐嘉，以臨安通判權知，二十四年被召。張叔豹，右朝散郎，二十五年。二十七年廢軍，至三十一年復。楊師中，右朝奉大夫，三十一年。吕令問，右承議郎，三十二年。

宋藻，左朝散郎，隆興元年。

蔣天祐，右朝奉大夫，乾道元年，改饒州。徐蒧，左朝奉郎，元年，除浙東提舉。戴達先，左宣教郎，三年。王正巳，右通直郎，四年。潘旬[①]，朝奉郎，六年。向子豐，朝奉大夫，八年。嚴焕，朝散郎，九年。

錢仰之，朝請郎，淳熙二年。蔣雝，承議郎，四年。曾楷，奉議郎，五年。林元奮，承議郎，六年。樓鍔，朝奉郎，七年。史淵，奉議郎，九年。王師古，承議郎，十一年。趙不違，武德郎，十二年。侯彦準，朝散郎，十四年。陳研，朝奉郎，十六年。

詹徽之，朝奉郎，紹熙[②]二年。施邁，朝奉郎[③]，四年。邵褱[④]然，朝奉大夫[⑤]，五年閏十月到。

段子方，朝奉大夫，慶元二年十一月到。陳序，朝請大夫，三年二月到。業簣，朝請大夫，五年二月到。

韓元老，奉直大夫，嘉泰元年三月到。王枘，朝奉郎，元年十二月到。戴溪，朝奉郎，四年二月到，開禧元年十二月召赴行在。

吕祖平，開禧二年二月到。胡褒，二年十一月到。葉延年，二年十二月到。蘇十能，朝請大夫，三年二月到。趙彦适，朝散郎，三

① “旬”，《[弘治]江陰縣志》作“甸”。

② “熙”，原正字作“興”，側改作小字“熙”。

③ “朝奉郎”，《[弘治]江陰縣志》作“朝散郎”。

④ “褱”，《[弘治]江陰縣志》字殘，《[嘉靖]江陰縣志》作“褒”。

⑤ “朝奉大夫”，《[弘治]江陰縣志》作“朝散大夫”。

年八月到。吴炎,奉議郎,五年十月到。陳貴誼,七年十二月到。馮令圖,朝奉郎,九年十二月到。應懋之,承議郎,十年三月到。邢燾,通直郎,十二年閏三月到。樓[1]漳[2],朝散郎,十四年六月到。胡綱,朝散大夫,十六年六月到。

司馬述,承議郎,寶慶元年二月到。衛樸,承議郎,二年五月到。盧子章,朝請大夫[3],二年十一月到。

顔耆仲,朝事郎[4],紹定元年九月到。史寯之,朝奉郎,三年十月到。方萬里,朝奉郎,五年十月到。

新建軍太守題名記

明道癸酉,簽判林瞻[5]所撰、知軍馬尋所立也。其略云:始自太平興國紀號,訖於明道建元。有若禮博士天水狄公,課最有方,博陵崔公立、成均高平范公宗古、曲臺沛國朱公昌符、屯田清河張公其,俱儒雅有範,課最出倫,至今輿[6]人,頌聲尚在。此石刻至治平初,徐虞部師閔見在清白堂。今廳事題名自楊師中始者,乃紹熙初知軍陳研所創也。

以上《[洪武]常州府志》卷十《宦迹》徵引《江陰志》

轉運司兑糴馬料指揮

係廢軍,舊見《毗陵志》:江陰縣依糴淮東馬料,每碩一貫文省。

---

① 原"樓"作小字,疑後補。

② 原字不可辨,據《[弘治]江陰縣志》卷十三、《[嘉靖]江陰縣志》卷十二《官师表第十上》録,即"淳"。

③ "朝請大夫",《[弘治]江陰縣志》作"朝散大夫"。

④ "朝事郎",《[弘治]江陰縣志》作"朝奉郎"。

⑤ "林瞻",《[弘治]江陰縣志》作"楚職"。

⑥ "輿",《[弘治]江陰縣志》卷九《名宦・守令》作"與"。

紹熙二年蠲免寄臨安御筆付下知臨安府潘侍郎景珪奏節文①

臣切②見臨安府每歲合納、合買，自宣和年間分下常州，則③又均下江陰。蓋是時，江陰在常州爲屬邑，其後升而爲軍。今常州者既以④罷免，而江陰軍者除節次蠲放⑤，尚有二千五百四十三匹一丈五寸⑥。是何常州之幸，而江陰之不幸耶？

臣以不才，兼守京邑，親睹其害，雖嘗申請，未蒙施行。今承户部符，准都省批下江陰軍申乞放免寄買臨安和買，行下本府相度。臣切思，今來本軍所請而徑與放免，則和買無所從出；若均敷於臨安之民，則自不能足，又烏⑦可常額之外而加之？臣之所見，欲候至今年八月，將本府靡費錢與江陰軍認納和買，每年於户部八月買絹場内，盡數和買輸納，防左藏庫退换之弊，而使本府不至⑧靡費之擾。如蒙聖慈，特可其請，乞下江陰軍，免行寄買，仍劄下本府："日後，每年於⑨省錢内，認納江陰和買本色絹，不得妄有科數⑩於諸縣和買。"既不增敷於臨安之民，而江陰闔境之内，以蒙被陛下天

---

① 《[弘治]江陰縣志》卷四《貢賦》"免寄臨安"之後有"和買絹指揮"五字。《全宋文》卷五四〇一題作"江陰軍和買事奏"，文乃節引，後有注"《宋會要輯稿》食貨七〇之七九(第七册第六四一〇頁)"。

② "切"，《[弘治]江陰縣志》同，《全宋文》作"竊"。

③ 《[弘治]江陰縣志》"則"之前有"而常州"三字。

④ "以"，《[弘治]江陰縣志》作"已"。

⑤ 《全宋文》"放"之後有"外"字。

⑥ "一丈五寸"，《全宋文》作"有奇"。

⑦ "烏"，原作"鳥"，據上下文改。

⑧ 《[弘治]江陰縣志》"至"之後有"於"字。

⑨ 《[弘治]江陰縣志》"於"之後有"節"字。

⑩ "數"，《[弘治]江陰縣志》作"敷"。

地父母莫大之賜，不勝萬幸。取進止[1]，奉聖旨，依。

紹熙[2]三年烈塘港指揮轉運司牒節文

據簽廳官、朝散郎、主管文字張經等申，照對本司近准户部符，備准都省批狀指揮，依户部勘當，令本司差官指定，江陰軍乞將常州魏村烈塘港用樁木釘斷，使客船經由本軍苶村務投税事。本司行下平江府，差委吴江縣丞趙炳前去相視。據本官申，契勘魏村新港，本爲水利而設，然未開此港，則商船[3]涉江而來者，必適夏港，至江陰苶村一税，又至無錫一税。自開魏村新港之後，商船從新港過閘，直抵烈塘堰頭，迤邐經常州西門税，取皂角門出太湖而去。商舟既使[4]，宜乎苶村之税折，在江陰利害不細。蓋嘗摭江陰、常州前後案牘參驗，見鎮江府司户汪綱謂：通、泰州商旅，尋[5]經由江陰苶村者，往往盡取徑道以入常州。如江陰所説，不爲無之，即侵奪江陰之税，無疑矣。今詢父老，常州新開魏村港，古來商舟不通。若去閘口遠一丈地，左邊離岸傍七尺，釘長柱樁一條，右邊離岸七尺，釘長樁一條，更去一丈地後如前釘柱，如此釘樁，十餘丈不過用二十餘條。釘樁既踈，潮源不礙，則水利如初，商舟[6]亦以柱樁之故，無自而通，則常州、江陰之訟乃[7]平。具申本司，遂備申省施行。

今准户部符，備准都省批狀指揮，依户部勘當，令本司分明指

---

① “止”，原作“士”，據《[弘治]江陰縣志》改。

② “紹熙”，《[弘治]江陰縣志》卷五《場務》作“紹興”。

③ “商船”，原作“啇船”，據上下文改。下文“商船”“商舟”“商旅”皆是。

④ “使”，《[弘治]江陰縣志》作“便”。

⑤ 《[弘治]江陰縣志》“尋”之後有“常”字。

⑥ “舟”，《[弘治]江陰縣志》作“船”。

⑦ “乃”，《[弘治]江陰縣志》作“及”。

定，如所委官看定到事理别無違礙，即從申疾速結絶施行訖。申省，今蒙送下經等。今將所委官畫到圖本參照點對，得：大江面有港口，内魏村、新河港口，係屬常州，及夏港口，係屬江陰軍，相去六七十①里。其常州魏村港，近爲湮塞，不通潮水，有妨灌溉田苗。前歲，張提舉申明得旨，令本州開浚、置閘。今來，江陰軍申：常州以灌民田爲名，開陶②魏村烈塘港深闊，通放重載客船，盡將淮南販到貨物入烈塘，只就常州西門一税，徑入③太湖，前去湖、秀等州，走失本軍税課。今檢照先來提舉司牒，照得：烈塘開河，本爲農田水利，故置閘以通江湖④，用備旱乾、資灌溉耳。若開閘大⑤頻，則潮沙隨水而入，不久必復淤塞，費難再舉，前功坐棄，鄙心固已慮之矣。江陰軍所申走失税事理，勢必有之。古人惡以隣國爲壑，況天下一家，豈應爲闕秦利晋之事？備牒常州：請於烈塘閘口爲立水則：須河水乾至若干板數，方得開□⑥，通潮入河，復至若干板則復閉。鏁鑰納於州郡，非時不得妄開。閘之上下，多釘樁木，以防客船⑦私過、走失税額之弊。關牒諸司照會。

經等今指定：提舉司所行，及趙縣丞所申，事理已得允當。乞本司具申朝廷，劄下常州，遵從施行。仍下江陰軍照會，伏候指揮。三月十七日，奉聖旨，依。

以上《[洪武]常州府志》卷十《宦迹》徵引《江陰志》

---

① “六七十”，《[弘治]江陰縣志》作大寫“陸柒拾”。

② “陶”，《[弘治]江陰縣志》作“淘”。

③ “入”，《[弘治]江陰縣志》作“出”。

④ “湖”，《[弘治]江陰縣志》作“潮”。

⑤ “大”，《[弘治]江陰縣志》作“太”。

⑥ 原空，《[弘治]江陰縣志》作“閘”字。

⑦ “船”，《[弘治]江陰縣志》作“舟”。

知軍施邁紹熙四年乞減歲額科名錢劄子

照對：本軍每歲額趁上供，經總制錢壹拾壹萬柒仟捌佰柒拾叁貫伍佰貳文，月樁大軍錢七萬玖千貳佰貳拾柒貫五百伍拾貳文，肆分糴本錢貳萬伍千貫文，遇閏月在外，三項共趁額錢貳拾貳萬貳千壹百壹貫伍拾肆文。又有合發雜色窠名官錢及轉運司打船錢等，并每月官兵請俸、春冬衣賜，近壹拾捌萬餘貫。壹歲發納支遣，共肆拾萬餘貫文收簇。官兵廩食，不在此数。

邁自到官以來，將壹歲所入之数計之，不了所出十分之六，皆是酒税課利虧欠。除其他拖下官錢并支遣外，且以上件三色官錢，自累年以來止今年五月終，計有積欠下淮西總領所大軍錢一十四萬餘貫，及行在并淮東總領所等錢八萬六千餘貫文，肆分糴本錢一萬六千餘貫文，已上共拖下錢二十四萬二千餘貫文。自淳熙十六年二月中，該遇登寶位大赦，本軍申[1]請立額高重因依，止蒙於經總制錢内減豁二萬貫文，尚有每歲樁定額錢二十餘萬貫文。其錢，場務未嘗趁及一半，并將次年收到錢数，從上年月，遞趲發納。邁遂喚上[2]人吏，供具前項積欠之由，及參之鄉曲、士大夫之論，皆言當來係將紹興十四年至十八年間，以最高年分收到課利立爲定額。其時客旅輻凑[3]，市肆翕集，兼鄉村人烟繁盛，所以酒税課利，沛然有餘。兼廢軍爲縣，撥隸常州，凡事減省。至紹興三十一年，復置亘額，用度浸廣。然是時有屯駐大軍，客旅駢集，買賣酒税，尚可支吾，雖有虧少，亦不至甚。自乾道六年，大軍移屯前去許浦，商旅稀

① "申"，原作"中"，據《[弘治]江陰縣志》卷五《場務》改。

② "上"，《[弘治]江陰縣志》作"土"。

③ "凑"，《[弘治]江陰縣志》作"輳"。

少，課利漸虧。又因承降指揮，百里内不許重疊收税，遂將本軍管下沿江一帶楊舍、蔡港、田港[①]三處税場一例住罷。此三港係邊臨大江，應漳、泉、福、建、温、台、明、越等州遠商海舶、物貨輻凑[②]，既不置立税場，客人自此任便往來，本軍坐視，不敢誰何。當時本軍自合申明朝廷，乞照所失課額，斟酌蠲減，玩歲愒[③]日，因循不問，虚樁額管錢数。及[④]用度窘迫，却於酒税場生出一切之政。下及蠃[⑤]蚌蔬茹，亦皆有税，空船往還，令納力升，人家吉凶之事，則有經務判押、燈火榜子，如此等類，未易縷陳。以此客人益更稀少，本軍財賦，愈覺費力。目今市井蕭條，舊未[⑥]有匹帛、金銀、生藥、雜物等鋪[⑦]，今皆罷閉。商旅不來，酒税不軼舊額三分之一。舊額都酒税務及崇村、利城，合趁課利錢共二十四萬四千四百二十二貫二[⑧]百九十一文，今來歲收止有七萬六千三百一十一貫六百二十文，已是不可支吾。而常州以灌溉民田，開浚烈塘大港，北枕大江，南接太[⑨]湖，應平日經由本軍港汊客旅船，便徑入太湖，盡奔烈塘港前去。雖蒙朝廷明降約束，令本軍樁釘烈塘，非不嚴切。緣烈塘不係本軍管界地分，其樁木隨即拔去，以此本軍崇村、利城兩務，遂成虚設。未開烈塘以前，崇村、利城酒税務歲收共趁到錢三萬一千九百一十三貫七十七文，去歲止趁到錢一萬一千八百九十九貫九

---

① “田港”二字原無，據《[弘治]江陰縣志》補，疑當作“申港”。

② “凑”，《[弘治]江陰縣志》作“輳”。

③ “愒”，原作“偈”，據《[弘治]江陰縣志》改。

④ 《[弘治]江陰縣志》“及”之後有“至”字。

⑤ “蠃”，《[弘治]江陰縣志》卷九《名宦》同，卷五《場務》作“蠃”。

⑥ “未”，《[弘治]江陰縣志》卷五《場務》作“來”。

⑦ “鋪”，《[弘治]江陰縣志》作“鎮”。

⑧ “二”，《[弘治]江陰縣志》作“叁”。

⑨ “太”，《[弘治]江陰縣志》作“大”。

百三十四文。蓋本軍在浙西窮絶之處，所管江陰縣止十七[1]鄉，不及蘇、常一大縣，且如常熟、崑山所管鄉分最多，額亦不過一十一餘萬貫。今來本軍鄉分不多，歲額却多三倍，委是事力有所不逮。邁非敢務爲姑息，以邀民譽，議減常課，冀免吏責。實見民間凋瘵，井邑蕭條，若不及今哀鳴控告朝廷，誠恐本軍自此愈更費力。欲望詳酌今來所申，特爲敷奏，乞降指揮，於前項月樁大軍、經總制、四分糴每[2]本錢三色窠名内，施照近年所入之數，重行蠲減，立爲中數，以寬民力，以紓郡計。

知軍徐蒧乞免續添認納[3]臨安府和買絹乾道二年劄子

蒧近具奏：建炎間，本軍爲縣隸常州日，緣臨安府遭陳通之變，彼府奏請，權将年額和買紬絹於平江府，湖、秀州寄買，江陰縣認發常州所分之数。至紹興十四年，轉運司將買[4]紬絹撥還臨安府認發，獨有江陰一縣，正值改復爲軍，常州更不關報，因仍至今，未曾改撥，欲乞撥還彼府，自行認發，未奉回降指揮。

竊緣本軍地狹民貧，元管和買絹止是二千二百一十二匹二丈，尚自艱於輸納。今却添認臨安府和買絹二千九百一十八匹一丈五寸，又認和買紬一千一百二十五匹，兩項共四千四十三匹一丈五寸，比之本軍元管之数反多一倍。况本軍一并九年遭罹大水，每年渰没田畝至以十萬計。所敷和買，若豁除水田，只以熟田均敷，則比之年例，當增一半，民間豈堪供輸？所以自來亦將水田照依年例

① 《［弘治］江陰縣志》"十七"之前有"一"字。
② "每"字疑爲衍字，按《［弘治］江陰縣志》無此字。
③ "納"，《［弘治］江陰縣志》卷四《貢賦》作"紬"。
④ 《［弘治］江陰縣志》"買"之前有"和"字。

敷買，數目浩瀚，公私煎熬。若非將所認臨安府買[①]撥[②]彼府，無以少寬民力。兼當時指揮亦令臨安府"候事定日，仍舊"，其平江府，湖、秀、常州并以[③]撥還，獨有本軍至今認納。小郡灾傷之餘，百姓憔悴，尚復代爲他州，當此重斂，委是無[④]辜，理須撥正。

又

監尚書六部門曹密投參政劄子

密本鄉江陰軍，自建炎以來，即同民户爲臨安府認納和買紬絹，迨今四十年。歷仕者少值名賢，巡行者例多不到，致使人户御冤負屈，無所控告，朝廷亦無由[⑤]得知。今幸遇知軍徐宗丞，上體君相深恤民隱之意，又值連九年水灾，知民間無力更出横斂，遂稽考弊原，奏疏皇帝陛下。其乞兑[⑥]減夏税，已蒙賜可，惟認發臨安府和買一事，猶未見行。

密竊慮朝廷以爲經[⑦]費不免下諸處勘會審實，但此事非有司之所樂聞，若待勘會周圓，勢須經涉月日。今來本軍以[⑧]録到户部催理上供總數，内分明聲説本軍夏税、紬絹若干，又認納臨安和買紬若干；本軍夏税絹若干，又認發臨安和買絹若干。則江陰之無[⑨]辜，有不待勘會可[⑩]見者，諸司雖欲隱諱，不可得也。密欲望鈞慈，

① 《[弘治]江陰縣志》"買"之前有"和"字。
② 《[弘治]江陰縣志》"撥"之後有"還"字。
③⑧ "以"，《[弘治]江陰縣志》作"已"。
④⑨ "無"，《[弘治]江陰縣志》作"亡"。
⑤ "由"，《[弘治]江陰縣志》作"繇"。
⑥ "兑"，《[弘治]江陰縣志》作"免"。
⑦ "經"，《[弘治]江陰縣志》作"輕"。
⑩ "可"字，《[弘治]江陰縣志》無。

特爲敷奏，檢會近日徐知軍奏疏，徑爲取旨，除落江陰爲臨安認發和買紬絹。庶幾小壘水荒饑民積年冤枉獲[①]伸[②]，於國家仁政，誠非小補。

徐侯力請不已，上爲蠲八之五。命下之日，歡聲動阡陌。詳見莫伯鎔《乾道修學記》。

以上《[洪武]常州府志》卷十《宦迹》徵引"紹定續添"

又[③]

與知軍徐宗丞水[④]利劄子節文

密竊見江陰地勢在浙西最爲卑下[⑤]，當運河下流，與常州地界參錯。其水自常州，經由申港、利港[⑥]以入于江，逐時潮[⑦]汐，捲帶沙土，壅塞港道。至春夏之交，雨水無從發泄，或已布種而渰没，或水不退而失時。況丹陽練湖、白鶴諸溪一帶之水，西自常州黄汀堰來，每上水大，必決而入于江陰。其南太湖、震澤、吴松、梁溪一帶水大，又皆溢于運河，皆自五瀉堰奔衝而下申港、利[⑧]港。出江之口不決[⑨]，其水聚而不出，不知江陰疆界多少，而能受諸處有入無出之水乎？其害惟江陰尤甚。今幸有出江之口，不能疏

---

① 《[弘治]江陰縣志》"獲"之前有"一旦"二字。
② "伸"，原作"仲"，據《[弘治]江陰縣志》改。
③ "又"，《[弘治]江陰縣志》卷三《河渠》作"宋曹密"。
④ 《[道光]江陰縣志》卷三《山川 河港》"水"之前有"論"字。
⑤ "下"，《[弘治]江陰縣志》作"小"。
⑥ "利港"二字原闕，據《[弘治]江陰縣志》補。
⑦ "潮"，原作"湖"，據《[弘治]江陰縣志》改。
⑧ "利"，原作"和"，據《[弘治]江陰縣志》改。
⑨ "決"，《[弘治]江陰縣志》作"快"。

通[①]而使之通，宜乎無有豐歲，公私所失益多，民亦漸皆流徙。若非使府矜憐哀憫，特爲申明，則二港之河終不能開，鄉民無從得食。

後河役并興，詳見教授章洽記。

知軍王棠乞截留秋苗以爲軍儲劄子紹興五[②]年

棠[③]契勘：江陰在梁、陳爲郡，至唐爲州，皆領縣三，故其賦入足以自給。其後廢州爲縣，以地屬毗陵。及其復爲軍，所管纔一縣而已。是軍名雖復，而地未復也。今本軍俯[④]臨大江，自昔爲屯戍之地，而庫無儲金，廪無[⑤]餘粟，平時旋營，尚容措畫，萬有一[⑥]警，何足支持？全[⑦]藉内郡，撥發錢穀，以實邊壘。今則不然。凡[⑧]本軍之税賦，僅足以充歲額之上供；凡本軍之利原[⑨]，不足以給按月之發納。一錢一粒，皆赴[⑩]漕司，斗糴箕斂，以爲軍食。其初民力尚饒，故未憚於輸官；其後民力益困，則群譟而越訴。前後官吏以兑借、敷率，得罪、囚繫者相踵也。然棠設以罪逐，何足筭哉？誠恐上誤國家邊備，雖死無益。愚昧輒欲仰干鈞慈，特賜詳酌，量截本軍秋苗一二萬石，每歲樁留，準備警急支用，候至次年新苗入倉，却

---

① "通"，《[弘治]江陰縣志》作"鑿"。
② "五"，《[弘治]江陰縣志》卷四《貢賦》作"三"。
③ "棠"，原作"崇"，據《[弘治]江陰縣志》、本文標題改。
④ "俯"，《[弘治]江陰縣志》作"府"。
⑤ "無"，《[弘治]江陰縣志》作"不"。
⑥ "有一"，《[弘治]江陰縣志》作"一有"。
⑦ "全"，《[弘治]江陰縣志》作"金"。
⑧ "凡"，原作"本"，據《[弘治]江陰縣志》改。
⑨ "原"，《[弘治]江陰縣志》作"源"。
⑩ "赴"，《[弘治]江陰縣志》作"楚"。

將陳米起發。其於漕司歲計，并無虧損，直遲速[①]之間耳。所貴本軍常有儲積，以備不虞。

以上《［洪武］常州府志》卷十《宦迹》徵引“紹定添人”

軍　治

鼓角門，天聖初郡守范[②]公宗古創建。景祐中，粗修治。治平元年，郡守徐公師閔重廣舊規，增置銅壺漏刻，直講曹公確爲之記。治平距今百六十餘載，憑高架空，寒凌暑鑠，間稍加葺，隨即圮壞，非所以尊軍治、重民瞻也。紹定壬辰，郡侯史榷院㝢之撤而新之，易腐撓爲雄壯，化漫漶爲華美，遂爲輔郡麗譙之偉觀。

儀門，軍門之次。列戟十有二，内有甲仗[③]、架閣二庫對峙于東西廡。麗譙既新，儀門卑陋爲弗稱，郡侯史榷院㝢之又改爲之。

設廳，儀門直北。

雙檜堂，設廳後，舊名“忠嘉”。前有雙檜，蒼皮老幹，東西峙立。乾道初，舍人張公孝祥來訪徐守，大書三字，以易今名。

常廳，自儀門内，西經架閣庫而北，設廳之西，是爲常衙視事之所。後有“克齋”，嚴侯焕所建。舊規逼仄，郡侯史榷院㝢之廣而新之，名曰“尊美”，“克齋”舊匾移置西榮。

簽廳，常廳之西。嘉定初，郡侯葉延年重修。

清白堂，自常廳西轉而北，因趙遂良而名之也。先是淳化元年，遂良奪服，再守滑州胙城簿，賜以誥詞，有“清白之家”之語。景

---

① “速”，《［弘治］江陰縣志》作“連”。

② “范”，原作“花”，據《［弘治］江陰縣志》卷一《官治》改。

③ “仗”，原作“伏”，據《［嘉靖］江陰縣志》卷一《建置記第一》改。

德初，來爲郡守。後其孫復兹攝邑，刊石于是堂，因以爲名，前有漾花池。堂之西偏有小閣，名"雪窗"。窗外壘石爲山，徐守葳以隸古題詩于壁。見《題詠》門。

宅堂

朝陽閣。

後園

浙西道院，元名"化日堂"，後有齋曰"寒碧"。徐守葳重建，郡侯顔奏院耆仲重修。

三清堂，宅堂之後。

愛山堂，道院之西轉北，郡侯顔奏院耆仲建。

蓮風閣，清白堂之西。

月臺，元係練江亭，在郡圃北城隅。前望由里，後控君山，旁分二室，東曰"嘯月"，西曰"披風"，俱廢已久，僅存故基。郡侯史榷院甯之甃砌成臺，遂爲月夜登賞佳處。

以上《［洪武］常州府志》卷八《古迹・官寺》徵引《江陰志》

官　廨

江陰官屬，視諸郡最簡，《祥符圖經》所載公廨，殊亦未備。迨今因地度宜，各有棲息之所矣。仕于此者，品秩、名氏，如路分、教授，創于近歲，可得而詳矣。自簽判而下，至縣尉七廳，間有壁記，未免闕遺。而碑刻可證與老吏所逮聞者，不容不録。謹自太平興國建軍之日爲始，列于次卷，以年表編之。他日黨[①]有所增，庶可補也。

① 此處"黨"字當通"儻"。

路分廳，淳熙四年始建，至施路分國威，以俸資鼎新重建。題名詳《宦迹》。

以上《[洪武]常州府志》卷八《古迹·官寺》徵引《江陰志》

馬義，武功大夫，淳熙二年。徐格，訓武郎，四年，始居於此廨。王處義，武翼大夫。張榮，武節郎。鄭邁，武經郎。陳祐，武德郎。馮傑，武顯郎。崔壽明，武德郎。趙善本，武經郎。劉繼忠，武經大夫。高世砥，武節郎。劉鎮，武經郎。莊璣，武經郎。夏頤，訓武郎。李師邈，訓武郎。鄭孝祖，武義大夫。閻大猷，訓武郎。蕭漢賢，武翼大夫。周伯源，訓武郎。葉滂，武翼大夫。湯允中，訓武郎。錢纂，訓武郎。施國威，秉義郎。吴惟謹，武功大夫。趙善鼐，武經大夫。周麟，武翼郎。聞人德志，武德郎。王傳，武德大夫。郝誧，武翼大夫。馮琳，武經郎。

以上《[洪武]常州府志》卷十《宦迹》徵引《江陰志》

簽判廳，軍治之西，廳有題名二。楊皤、閭[①]一德立。

宅堂，錢巽重建。内有綵堂，王棠書"緑筠堂"，夏周卿立。後更名"愛香"。前有"泛蓮"，趙汝選[②]立。

教授廳，軍學之東，紹興五年，同學始建。面太平塔穎，俗謂之"文筆"云。元豐三年，漕臺自蘇選教授方允升，時軍廢，兹爲縣學，使所辟也。見《縣學開河[③]記》。紹興初，即廟爲學。時復軍未久，以縣丞莫份權教授，軍所命也。見《修學記》。又乾道五年，嘗置添員，以吴興鄭南充。時未有路分，以其廳爲廨舍，後不復置。此皆一時

① "閭"，下文《年表》作"闕"。

② "選"，本書卷第十二所收《紹定重修學記》作"遻"。

③ "河"，原作"學"，據下文《元豐江陰縣開河記》改。

所創，因附見之。廳有壁記，沈濬所立也。姓名詳《宦迹》。

以上《［洪武］常州府志》卷八《古迹・官寺》徵引《江陰志》

教授

宋

范雩，左儒林郎，紹興五年。沈斐，左從事郎，八年。鄭滲，從政郎，十一年。王康侯，文林郎，十四年。沈濬，宣教郎，十六年。王淪[①]，迪功郎，十八年。俞觀能，從政郎，二十年。嚴康朝，宣教郎，二十四年。談慮，從政郎，二十六年。高翥，宣教郎，三十二年，復軍。

章洽，迪功郎，隆興二年。

尤袤，宣教郎，乾道四年，被召。魏中復，迪功郎，五年。宋之端[②]，迪功郎，八年。戴履，迪功郎，淳熙二年。李沐，修職郎，四年。周祐，奉議郎，七年。[③] 陳伯達，奉議郎，八年。任汝弼，迪功郎，十年。周煒，修職郎，十四年。繆次襲，從事郎，十六年。

鄭應申[④]，從事郎，紹熙[⑤]三年。

韓殊，修職郎，慶元元年。楊定，儒林郎，四年。

王益祺，迪功郎，嘉泰元年。

葉梓，從事郎，開禧元年。

---

① “淪”，《［弘治］江陰縣志》卷十三《括志・職官年表》作“侖”。

② “端”，《［弘治］江陰縣志》作“瑞”。

③ 《［弘治］江陰縣志》本句後注：“今按宜興人，見《浮遠堂記》。”

④ “申”，原作“中”，據《［弘治］江陰縣志》改。

⑤ “紹熙”，原作“紹興”，據《［弘治］江陰縣志》改。

元湑,迪功郎,嘉定元年。胡玢,迪功郎,嘉定五年。徐達[①]年,迪功郎,嘉定八年。方萬里,迪功郎,嘉定十一年。鄭子恭,迪功郎,嘉定十四年。孫應成,十四年,以迪功郎到任,十五年以寶賞轉修職郎。

陳煃,從事郎,寶慶元年正月。

鄭宗玉,修職郎,紹定元年三月。郭庭堅,迪功郎,紹定元年十月。陳南一,文林郎,五年正月到。

以上《[洪武]常州府志》卷十《宦迹》徵引《江陰志》

知録廳,軍院是也。紹興二十三年嘗易爲僉判廳,辛巳復軍,仍舊。今廳乃僉判李孝純所重建也。

司理廳,司理院是也。

司户廳。

司法廳,太平塔之東。舊在路分廳,紹興三十二年,辛棄疾添差僉幕,遂以處之。太平興國寺自大觀初回禄,地久曠廢。吕知軍令問乃撤舊縣丞廳木植,即其東偏而創司法廳。自楊恬始居之,今壁記以楊爲首。壁記乃潔齋袁先生燮之文。

知縣衙,太平塔之南。自熙寧廢軍,以軍廨爲縣治者四十六年,舊宇[②]日以頹廢[③]。今縣官題名在郡圃。建炎復軍,乃徙寓于僧舍。紹興二十一年,趙侯雋之屬知縣趙涣之,即舊治更新創建,以三月經始,七月告成,凡爲屋一百三十楹。見涣之續題名。規模之偉,增加於前矣。歲在辛巳,節使李寶以水軍分駐于此,遂以縣治

① “達”,《[弘治]江陰縣志》作“逢”。
② “宇”,原作“守”,據《[弘治]江陰縣志》卷一《官治》改。
③ “廢”,《[弘治]江陰縣志》作“毁”。

爲節堂，邑宰及簿，權寓廣福寺。暨李侯還屯許浦[①]，乃如舊。紹定二年，林知縣庚重修縣治，内外一新。改築敬簡堂前徐知縣綱立、邱文定公書、先春堂余右司鑄建，增葺拙堂即李侯寶節堂，創立一堂曰"冰玉"知處州高似孫作記，碑在縣治，四亭曰"見山"、曰"兩山雲"、曰"雨亦奇"、曰"兼净"，皆占登覽之勝處。聽政之暇，亦足以暢叙幽情云。題名詳《宦迹》類。

主簿廳，舊在縣治西。自李侯來屯，以爲甲仗庫，日以頽壞。淳熙初，遷建于太平塔東。歲久弊漏爲甚，郡侯史榷院奮之給緡錢葺之。

縣尉廳，澄江門外，始建歲月已久，莫詳。其廳事乃紹興二十三年縣尉沈作式所重建也。舊有兩尉，其後東尉既省，今惟一司而已。見《弓手寨記》。

都監廳，《祥符圖經》：兵馬司在觀風門東，今其地也。又兵馬監押一員，寓居迎福寺之東廡。比年，復有自班直出官而爲添差駐泊都監，又有添差都監一員，專以禄直御，蓋班直無則缺之。

外有巡檢二員石碑[②]、申港，監鎮二員棻村、利城，各舍於其所。在城監務三員都務二員，贍軍一員。又有添差不厘務將、副，以至使臣之屬，皆是僦居耳。

往歲，縣亦有丞，省廢已久，今不復録。

以上《[洪武]常州府志》卷八《古迹·官寺》徵引《江陰志》

① "浦"，原作"蒲"，據《[弘治]江陰縣志》改。
② "碑"，疑當作"牌"。

卷第四

年表

宋①朝	簽判	知縣	知録	司理	司法	主簿	縣尉
太平興國元年丙子							
二年	張可用						
三年							
四年							
五年	皇甫詢						
六年							
七年							
八年							
雍熙元年							
二年	宋皋						
三年							
四年							
端拱元年							
二年	皇甫選						
淳化元年	廢軍						
二年							
三年	復軍						

① “宋”，當作“皇”或“國”。

續表

宋朝	簽判	知縣	知録	司理	司法	主簿	縣尉
四年							
五年							
至道元年							
二年	王秉①						
三年							
咸平元年	孫賀②						
二年							
三年							
四年							
五年							
六年							
景德元年甲辰							
二年							
三年							
四年							
大中③祥符元年							
二年	張德一④						
三年							
四年							
五年	張惟一⑤						
六年							
七年							

① 此格《[弘治]江陰縣志》卷十三《括志》空。

②④⑤ 此格《[弘治]江陰縣志》空。

③ “大中”二字原闕，據《[弘治]江陰縣志》補。

續表

宋朝	簽判	知縣	知録	司理	司法	主簿	縣尉
八年	葛湛①						
九年							
天禧元年							
二年							
三年	蒲舜元②						
四年							
五年							
乾興元年	黄霖						
天興③元年							
二年	方仲容						
三年							
四年				陳蒙吉			陳珪
五年							
六年	于鈞	王拱	劉渭	徐國賓		杜德	李泳
七年							
八年	林瞻						
九年							
明道元年		邢處均					
二年							
景祐元年甲戌							
二年	郭道晚	劉立德					
三年							
四年							

①② 此格《[弘治]江陰縣志》空。

③ "天興",疑當作"天聖"。

續表

宋朝	簽判	知縣	知録	司理	司法	主簿	縣尉
寶元元年							
二年							
康定元年							
二年							
慶曆元年							
二年	李喬						
三年							
四年	薛利用						
五年							
六年							
七年	王易知①						
八年	②						
皇祐元年							
二年							
三年							
四年	蔣祼③						
五年							
至和元年甲午							
二年	張次元						
嘉祐元年							
二年							

① “知”，原作“如”，《宛陵集》卷二十九《送王判官之江陰軍幕》有注“易知”，亦據《[弘治]江陰縣志》、《[嘉靖]江陰縣志》卷十二《官師表第十上》改。

② 此格《[弘治]江陰縣志》有“方立”。

③ “蔣祼”，《[弘治]江陰縣志》《[嘉靖]江陰縣志》均作“蔣祺”。

續表

宋朝	簽判	知縣	知録	司理	司法	主簿	縣尉
三年	晁端序①						
四年							
五年							
六年	楊蟠						
七年							
八年							
治平元年	唐叔②問	張彦卿		劉握	丁佐	馬琉	
二年							
三年							
四年							
熙寧元年							
二年							
三年							
四年	廢軍	李执柔 大理寺丞					
五年	傅天翼③ 太常博士						
六年	陳郛 著作佐郎						
七年							
八年							
九年	楊孝孺 太子中允						
十年							

① “晁端序”,《[弘治]江陰縣志》《[嘉靖]江陰縣志》均作“晁端彦”。

② “叔”,《[弘治]江陰縣志》同,《輿地紀勝》卷九《江陰軍·官吏》、《宋史》卷三百一十六《列傳七十五》均作“淑”。

③ 傅天翼、陳郛、楊孝孺三人,《[弘治]江陰縣志》均置於“知縣”列。

續表

宋朝	簽判	知縣	知録	司理	司法	主簿	縣尉
元豐元年壬子①							黄佖
二年						潘世昌	
三年		王璘 殿中丞					
四年							
五年							
六年		方穀 承議郎					
七年							
八年							
元祐元年		張虞臣 奉議郎					
二年							
三年							
四年		張世望 朝奉郎				王迪	
五年							
六年							
七年							
八年							
紹聖元年		周述 通直郎					
二年							
三年							
四年		趙士宇② 朝奉郎					

① “壬子”,《[弘治]江陰縣志》作“戊午”。

② “趙士宇”,《[弘治]江陰縣志》《[嘉靖]江陰縣志》均作“趙士寧”。

續表

宋朝	簽判	知縣	知録	司理	司法	主簿	縣尉
元符元年							
二年							
三年		王術 通直郎					
建中元年							
崇寧元年		趙士翊 承議郎					
二年							
三年							
四年		李孝遠 承奉郎					
五年							
大觀元年		石景述① 奉議郎				宋年	霍孝恭
二年						徐震②	
三年							
四年		徐充 奉議郎					
政和元年							
二年		季知元 宣議郎					
三年		朱耜 宣議郎					
四年							
五年						俞光祖	

① “石景述”,《[弘治]江陰縣志》作“石景術”,并注:“今按,會稽人。”《大觀建學記》作“石景衎”。

② “徐震”,《[弘治]江陰縣志》在“大觀三年”行。

續表

宋朝	簽判	知縣	知録	司理	司法	主簿	縣尉
六年		王有① 承奉郎					
七年							
重和元年		蔣璘 承事郎					
宣和元年		曾暠 通直郎					
二年							
三年		張安士 承事郎					
四年		余恂 通直郎					
五年							
六年		顔峒 □□②郎					
七年							
靖康元年		林揆 朝散郎					
建炎元年 丁未							
二年	復軍③	趙子濬④					
三年	李易 宣教⑤郎						

① “王有”,《[弘治]江陰縣志》在“政和五年”行,并注:“新增,見《政和河港堰閘記》。”

② 原空,疑闕。

③ 《[弘治]江陰縣志》“復軍”後有“趙公稱”。

④ “趙子濬”,《[弘治]江陰縣志》《[嘉靖]江陰縣志》均作“邵之柔,朝請郎”。

⑤ “教”字原闕,今補。

續表

宋朝	簽判	知縣	知録	司理	司法	主簿	縣尉
四年		劉彦迂 文林郎					
紹興元年	劉彭年 宣教郎①	②			③		
二年		張勸 從事郎					
三年	④	⑤					
四年⑥	陳剛中⑦ 承事郎						
五年	⑧	沈 □□⑨郎					
六年	董之邵 朝奉郎						
七年		趙⑩ □□⑪郎					
八年	魏昌齡⑫					⑬	

---

① “劉彭年”,《[弘治]江陰縣志》作“蔡榕”;“教”字原闕,今補。

② 此格《[弘治]江陰縣志》有“吕南大”。

③ 此格《[弘治]江陰縣志》有“韋立中”。

④ 此格《[弘治]江陰縣志》有“趙不易”。

⑤ 此格《[弘治]江陰縣志》有“宋悆”。

⑥ 此行《[弘治]江陰縣志》無。

⑦ “陳剛中”,原作“東剛中”,據本書卷第十二所收《紹興奉詔新建軍學記》改。

⑧ 此格《[弘治]江陰縣志》有“周彦世、東剛中”,并注“新增,見《新建軍學記》,詳見《副貳》”,見上文“四年”、下文“十四年”行。

⑨ 原空,疑闕。

⑩ “趙”,《[弘治]江陰縣志》作“李竦”,見下文“十五年”行。

⑪ 原空,疑闕。

⑫ “魏昌齡”,《[弘治]江陰縣志》作“錢讜”。

⑬ 此格《[弘治]江陰縣志》有“范彬”。

續表

宋朝	簽判	知縣	知録	司理	司法	主簿	縣尉
九年							
十年	趙公稱	邵知柔		楊晏			
十一年	①	趙涣之					
十二年	蔡榕②	吕南夫			韋立中		
十三年	趙不易③	宋悆				④	
十四年	周彦世⑤						
十五年	⑥	李竦⑦					
十六年	錢讜⑧			⑨		范彬	
十七年		⑩					
十八年	丁昌朝⑪	趙涣之					
十九年	⑫					趙子淙⑬	

---

① 此格《[弘治]江陰縣志》有“丁昌朝”。

② 此年題名《[弘治]江陰縣志》《[嘉靖]江陰縣志》均入“紹興元年”行。

③ 此年題名前兩條《[弘治]江陰縣志》《[嘉靖]江陰縣志》均入“紹興三年”行。

④ 此格《[弘治]江陰縣志》有“趙子淙”。

⑤ “周彦世”,《[弘治]江陰縣志》《[嘉靖]江陰縣志》均入“紹興五年”行。

⑥ 此格《[弘治]江陰縣志》有“趙伯琥”。

⑦ “李竦”,《[弘治]江陰縣志》《[嘉靖]江陰縣志》均入“紹興七年”行。

⑧ 此年“錢讜”“范彬”《[弘治]江陰縣志》《[嘉靖]江陰縣志》均入“紹興八年”行。

⑨ 此格《[弘治]江陰縣志》有“蘇磻”,并注:“新增,見《放生池碑》。”

⑩ 此格《[弘治]江陰縣志》有“楊尚泰”。

⑪ 此年題名《[弘治]江陰縣志》《[嘉靖]江陰縣志》均入“紹興十一年”行。

⑫ 此格《[弘治]江陰縣志》有“高惟正”。

⑬ “趙子淙”,《[弘治]江陰縣志》《[嘉靖]江陰縣志》均作“慕容紹”。另,“趙子淙”入“紹興十三年”行。

續表

宋朝	簽判	知縣	知録	司理	司法	主簿	縣尉
二十年	趙伯琥①						
二十一年			楊尚泰②				③
二十二年	高惟正④					慕容紹	
二十三年	⑤	⑥					沈作式⑦
二十四年	李孝純⑧	王日接				⑨	
二十五年	⑩					郭定⑪	⑫
二十六年	謝巽⑬						湯良琛
二十七年	廢罷	趙師嚴					

---

① “趙伯琥”,《[弘治]江陰縣志》《[嘉靖]江陰縣志》均入“紹興十五年”行。

② “楊尚泰”,《[弘治]江陰縣志》《[嘉靖]江陰縣志》均入“紹興十七年”行。

③ 此格《[弘治]江陰縣志》有“沈作式”,并注:“今按,建尉廳者。”

④ “高惟正”,《[弘治]江陰縣志》《[嘉靖]江陰縣志》均入“紹興十九年”行。

⑤ 此格《[弘治]江陰縣志》《[嘉靖]江陰縣志》均有“李孝純”。

⑥ 此格《[弘治]江陰縣志》《[嘉靖]江陰縣志》均有“王日接”。

⑦ “沈作式”,《[弘治]江陰縣志》《[嘉靖]江陰縣志》均入“紹興二十一年”行,《[弘治]江陰縣志》注:“今按,建尉廳者。”

⑧ 此年“李孝純”“王日接”《[弘治]江陰縣志》《[嘉靖]江陰縣志》均入“紹興二十三年”行。

⑨ 此格《[弘治]江陰縣志》《[嘉靖]江陰縣志》均有“郭定”。

⑩ 此格《[弘治]江陰縣志》《[嘉靖]江陰縣志》均有“謝巽”。

⑪ “郭定”,《[弘治]江陰縣志》《[嘉靖]江陰縣志》均入“紹興二十四年”行。

⑫ 此格《[弘治]江陰縣志》《[嘉靖]江陰縣志》均有“湯良琛”。另,“琛”字作“深”。

⑬ “謝巽”,《[弘治]江陰縣志》《[嘉靖]江陰縣志》均入“紹興二十五年”行。

續表

宋朝	簽判	知縣	知録	司理	司法	主簿	縣尉
二十八年						姚椠	
二十九年							吕祐
三十年		曾①紹					張成之
三十一年②	龔璹						
三十二年	③		張邈	施廣譽	楊恬		
隆興元年癸未		朱孝聞 宣教郎			陳雄	趙伯④	
二年	吴一能 承議郎						
乾道元年			趙利	趙柏林			
二年	王淙 朝奉郎⑤	霍馴孫 奉議郎⑥					吴時顯⑦
三年					閻佑	汪義和	錢伸之⑧
四年	余善言 承議郎		趙師渥	胡夑			趙善謨⑨
五年		趙善待 奉議郎					

---

① “曾”，《[弘治]江陰縣志》《[嘉靖]江陰縣志》均作“曹”。

② 《[嘉靖]江陰縣志》此行表端有“復軍”二字。

③ 此格《[弘治]江陰縣志》《[嘉靖]江陰縣志》均有“辛棄疾”。《[弘治]江陰縣志》注：“新增，字幼安，歷城人。添差。見《宋史》及宋志《司法廳下》。”

④ “趙伯”，疑當作“趙伯晟”，《[弘治]江陰縣志》注：“今按，‘伯’下缺‘晟’字。見《治水續記》。”

⑤ “朝奉郎”，原作“朝承郎”，據《[弘治]江陰縣志》《[嘉靖]江陰縣志》改。

⑥ 《[弘治]江陰縣志》注：“今按，《乾道治水續記》‘明’作‘淳’。”“明”，疑當作“馴”。

⑦ 此格《[弘治]江陰縣志》《[嘉靖]江陰縣志》均有“吴時顯”。《[弘治]江陰縣志》注：“新增，見《治水續記》。”

⑧⑨ 《[弘治]江陰縣志》《[嘉靖]江陰縣志》此格均無内容。

續表

宋朝	簽判	知縣	知録	司理	司法	主簿	縣尉
六年	劉侯①守 承議郎				宫夫②	鄧杞	
七年		霍錫 通直郎	趙公保				馮樸③
八年	趙汝意 承議郎			趙善任			
九年		貝欽世 奉議郎			胡衮		
淳熙元年	趙善贇 宣教郎		趙公果		慕容繪	高振	
二年		李愿 通直郎		沈綗			李卞④
三年	顧宣 承事郎						王甹⑤
四年		鄧倫 奉議郎			趙彦誠	秦堣	
五年			趙師召				
六年	陳彭大⑥ 奉議郎	洪楀 承議郎	錢壽仁	曾濟			趙師保⑦

① “侯”,《[嘉靖]江陰縣志》同,《[弘治]江陰縣志》作“候”。

② “宫夫”,《[弘治]江陰縣志》《[嘉靖]江陰縣志》均作“宫惇夫”。《[弘治]江陰縣志》注:“宋志□惇字雨。旁注‘御□’。”

③ 《[弘治]江陰縣志》《[嘉靖]江陰縣志》此格均無内容。

④ 《[弘治]江陰縣志》《[嘉靖]江陰縣志》均無“卞”字,《[弘治]江陰縣志》注:“失名。”

⑤ 《[弘治]江陰縣志》《[嘉靖]江陰縣志》均無“甹”字,《[弘治]江陰縣志》注:“失名。”

⑥ “陳彭大”,《[弘治]江陰縣志》《[嘉靖]江陰縣志》均作“陳彭夫”。

⑦ 《[弘治]江陰縣志》《[嘉靖]江陰縣志》均無“師保”二字,《[弘治]江陰縣志》注:“失名。”

續表

宋朝	簽判	知縣	知録	司理	司法	主簿	縣尉
七年	高子津 朝奉郎		李大椿		許夔	李紡	
八年					鄭昌期		
九年	曹必端 承議郎	張序 承議郎		李燾	范良史	趙崇僴	張彦清①
十年			趙善遠②				
十一年	夏忠厚 承議郎				陸鎡		
十二年		俞沾③ 奉議郎		俞佺	李珏	陳鉿④	袁燮
十三年	闞一德 承議郎⑤		孫晫				
十四年				葉籖	盧安仁		
十五年	童燀 承事郎					李滋	向⑥子倫
十六年		程準 奉議郎					
紹熙元年	姚舜臣⑦ 奉議郎		吕鎡				
二年	章充⑧國 宣議郎			張師齊⑨	陳時中	薛齊誼	高旹錫

① 《[弘治]江陰縣志》《[嘉靖]江陰縣志》均無"彦清"二字,《[弘治]江陰縣志》注:"失名。"

② "趙善遠",《[弘治]江陰縣志》《[嘉靖]江陰縣志》均作"趙善達"。

③ "俞沾",《[弘治]江陰縣志》《[嘉靖]江陰縣志》均作"俞沽"。

④ "陳鉿",《[弘治]江陰縣志》《[嘉靖]江陰縣志》均作"陳銘"。

⑤ "承議郎",《[弘治]江陰縣志》《[嘉靖]江陰縣志》均作"承奉郎"。

⑥ "向",《[弘治]江陰縣志》《[嘉靖]江陰縣志》均作"句"。

⑦ "姚舜臣",《[弘治]江陰縣志》《[嘉靖]江陰縣志》均作"姚舜陟"。

⑧ "充",《[弘治]江陰縣志》《[嘉靖]江陰縣志》均作"允"。

⑨ "張師齊",《[弘治]江陰縣志》《[嘉靖]江陰縣志》均作"張思齊"。

續表

宋朝	簽判	知縣	知録	司理	司法	主簿	縣尉
三年		徐綱 朝散郎		余現①			
四年	俞巨源 奉議郎		李德存	葉篚	蔣健		
五年						趙崇儼	陳擬
慶元元年	陳志同 承議郎	趙公偰 承議郎					
二年	錢巽 寄理， 宣教郎			陳武卿			
三年					吴括	趙善皡	周豳
四年		沈暲 通直郎	齊準				潘世修
五年	趙師柄 承議郎			馮興宗			
六年					史淵	邢徹	
嘉泰元年	謝李孫 承務郎 趙伯鳳 承務郎	魏資光② 宣教郎	趙崇倫		朱拱臣		郭伯達③
二年				李彦仁			
三年					王璡		
四年	周世德④ 奉議郎	胡元卿				余寀	林申
開禧元年			馬迥	姚琪			

① “余現”，《[弘治]江陰縣志》《[嘉靖]江陰縣志》均作“余峴”。

② “魏資光”，《[弘治]江陰縣志》《[嘉靖]江陰縣志》均作“魏資先”。

③ “郭伯達”，《[弘治]江陰縣志》《[嘉靖]江陰縣志》均作“郭伯适”。

④ “周世德”，《[弘治]江陰縣志》《[嘉靖]江陰縣志》均作“周世得”，本書卷第九《碑刻》作“周正德”。

續表

宋朝	簽判	知縣	知録	司理	司法	主簿	縣尉
二年	趙師津① 奉議郎					褚瑄	
三年		何處博 通直郎	陳復		莫焕		趙彦稔
嘉定元年	劉大成 通直郎						

［宋］	僉判	添差 僉判	知縣	知録	司理	司户	司法	主簿	縣尉
		嘉定 二年 特差				嘉定 二年 特差			
嘉定 二年		丘壽昌 承務郎			黃仁裕	李椿		霍楝②	
三年	湯忠彦 王大昌		榮博辰③					④	
四年			余鑄	張篆					黃德洪
五年	⑤				李立正 趙汝淑⑥			凌蓮	
六年			張仲通		張作朋	趙彦祝	何世昌		
七年	張綽			胡松卿					
八年			王仁					張叔元	施洽
九年	吕永年				周安强	曾坦	蔣公弼		
十年				鄭密					

---

① “趙師津”,《［弘治］江陰縣志》《［嘉靖］江陰縣志》均作“趙師律”。

② “霍楝”,《［弘治］江陰縣志》《［嘉靖］江陰縣志》均作“霍棣”。

③ “榮博辰”,《［弘治］江陰縣志》《［嘉靖］江陰縣志》均作“榮傳辰”。

④ 此格《［弘治］江陰縣志》《［嘉靖］江陰縣志》均有“趙崇价”。

⑤ 此格《［弘治］江陰縣志》《［嘉靖］江陰縣志》均有“張案”。

⑥ “趙汝淑”,《［弘治］江陰縣志》《［嘉靖］江陰縣志》均作“趙汝叔”。

續表

[宋]	僉判	添差僉判	知縣	知録	司理	司户	司法	主簿	縣尉
十一年	蔣惟曉		張宗濤		錢選				樓伯寛
十二年						王瀋		沈森	
十三年				張蕻					
十四年	鄧植		沈緼		林靖之		趙汝璝		曹錀
十五年						程熹		史鑄	
十六年	黄宋隆			趙祖					李似祖①
十七年	徐宋卿②		徐植				鄭思恭		
寶慶元年					戴掞之	施德懋		莫埴	
二年	徐旦			唐嗣祖			潛起		夏良臣
三年	張即之		林庚		凌薳				
紹定元年							蔡元龍	王莊孫	
二年	趙汝選③			趙特墂		韓淵			葉德新
三年			高不儔		沈次适				
四年	石祖文						錢孝友	丁倚	
五年				林必大		趙掖夫			趙與珍

以上《[洪武]常州府志》卷十《宦迹》徵引

① “祖”,《[嘉靖]江陰縣志》同,《[弘治]江陰縣志》作“租”,并注“恐當作‘租’”。

② “徐宋卿”,《[弘治]江陰縣志》《[嘉靖]江陰縣志》均作“徐永卿”。

③ “選”,本書卷第十二所收《紹定重修學記》作“諰”。

職　田

總計[1]七千五百六十三畝一角二十六步。

總計[2]一千七畝一角十七步。

據蘇魏公頌撰葛閎墓志云，閎知江陰，以軍守圭[3]田比他郡爲[4]厚，乃謂土少租重，取之無名。所得幾七百斛，悉輸之官庾。而薛嘉言爲郡之日，亦以俸[5]給差優，奏請其半。據《永嘉志・人物》。自今觀之，非復曩時矣。

以上《[洪武]常州府志》卷四《財賦》徵引“紹定續添”

①② “總計”之前疑有闕文。

③ “圭”字，《[弘治]江陰縣志》卷九《名宦・守令》無。

④ “爲”，《蘇魏公文集》卷五十六《光禄卿葛公墓志銘》作“特”。

⑤ “俸”字，《[弘治]江陰縣志》卷九《名宦・守令》無。

卷第五

坊　市①

善政坊，由軍治前入大街，東止高巷。

永安坊，由高巷轉東至建寅門。其他巷名或附見。叢桂坊，即永安坊，以諸曹族居于後庄經②。自直講碓③之後相繼登科，紹興庚辰擢第者三人，因改是名。

勝④俊坊，由觀風門外中街数十步路，通軍學街口。元是勝⑤俊坊見《學門記》。奏院顔侯耆仲遷立於中街之西。

北布政坊，由中街東至都務，又南街，東止子明廟，西止天慶觀。

南布政坊，由縣前西至水軍寨，東止杜橋。

欽賢坊，由安利橋以東，南至杜橋。

應和坊，由周橋河東至章橋。

北能仁坊，由聖母橋東至歸雲庵。

南能仁坊，由杜橋南至朝宗門，東至七娘子廟。

---

① 《［弘治］江陰縣志》卷二《厢坊》有注："宋《志》不列厢名，僅於諸坊下見之曰'古隸北厢''古隸南厢'而已。"

② "經"，疑當作"涇"。

③ "碓"，疑當作"確"。

④ "勝"，《［弘治］江陰縣志》作"升"。

⑤ "勝"，本書卷第十二所收《大觀新建江陰縣學記》作"升"。

右并隸南厢，其坊名①雖存，以爲巡警之界，所謂華表，不復有矣。

輔德坊，軍教場巷，郡侯盧郎中子章立。

近民坊，軍治前轉，前入大街，即善政坊舊基。

演教坊，演教寺巷。

萬壽坊，古②城巷，以乾明廣福寺爲祝聖之地，立此名。

来安坊，市舶務前。

里仁坊，高巷，即叢桂坊舊基。

文定坊，大市東，以丘樞相賜謚立名。

仁壽坊，以隱德君子吴仲宣年登期頤，受初命爵，摭誥中"仁壽"二字以表其居，從邦人請也。

重本坊，以社壇立名。

字民坊，一在水軍寨北，一在杜橋西。

雙桂坊，在馬墅，吴侍郎博古、石通倅邦彦讀書其地，相繼登科，因以名之。

天慶坊，南街之西，以觀立名。

迎福坊，聖母橋之西，以寺立名。

鼎魁坊，石橋之西，鼎魁趙僉判發所居。

清孝里，在清陽③鄉，葛清孝公所居，因以尊之。

自"近民坊"已下，皆郡侯顔奏院耆仲創立。

大市，由大街出新津門以東，列肆而居，闤闠之所在也。

江下市，澄江門外，以通黄田港。商船倭舶每歲④輻凑，巨艑

① 原"名"作小字，疑後補。

② "古"，原作"顧"，據《[弘治]江陰縣志》改。

③ "陽"，疑當作"暘"。

④ "每歲"，《[嘉靖]江陰縣志》卷二《提封記第二上》作"歲嘗"。

比居，人烟翕集，故爲市，亞於城闉焉，此紹熙五年事也。自嘉定二年，高麗、日本船不到，市井蕭踈，非復曩日矣。

申港市，縣西三十里。港本春申君所開，乃唐永泰元年置。今申港寨是也。

利城市，舊《經》云：朱消宅。唐至德三年中置。

石橋市，在化成鄉。按《十國紀年》，本朝伐南唐、吴越，取江陰寧遠軍石橋寨是也。

青暘市，在青暘鄉。舊《經》云：本許青暘所居之地。

長壽市，在長壽鄉。

西陽市，在縣東南四十里，唐永泰元年置。

杜店市，在金鳳鄉。

永昌市，在青陽[1]鄉。舊《經》云：其地，唐左神策將軍殷昌之别墅。永昌元年所置。

楊舍市，在崇仁鄉，舊爲鎮。

孝嚴坊，即演教寺坊，以國忌行香，易今名。

以上《[洪武]常州府志》卷三《坊鄉》徵引《江陰志》

倉　庫 場務、酒坊附

都倉，在軍治西南。政和五年，時江陰爲縣，主簿俞光祖於官倉獲一烏[2]雛，全體潔素，而喙[3]、目[4]、脛、掌俱紅。蔣公静奉祠里

① “陽”，疑當作“暘”。

② “烏”，《永樂大典》卷七五一六《倉》作“烏”。

③ “喙”，《永樂大典》作“啄”。

④ “目”，《永樂大典》作“自”。

居，撰《政和聖德致瑞烏[1]賦》進之。

常平倉，都倉之西。

軍資庫，軍治之西。

常平庫，軍資庫内。

甲仗庫，儀門内之東。

架閣庫，儀門内之西。

公使庫，設廳之東。

都醋庫，新津門外。

經總制錢庫，在僉[2]判廳。

贍軍酒庫，太平塔之南。

以上《[洪武]常州府志》卷八《古迹・官寺》徵引《江陰志》

其中"都倉"條又見《永樂大典》卷七五一六《倉》徵引《江陰志》

場　務

折帛場，軍資庫内。

都酒税務，市南坊橋下。

利城[3]酒税務，在本鎮。

岺村酒税務，在本鎮。有水衝于兩山之間，謂之"岺"。[4]

市舶務，光孝寺西。紹興十六年二月，兩浙提舉市舶司奉聖旨創置，以本軍僉[5]判爲主管官，知縣爲監官，專庫書手三名。嘉泰

① "烏"，《永樂大典》作"鳥"。

② "僉"，《[弘治]江陰縣志》卷五《倉庫》作"簽"。

③ "城"，原作"域"，據《[弘治]江陰縣志》卷五《場務》改。

④ 此句爲注，疑當作小字。

⑤ "僉"，《[弘治]江陰縣志》作"簽"。

四年，郡侯戴溪重建。

已上倉、場、庫、務，頹[1]多頹圮。紹定二年，郡侯顏奏院耆仲[2]修葺殆遍，輪奂一新。

以上《[洪武]常州府志》卷八《古迹・官寺》徵引《江陰志》

酒坊

石橋坊，在石橋市。砂[3]山東際，有石如虎瞰[4]。施莊坊，今之石橋坊也。相傳云：建炎中，綺山王氏開酤。每夜失酒，莫知所自，久而有道人過之，因話此事。道人爲之四顧，乃云："恐山際有石如虎爲祟。"坊主登山驗之，其石猶濕，微聞酒香，即鑿其頷，遂絶失酒之患。今石虎尚存。

申港坊，在市中。

白土坊，在永陵鄉。

杜店坊，在市中。

永昌坊，在市中。

蕭崎坊，在鳳戈鄉。

余[5]皮坊，在東舜鄉。

長壽坊，在市中。

雲亭坊，在昭聞鄉。

---

① "頹"，《[弘治]江陰縣志》作"類"，疑當作"頗"。

② "郡侯顏奏院耆仲"，《[弘治]江陰縣志》作"知軍顏耆仲"。

③ "砂"，《[弘治]江陰縣志》卷五《場務》、卷十四《雜辯・山川》均作"沙"。

④ 《[弘治]江陰縣志》卷十四《雜辯・山川》"瞰"之前有"下"字。

⑤ "余"，原作"金"，據《[弘治]江陰縣志》、《[成化]重修毗陵志》卷六《武備・場務》改。

承堰坊，在寶池鄉。

雷溝坊，在化成鄉。

令節坊，在楊舍市。

以上《[洪武]常州府志》卷八《古迹・官寺》徵引《江陰志》

營　寨教場附

江陰之兵，自五代以前，莫由考究。至如南唐，軍有“寧遠”，寨有“石橋”，見劉招《十國記①年》，指揮有“安邊”，見光瑛院②殿記，今“明教③”，皆僞竊時事，宜黜不書。謹以今之營寨④籍⑤數具列于后：

雄節⑥十五指揮，在都倉北，係禁軍，元額五百人。

崇節⑦三十五指揮，在望京門内，係厢軍，額五百人。

今⑧横江水軍在其中，亦號水軍營，元額五百人。語在《形勢》門⑨。其後往戍定海，捕寇山東徐明等，海門防秋、京口擺托，屢有調發。至紹興七年，遣一百六十餘人往帥司當直，其餘分役諸廳。十三年，已行揀汰，止有一百六十五人充額。今見管六十餘人。

---

① “記”，本書卷第五《坊市》、卷第六《山阜》均作“紀”。

② “院”，《[弘治]江陰縣志》卷五《兵衛》作“寺”。

③ 《[弘治]江陰縣志》“明教”之後有“院”字。

④ “寨”，《[弘治]江陰縣志》作“棚”，《[成化]重修毗陵志》卷十六《武備・教場》作“栅”。

⑤ “籍”，《[弘治]江陰縣志》《[成化]重修毗陵志》均作“簿”。

⑥ 《[弘治]江陰縣志》“雄節”之前有“雄節營”三字。

⑦ 《[弘治]江陰縣志》“崇節”之前有“崇節營”三字。

⑧ 《[弘治]江陰縣志》“今”之前有“水軍營”三字。

⑨ 小字注，《[弘治]江陰縣志》作“語在《江防》下”。

牢城營，觀風門内[①]，沿河西。

作院，無營，見額二十五人。

石牌寨，縣東十八里，太平興國中置。土軍，元額二百一十人。

申港寨，縣西三十里[②]。土軍，元額二百一十八[③]人。

尉司弓兵[④]寨，尉廳之側，袁燮所創也。先是，弓兵二百人，多散處，每遇閲習，先後不齊。袁爲尉曹，請於倉使羅公，求頃歲雇金之未給者千七百餘緡，與夫在官之田爲之基，而郡亦佐其費。凡爲屋一百七十六間，棲神有宇，宿甲有房，勸功有亭。於是向之散處者，合而爲一。經始于仲[⑤]春，告成于季冬，時淳熙丁未歲也。袁自爲記，兹掇其略云。

駐劄水馬[⑥]寨，縣之西，許浦水軍之所分駐也。管三百人，其廪稍、衣粮、舟舡[⑦]、器械之屬，皆取給于統司。將一員，主帥所命也。先是淳熙壬寅，始營寨屋三百六十五間，甲辰春，乃駐劄于此。時將官陳俊復[⑧]創闢教場于縣之東南。紹熙[⑨]壬子，長樂江伯夔更加營繕，繚以塈垣，植以繪壁，军容肅然矣。

以上《[洪武]常州府志》卷八《兵防・營寨》徵引《江陰志》

---

① "内"，《[弘治]江陰縣志》作"外"。

② "縣西三十里"五字原闕，據《[弘治]江陰縣志》補。

③ "二百一十八"，《[弘治]江陰縣志》作"二十一"。

④ "兵"，《[弘治]江陰縣志》作"手"。

⑤ "仲"，原作"中"，據《潔齋集》卷九《記・江陰尉司新建營記》改。

⑥ "馬"，《[弘治]江陰縣志》作"軍"。

⑦ "舡"，《[弘治]江陰縣志》作"船"。

⑧ "復"，《[弘治]江陰縣志》作"後"。

⑨ "紹熙"，原作"紹興"，據《[弘治]江陰縣志》、《[成化]重修毗陵志》卷一六《武備・教場》改。

教　場

軍教場，軍治之東。郡侯史權院建廳屋，名曰[①]“整暇”。三廂，火巷共五十六條，通運河，容民取汲，兼備不虞。

以上《[洪武]常州府志》卷八《兵防·營寨》徵引《江陰志》

亭　館遞鋪附

宣詔亭，皷門外之東。

頒春亭，皷門外之西。

東新亭，宣詔亭之南。

西新亭，頒春亭之南。

百草亭，道院之西，元名“翠景”。

射亭，元名“多稼”。

梅亭，元名“梅林”，錢侯仰之所建。

芳渚亭，元名“獨秀”。自百草亭以下，郡侯顔奏院耆仲重修。

新津亭，在新津門之側。

行衙亭，聖母橋之南。

東門亭，春暉門外。

西門亭，望京門外。

南水門亭，朝宗門外。

放生池亭，嶽祠之西。淳祐己酉，陳侯允修，中有今上“放

① 原“曰”作小字，疑後補。

生”御筆刻石。前誕節一日，郡侯率寮、宋[①]祝聖於此。然亭址福[②]仄，拜跪莫容，或遇雨雪，則憩于民廬，非所以嘯[③]朝儀也。景定壬戌，郡守孫監簿復於亭之前跨街爲屋，自此衣冠之會，有其所矣。

五里亭，朝宗門外。老屋三間，過者凛焉。景定壬戌，郡守孫監簿重修。既又枕河流，創新亭，南北對峙，跨街爲屋。非惟將迎者以爲便，雖民之往來者，亦得以少憩焉。自亭抵關，路尤踸踔，於創亭畢工之日，甃之以石，遂免泥淖之患。

以上《[洪武]常州府志》卷八《古迹・池亭》徵引《江陰志》[④]

寬民堂，市[⑤]舶務中。郡侯顔奏[⑥]院耆仲建。《中興會要》聖訓有曰：市舶之利，若措置合宜，所得動以百萬計，豈不勝[⑦]取於民？留意於此，庶幾可以少寬民力。故以“寬民”名是堂。

清暉堂[⑧]，市舶務西。郡侯顔奏院耆仲建。

頤[⑨]春楼，古城巷東，界一市以居中，環四山而在望，頗占登臨之勝。郡侯顔奏院耆仲建。

萬石楼，即熙春楼，端平回禄重建。時史侯歸之以相閥開藩，

---

① “宋”，疑當作“宗”。
② “福”，疑當作“逼”。
③ “嘯”，疑當作“肅”。
④ 原謂出自《江陰志》，然據所書年號當爲“徵引‘景定續添’”之後。
⑤ 《永樂大典》卷七二三八《堂》“市”之前有“在”字。
⑥ “奏”字原闕，據《永樂大典》及上下文補。
⑦ “勝”，《永樂大典》同，《[弘治]江陰縣志》卷五《場務》作“賢”。
⑧ “堂”，《[弘治]江陰縣志》卷三《公館》作“亭”。
⑨ “頤”，《[弘治]江陰縣志》卷三《官宇》作“熙”。

命名蓋取諸此。[①]

以上《[洪武]常州府志》卷三《坊鄉》徵引《江陰志》

其中“寬民堂”條又見《永樂大典》卷七二三八《堂》徵引《江陰志》

使星館，觀風門驛[②]橋之側。郡侯邢燾重修，易名“光華館”。

喜雨軒，廣福寺。郡侯顏奏院耆仲建，禱雨于寺而有獲，因志其喜。

以上《[洪武]常州府志》卷八《古迹・官寺》徵引《江陰志》

安濟院。愛日門外有居養院，郡侯戴宗簿溪重建，易名安濟，凡老而無歸者育焉。月給常平軍資庫钱米，冬夏各有支犒。

養貧院。愛日門外有漏澤園，崇寧間始置。紹定元年，林知縣庚增廣其舍，環植以松，郡侯顏奏院耆仲捐金助費，以處流移貧窶之民，有不幸，得瘞其地，名養貧院。

以上《[弘治]江陰縣志》卷九《名宦》徵引《宋志》

遞　鋪

東路鋪六：春暉鋪、後黄鋪、豬陂唐[③]鋪、孔市鋪、後馬鋪、杜店鋪。

西路鋪七：城下鋪、望京鋪、杜村鋪、申港鋪、後梅鋪、黄土鋪、

① 原謂出自《江陰志》，然按内容所涉年號，此條疑引自《江陰續志》。

② “驛”字原闕，據《[成化]重修毗陵志》卷二十五《館驛》、下文“驛橋”補。

③ “唐”，《[弘治]江陰縣志》卷三《郵傳》作“塘”。

小湖[1]鋪。

以上《[洪武]常州府志》卷八《古迹·官寺》徵引《江陰志》

橋　梁[2]

華橋[3]，安利橋之次。俗謂“高橋”，高巷近之。

安利橋，坊橋之次。《祥符圖經》作“永興”，後改今名。自東而南，地名“鑲巷”。

坊橋，大市之南，都酒務在其下。

虹橋，新津門之東，市西廟在其側。舊《經》有鰣魚橋，在善政坊，而無虹橋，恐即此也。港亦名鰣，今多湮塞矣。

回唐[4]堰橋，在花橋之東，今堰基尚存。

聖母橋，按《寰宇記》載，劉之遴[5]《神録[6]》云：“廣陵縣女杜氏[7]有道，縣以爲妖，桎梏之。忽變形，莫之所知[8]。因[9]立廟，曰‘東陵聖母’。”古老相傳[10]，梁普通中[11]，有商人乘船，夜夢婦人，曰：“我是

---

① “湖”，《[弘治]江陰縣志》作“胡”。

② 原抄本橋名皆作大字，橋名後徵引之文皆作小字。

③ “華橋”，《[弘治]江陰縣志》卷四《橋梁》作“花橋”。

④ “唐”，《[弘治]江陰縣志》作“塘”。

⑤ “劉之遴”，《太平寰宇記》卷九十二作“劉遴之”。

⑥ “神録”，《太平寰宇記》作“神異録”。

⑦ “氏”，《太平寰宇記》作“美”。

⑧ “知”，《太平寰宇記》作“之”。

⑨ 《太平寰宇記》“因”之後有“以其處”三字。

⑩ 《太平寰宇記》“傳”之後有“云”字。

⑪ “梁普通中”，《太平寰宇記》作“梁武普通年中”。

東陵聖母神也，隨形影逐流來此，今當君船底，若能將上岸立祠①，當重相報。"其人覺寤②，視之，果如所夢，因爲立祠在縣南。唐武德初③被爇，今以名橋見存。所謂聖母之名，此説爲近。舊《經》謂唐至德元年置，則可矣。若援《風土記》以爲姜子牙母所過之地，恐未必然。

新橋，望京門内，黄田港所入大河之第一橋也。以次至青暘橋，并跨河上。今改爲"嘉定橋"。

倉橋，軍治之西。下橋少北，都倉在焉。郡侯邢燾易名"潤豐橋"。

驛橋，以使星館在其側名之。

周橋，回唐堰④之南。嘉祐二年，里人任允恭與楊仁旺同修，始易柱以石，費四十萬⑤，今復頹圮矣。

潤福橋，朝宗門南九里外。元名"後舍"，俗謂"新橋"。郡侯顔奏院耆仲以石重建，易今名。

擦柱橋，岺山之南。今廢，唯址尚存。

青暘橋，在市中。

章橋，堰橋之東，其下爲花家巷。郡侯顔耆仲重建。

蕭橋，章橋之東。舊係木橋，紹興⑥四年，里人孫琳募衆更造以石，改名"永安"。

魚躍橋，杜橋東南。舊《經》云：昔有雙巨魚，躍於水上，故名。

---

① "今當君……立祠"，《太平寰宇記》作"今當君船底水裹，若能將形影上岸立祠"。

② "寤"，《太平寰宇記》作"悟"。

③ "唐武德初"，《太平寰宇記》作"唐武德元年"。

④ "回唐堰"，下文《堰》作"回塘堰"。

⑤ "萬"之後，《[弘治]江陰縣志》注："莫詳何物，蓋錢也。"

⑥ "興"，《[弘治]江陰縣志》作"熙"。

俗號“雙魚橋”。

去思橋，崇村[①]市中，俗謂“耿莊桥”，危險不便往來。紹定初，欲易以石，格於浮議而中輟。

申港橋，寨之西北。

利城橋，鎮之西。

觀橋天慶觀東、四柱橋南[②]街之東，二橋舊通河之支流，今皆湮塞矣。

柴胡橋，天慶門外，西南通夏港。今廢，以舟渡焉。

太平橋，在後底涇東。

李港橋，在朝宗門外。

夏公橋，蔡涇閘之西。

松橋，雲亭坊之東。[③]

白沙橋，在承堰。凡爲橋三，而一名，分上、中、下，以皆通白沙港故也。坊之西者爲上橋，差勝云。

長壽橋，在市中。

八丈橋，長壽市之東。

令節橋，楊舍市之東。

萬歲橋，在盧墅。

薛山橋，名闢[④]，通石頭港，近易爲“石橋”。

夏港橋，望京門外。北臨大江，潮流湍急，柱難於砥，易致傾圮。紹定二年，知縣林庚移造於南五十步。未幾，爲木栰衝動，屢

---

① “村”，《[弘治]江陰縣志》作“利”。

② “南”，《[弘治]江陰縣志》作“東”。

③ 此句《[弘治]江陰縣志》作“松橋，宋橋也，在敔山之東。正統間義官葛伯渭重建”。

④ “闢”，疑當作“闕”；《[弘治]江陰縣志》有“又名‘永濟’”。

仆。或以舟渡,遇風濤則與病涉同。舊例,修治責都保正、副,後[①]巨費繁,率多破産。是役也,亦非正、副所能辦。知縣高不儔白之知軍史権院寯之,去一切科率,議欲感民樂輸,以相是役。於是倡於令,任其責,父老亦合辭有請。每歲,鳩各保正、副,量備楮券一十千,樁留官庫,以供修繕。暨及建造,合人户所願輸者,亦僅以給。乃以紹定五年冬,仍就舊基重建。東西相距,延袤三十五丈,橋成而悉無所擾。景定壬戌,郡守孫監簿重修。[②]

河渡壹處,利港渡。

以上《[洪武]常州府志》卷三《橋梁》徵引《江陰志》

① "後",疑當作"役"。

② 原謂出自《江陰志》,然按内容所涉年號,此條疑引自"景定續添"之後。

卷第六

山皋

君山，澄江門外，軍治之北，蓋其鎮山也。舊《經》爲"瞰江山"，今名乃取春申君而目之。其巔有亭，舊名"松風"，三角而已。前輩題詠甚多，唯蔣修撰圓未成童時密題壁間，有"夜欠①一檐雨，春無四面花"之句，見者稱賞。後易名"心遠"。紹興庚午，趙侯雋之始創堂，曰"浮遠"，蓋取東坡"江遠欲浮天"之句。北臨大江，南望城市，東②睨鵝鼻，西俯黄田，一郡之勝概也。堂之南有浮圖，再遭回禄，遺製③尚存。嶽廟④、光孝寺在其麓⑤。舊有洗心堂，蔣閣學静學《易》於此。今爲市舶務，堂名易爲"澄江"云。

黄山，縣北⑥六里，以春申君⑦之姓名之。其峰相傳爲席帽。按《輿地志》：上有石室，吴時藏烽⑧之所。

---

① "欠"，原作"吹"，據《[成化]重修毗陵志》卷十七《山川》改。

② "東"字原闕，據《[弘治]江陰縣志》卷十四《雜辯・山川》補。

③ "製"，《[弘治]江陰縣志》卷六《山川》作"址"。

④ 《[弘治]江陰縣志》"嶽廟"之前有"東"字。

⑤ "麓"，《[弘治]江陰縣志》作"壠"。

⑥ "縣北"，《[弘治]江陰縣志》作"東北"。

⑦ "君"字，《[弘治]江陰縣志》無。

⑧ "藏烽"，《輿地紀勝》卷九《江陰軍・景物上》、《[弘治]江陰縣志》作"烽火"。

馬鞍山[①]，在黄山西，見《寰宇記》。舊《經》失載，而謂：由里山形如鞍，誤矣。《郡國志》云，芙蓉湖西馬鞍山，季札讓位，耕於此。

由里山，縣東南十五里。按郭璞《條山[②]記》有曰：由里山前瓠[③]子岡，葬之正者封侯王。瓠子岡今在其[④]所，"由里"之名恐從璞説也。《寰宇記》不載"由里"，而有"馬鞍山"。按《郡國志》云，在芙蓉湖之西，今由里之形亦如鞍，然豈謂是耶？《祥符經》又不載"馬鞍山"，而有"由里"，恐本是一山也。至引《源山須知》云：其山多鬼，本名有鬼山，其後聲訛，不經之甚。近有郡人吕天策[⑤]，則以爲"九里"，《題葛少川迎翠軒詩序》有"前對九里、秦望諸山"之語，豈以"由里"之義難曉，故更爲"九里"耶[⑥]？或云：山之四面皆九里[⑦]。今并存之。上有龍祠，山之巔或作雲，邦人以爲雨候。其南又有觀音礪，遠望碎石，像如觀音。葛文康公墓在焉。

青山，縣西十里。按《寰宇記》："上有干將鑄爐九所。"又於晋陵縣青山橋云：江陰有三峰山，此山望見，故名。

秦望山，縣西南二十七[⑧]里。舊《經》：按《風土記》，本名峨耳，山在蜀川，秦王[⑨]驅之以塞東海，至此不肯前，登山四顧，因號秦望。又引《山海經》云："南有蜀川油九甏。"今按史籍，皆無所據。《南徐州記》：暨陽縣西有秦履山。此山是也。

---

①② "山"字原闕，據《[弘治]江陰縣志》補。

③ "瓠"，《[弘治]江陰縣志》同，《[成化]重修毗陵志》作"匏"。

④ 原"其"作小字，疑後補。

⑤ "策"，原作"榮"，據《[弘治]江陰縣志》改。

⑥ "耶"，《[弘治]江陰縣志》作"邪"。

⑦ "九里"，原作"里九"，據《[弘治]江陰縣志》改。

⑧ "二十七"，《[弘治]江陰縣志》作"二十"。

⑨ "秦王"，《輿地紀勝》卷九《江陰軍・古迹》作"秦始皇"。

鷄籠山，縣西南二十[①]里。舊《經》：俗傳秦始王[②]東巡[③]，以金籠貯鷄，至此放之。後人或聞其雞鳴，因名。又云，其山形如鷄籠。

鵝鼻山，縣北六[④]里。《源山須知》云：鵝鼻山，形勢高斜，如鵝鼻。今俗呼爲"鵝眉[⑤]觜"。

大石山，縣北七里。絶頂有石，高數十丈[⑥]。小石山，與大石山相連屬。俗呼爲"大石灣""小石灣"。

敔[⑦]山，縣東十里。《源山須知》：昔吴王泛舟浮[⑧]賞到此山[⑨]，見野花繁盛如綿[⑩]綺，因名綺山。後呼敔山，蓋字之誤也。山上有虎礪石，父老云，石多[⑪]鋪教如虎狀，故名。又有泉，名善利，味甘而美。大司成[⑫]葛公墳庵在其麓，名以旌儒。曹氏先塋亦在焉。

女山，縣東十五里。山頂有十二洞，故[⑬]老相傳云，昔有太守女入山修道，一日仙去，故名。亦名"仙女山"。或以其山有堆阜，高低相比，其形如敔，故謂之"敔山"。今兩存之。舊《經》引山謙之《南徐州記》，以爲丹徒縣臨江之山，則非其所矣。耿氏、曹氏先塋

---

① "二十"，《[弘治]江陰縣志》作"一十五"。
② "王"，疑當作"皇"。
③ "巡"，《輿地紀勝》卷九《江陰軍・景物下》作"游"。
④ "六"，《[弘治]江陰縣志》作"四"。
⑤ "鵝眉"，《[弘治]江陰縣志》作"峨嵋"。
⑥ 《[成化]重修毗陵志》"丈"之後有"下瞰江水"四字。
⑦ "敔"，《[弘治]江陰縣志》作"綺"。
⑧ "浮"，《[成化]重修毗陵志》作"游"。
⑨ "山"字，《[弘治]江陰縣志》《[成化]重修毗陵志》均無。
⑩ "綿"，《[弘治]江陰縣志》作"錦"。
⑪ "石多"二字原作"名"，據《[弘治]江陰縣志》《[成化]重修毗陵志》改。
⑫ 原"成"作小字，疑後補。
⑬ "故"，《[成化]重修毗陵志》同，《[弘治]江陰縣志》卷六《山川》、《輿地紀勝》卷九《江陰軍・仙釋》均作"古"。

及丘侍郎太夫人墓在焉。

真山，縣東[①]十八里。《祥符圖經》作“甄山”。按《十道四蕃志》：一名“石筏山”，筏長六十步，始皇欲以浮海，亦曰“筏梁”。昔山側村民韓文秀[②]入此山，見鹿産而聞小兒啼，往視，乃産一女子，因收養之。長，令爲女道[③]，時號鹿娘，梁武帝爲建聖觀。及死，葬於此。陳宣帝使持香花、珍饌、帝樂，供養其冢。又發視之，但聞異香，無復骸骨，謂其得真，因以名山。《寰宇記》亦作“真山”，所載略同，但其觀名爲“至真”，有異耳。要之當作“真山”，“甄”字無所據也。今俗呼“石牌山”，其山[④]面平數丈，懸江流中，水漲不没，涸亦不高，隨水上下。

鳳凰山，縣東二十[⑤]里。《太平總類》云，太康[⑥]元年，於此掘得石鳳凰，去若飛，因以爲名。

覆酒山，縣東二十[⑦]里。《祥符經》云：曲阿有覆酒山。《高麗入山傳》云，昔高麗國女美，東海神乘酒船禮聘之。女不肯，海神撥船覆酒，流入曲阿，故曲阿酒美。或云，山極低小，宛然覆舟之形。當名以“覆舟”，而俗訛爲“覆酒”。未知孰是。

稷山，覆酒山之側，亦謂“薛山”。古老傳，乃唐薛稷别業也。

香山，縣東二十[⑧]里。《太平總領[⑨]》及《吴地志》云：吴遣美人采香於此，因名。故有采香徑。按《十國紀年》：吴越攻常州，徐温帥兵

---

① “縣東”，《［弘治］江陰縣志》作“東北”。

② “秀”字，《［弘治］江陰縣志》卷十四《雜辯·山川》無。

③ 《［弘治］江陰縣志》卷十四《雜辯·山川》“道”之後有“士”字。

④ “山”，《［弘治］江陰縣志》作“石”。

⑤ “二十”，《［弘治］江陰縣志》卷六《山川》作“二十三”。

⑥ 《［成化］重修毗陵志》“太康”之前有“晋”字。

⑦⑧ “二十”，《［弘治］江陰縣志》作“三十”。

⑨ “領”，據上文疑當作“類”。

拒之。張可琮以江陰之兵從陳璋,敗吴越兵於香灣。即其地也。

貪山,縣東二十七①里。《源山須知》云:在曲阿東。昔梁大同中,有樵夫采薪,見金寶現,因掘取,山頽壓死,遂名"貪山"。

售山,縣東三十②里,《源山須知》云:在暨陽東。梁天監中,劉售嘯聚據此,自號"售山"。

時山,縣東三十里。《源山須知》云:在暨陽。頃有富民時姓,族居此山,遂名之。亦謂"毗山"。蔣待制嘗讀書於此。

沙山,縣東四十五里。初本地平③,晋、宋間江水泛漲,因涌沙石,積爲一山。按,僞吴武義元年,吴越受梁命來伐,六月,敗吴越兵于沙山,豈其地歟?

定山,縣東二十五④里。舊《經》云四十里,非是。山有飛錫庵、虎跑泉。唐法嚮禪師飛錫來此,有虎馴伏,跑地得泉。前志指二事皆以法嚮得名。虎跑泉題刻甚富,且有"不載《圖經》嗟失記"之句。今考之紹興初正字胡珵《新建定山輪藏記》有曰:"貞觀中,法嚮禪師以四聖果,絶江相地,肇啓精藍。"錫杖迨今猶存,一勇夫僅可舉,則法嚮于此山挂錫爲不誣,特未詳有"虎跑泉"之義。及觀《揚州華林寺大悲禪師碑銘》,賈餗製文,述唐代宗時有僧靈坦,姓武氏,"制毒龍於金山,柔猛虎於定山。在江陰,則神龜靈蛇之感現;在⑤江都,則山鬼城隍之懼伏"。質之以此,則泉之所出,即靈坦柔伏於菟之

① "二十七",《[弘治]江陰縣志》作"十八"。

② "三十",《[弘治]江陰縣志》作"二十五"。

③ "地平",《[成化]重修毗陵志》作"平地"。

④ "縣東二十五",《[弘治]江陰縣志》作"縣東二十",《[成化]重修毗陵志》作"在縣東四十"。

⑤ "在"字之後原有"於"字,據《全唐文》卷七百三十一《揚州華林寺大悲禪師碑銘并序》删。

地，而非法嚮也。山川靈異，皆有本始，考者弗詳，因没其實。後之覽者得此説，可無"失記"之恨矣。定山之麓又有普照塔，建炎間，中奉葛師望同文康公以二侄恵新有緣爲僧，建造以承香火。

白鹿山，縣東五十里。《源山須知》云：在暨陽東南。昔吴王出獵，得白鹿，因名之。

蛟山，縣東南二十里[①]。《源山須知》云：唐垂拱中，有黄龍盤[②]山上，三日始没。蛟山在常熟。此山正名"盤龍"。

華山，縣東南十[③]里。舊《經》云二十里，非是。今名花山。舊《經》云形似關中華山，過矣。

顧山，縣東南八十[④]里。

白龍山，縣東南四十[⑤]里。上有龍洞[⑥]，每遇大旱，乃往祈禱。相傳云，昔有一童[⑦]，嘗入此洞，秉燭三條，并燃三指，因通常熟界。後因丐[⑧]者在内[⑨]卧寢，遂生一石閘斷。今可入者丈餘地耳。餘見"兜率院"。

小山，縣東北十五里。舊《經》云三十里，非是。又，小山，縣東北三十里。本以蕭氏所居，名蕭山，後訛爲"小山"。河魨所出之地也。

---

① "蛟山，縣東南二十里"，《[弘治]江陰縣志》作"盤龍山，縣東十五里"。《[成化]重修毗陵志》作"蟠龍山，在縣東南二十里"。

② "盤"，《[成化]重修毗陵志》作"蟠"。下同。

③ "十"，《[弘治]江陰縣志》作"十五"。

④ "八十"，《[弘治]江陰縣志》作"九十"。

⑤ "四十"，《[弘治]江陰縣志》作"五十"。

⑥ 《輿地紀勝》卷九《江陰軍・景物下》"洞"之前兩格作"——"，疑爲"白龍"二字。

⑦ 《輿地紀勝》"童"之後有"行"字。

⑧ 《輿地紀勝》"丐"之前有"一"字。

⑨ "内"字原闕，據《[弘治]江陰縣志》補。

焦山，縣西[1]三十五里。《源山須知》云：本名樵山，爲采樵之地，聲訛爲"焦"。

觀山，縣西南二十七[2]里。《源山須知》云：吴王好於此山游觀，因名之。

丁國山，觀山之側。

高山，縣西南。有河路通常州，俗云"高山網頭"，捕魚之所也。

白石山，縣西南十八里。《須知》[3]云：山多白石，人取作灰。俗傳"白石洞天"，非也。

浮山，舊《經》：在縣東北揚子江中。今石牌之東也，地名"東岡"。

彭公山，縣東北十[4]里。《須知》云：昔彭越東征居此，營山之東。

彭墓山，縣東南三十里。即彭公所獲首級葬此。

鎮山，縣東[5]三十里。《須知》云：昔有虹蜺出於此山，以鎮星散而爲虹蜺，因名。右三山，舊《經》所載，今其地莫詳，姑存之。

陸主山，《南史·王敬則傳》：暨陽有陸主山。時有一部劫逃入山中，爲人患。敬則遣人致意劫帥，使出首，當相申論。郭下廟神甚酷烈，引神爲誓。劫帥既出，於廟中殺十牛解神，并斬諸劫，百姓悦之。[6]

① "西"，《[成化]重修毗陵志》作"西南"。
② "二十七"，《[弘治]江陰縣志》作"二十"。
③ 即《源山須知》，據《[弘治]江陰縣志》知。下同。
④ "十"，《[弘治]江陰縣志》作"十五"。
⑤ "東"，《[弘治]江陰縣志》作"東北"。
⑥ 此段引文與《南史·王敬則傳》原文略有出入。

覆釜山，宋齊丘《廣平集[①]·徐温祠堂碑》云：江陰之征，王陪[②]道以騁。王乃徐温也，爲吴忠武王。遇越兵於覆釜之丘。

右二山雖有所據，舊《經》、《寰宇記》并不載。恐歲久名稱改易，姑附見之。或云，覆釜山即青山。

以上《[洪武]常州府志》卷五《山川·山》徵引《江陰志》

猢猻洞，在虹橋之北。本孫氏園。古木欑森，巨竹檀欒，雖在市廛，而有山林之趣，嘗入畫圖。其園揔名“富春”，堂有“瑞蓮”“緑筠”“清輝”“集綺”，亭有“瑞香”“垂金”“濯瓔”“采芳”“流紅”“蘸碧”，閣有”“連漪”“寒翠”，軒有“叠巘”，又有仁智亭、二鹿廐、鶴阱，皆對列左右。又東爲道院，其北石洞嵌岩，舊有猢猻出入其中，名以“棲雲”，今故穴尚存，鄭、李數家分得之。

以上《[洪武]常州府志》卷五《山川·洞》徵引《江陰志》

河　渠堰、閘、井、泉附

繖湖[③]，縣東三十五里。其地四十七畝有奇，以水環之。紹興十六年，詔[④]爲放生池。

胥湖，縣之東。舊《經》云：伍子胥亡入吴，至此擊劍而歌。湖在胥歌村，因名。今慈雲寺有《唐興建寺碑》，云“其地昔有鳳巢于樹，乃載於圖書；伍相巡湖，固彰於板籍”者是也。

暨陽湖，舊《經》：在縣東十五里。又有螺洲，云在縣界，其狀如

① 原作“慶平集”，據《[弘治]江陰縣志》卷五《兵衛》改。

② “陪”，疑當作“倍”。

③ “繖湖”，《[弘治]江陰縣志》卷六《山川》作“繖墩湖”。

④ “詔”，《[弘治]江陰縣志》作“認”。

螺。并莫詳所謂，姑存之。

以上《[洪武]常州府志》卷五《山川·湖》徵引《江陰志》

芙蓉湖，在縣南四十里。《寰宇記》云：即射貴湖，一名“上湖”。陸羽《記》云：“南控長洲，東洞①江陰，北掩②晋陵。周圍一萬五千三百頃。”又號“三山湖”。

以上《[弘治]江陰縣志》卷六《山川》徵引《宋志》

運河，起黄田港，達五瀉堰。皇祐中，葛侯閎竣之。閎③以積潦害田，疏導④四十里，募里豪得粟二萬斛，以給充役民丁，尚餘数千斛，奏留以資後來河役。見蘇魏公頌撰墓志。⑤

市堆河，在縣東四十五里。

新河，在市堆河之東。

横河，在大市之東。宋⑥天禧中知軍崔立所開也，楊士彦興修⑦。楊蟠有《郡守按視横河》詩。按政和甲午⑧，蔣静作《興修河港堰閘記》，其略云：導江水而南，由黄田港距五瀉⑨堰，爲漕渠。而漕渠之東有河曰“市墩”，又其東曰“新河”。新河受令節港之水，

---

① “洞”，《全唐文》卷四百三十三《游慧山寺記》作“泊”。
② “掩”，《全唐文》作“淹”。
③ 原兩處“閎”字均空，據《[弘治]江陰縣志》卷九《名宦·守令》補。
④ 《[弘治]江陰縣志》此處無“導”字，并注：“缺字。”
⑤ “運河”條目原爲小字。
⑥ “宋”，宋志當作“國朝”或“皇朝”。
⑦ “興修”，《[弘治]江陰縣志》卷三《河渠》作“重修之”。
⑧ “甲午”，本書卷第十二所收《政和河港堰閘記》文末作“丙申”。
⑨ “瀉”，《政和河港堰閘記》作“卸”。

市墩承蔡港之下流，皆北引大江，南匯[①]代洪港，而震澤之餘波暨焉。猶或滯而不周，崔屯田[②]立乃西起漕渠，中絶蔡港，而東至令節，鑿横河以貫之。嘉祐中，楊士彦興修。由楊公距今，逾五十年，横河故道，湮没略辨，市墩、新河、代洪港悉又反壞。而具區之水由無錫而入者，既不得泄，北江之潮由令節、蔡港、黄田閘而注者，又遏而不逝。於是白鹿、化成等十鄉之田，頻苦旱潦。於是邑丞楚執柔[③]浚之，創閘馬師、唐市二橋之旁，仍堰邑東門之外，以南制[④]震澤，北節大江，二河一港，同日皆作，溉民田四千六十頃。明年將浚横河[⑤]，會知縣王有來，遂自回塘堰至石牌港，皆令所董；由石牌以達令節，則丞之所部。合四十九里之所溉，又[⑥]爲田二千三百十三頃。不逾月工就，而東門之堰[⑦]揔三河一港而計之，田之保[⑧]其澤者，凡六千五百七十三頃有畸。

學前河，宋[⑨]元豐二年知縣楊孝孺所開也。先是，説者謂："縣學面城，水旁流而不顧，此其學未盛"。善地理者欲引注於其前，而東鑿于"熙春"熙春，舊學東園名也，北接大河。至是，因河之故支旁導，而環其流。凡用工二千餘，其長千尺，闊二十尺。有記，今在軍學。

---

① "匯"，《[弘治]江陰縣志》作"匯"。

② "田"，原作"曰"，據《[弘治]江陰縣志》改。

③ "柔"，原作"宷"，據《[弘治]江陰縣志》卷三《河渠》、《[嘉靖]江陰縣志》卷九《河防記第七》改。

④ "制"，《[弘治]江陰縣志》作"泄"。

⑤ "横河"，《政和河港堰閘記》作"横田河"。

⑥ "又"，《政和河港堰閘記》作"共"。

⑦ 《政和河港堰閘記》"堰"之後有"亦完"二字。

⑧ "保"，《[弘治]江陰縣志》作"沾"。

⑨ "宋"，疑當作"國朝"或"皇朝"，或省去。

清溪河，在縣東三十五[①]里。

暨陽河，在縣東一里。

以上《[洪武]常州府志》卷五《山川·河》徵引《江陰志》

白沙港，在縣東十五[②]里。

石牌港，在縣東二十[③]里。

令節港，在縣東六十五里。

雷溝港，在縣東三十五里。

范港，在縣東六十三里。

蔡港，在縣東北三十八[④]里。

私港，在縣東北[⑤]六十里。

夏港，在縣西十五里。舊《經》云：本春申君長子所開。《寰宇記》亦云："倪啟徙江陰治夏浦。"以"夏"名者，蓋取鄰居姓氏，如范港、蔡港是也。

申港，春申君開浦置田，爲上、下屯，自大江南導，分而爲二，東入無錫，西入晉陵戚墅，俱達于運河。

利港，縣西五十里。按《西蕃志[⑥]》：本名"漁浦"，因漁得利，故名。又《九域志》載："《越絶書》云：'伍員取利浦及黄瀆土築闔閭城'"，即此港也。《輿地紀勝》："《長編》云：'江陰軍屬縣有利港，久廢。乾

① "三十五"，《[弘治]江陰縣志》作"四十"。

② "十五"，《[成化]重修毗陵志》卷十八《山川二》作"十"。

③ "二十"，《[弘治]江陰縣志》作"十八"。

④ "東北三十八"，《[弘治]江陰縣志》作"東五十"，《[成化]重修毗陵志》作"東四十八"。

⑤ "東北"，《[弘治]江陰縣志》作"東"。

⑥ "西蕃志"，《[弘治]江陰縣志》作"四蕃志"。

興元年，知軍崔立教民浚治，既成，溉田數十[1]頃。又開横河六十里，通漕運。降詔獎之。'"

黄田港，在縣北二[2]里。黄歇所開以溉田，因名之。朱昌叔《寄王荆公憶江陰》詩云："太伯人民堪教育，春申溝港可疏通。"荆公酬云"港北水如天"者是也。

季港，在朝宗門外西。東通運河，西直縣前，有南北兩條。前《志》不載。紹定添入。

五斗港，在縣西[3]六十五里。

龍蕩港[4]，在縣西七十里。

以上《[洪武]常州府志》卷五《山川·港》徵引《江陰志》

堰

梁武堰，在東舜鄉七里村内，有堰一條，名梁武堰，長廣約丈餘，居民不敢以畚鍤之屬斸[5]之。

回塘堰，市東，故基猶存。

利楚堰，楚執柔所築。按，在蔣閣學《記》。在建寅門。

以上《[洪武]常州府志》卷三《渠堰》徵引《宋志》

閘

黄田閘，澄江門外，亦名上閘。

---

① "十"，《輿地紀勝》卷第九《江陰軍·景物上》作"千"。

② "二"，《[弘治]江陰縣志》作"三"。

③ "西"，《[成化]重修毗陵志》同，《輿地紀勝》作"東"。

④ "龍蕩港"，《輿地紀勝》作"龍蕩湖"。

⑤ "之屬"二字《[成化]重修毗陵志》卷三十一《古迹》無，"斸"作"犯"。

馬師閘、唐市閘，亦楚丞所創。蔣《記》所謂“環亘七十里，新[1]流逶迤，兩閘宏壯”是也，今廢。按蔣閣學《重建黃田閘記》：“創置之始，蓋歲久而失其傳也。”其略云：暨陽城北一里許，有港曰黃田，北引大江，横貫城中，南出于郭，逶迤曼衍。截蔡涇，過朵鎮，至五瀉堰，凡七十五里而距二瀏之漕渠。其播爲支派，若派蔓并足[2]，東暨無錫，西交晉陵，繚繞從横，又不知其幾里，而漑田頃以萬計，皆資潮汐爲膏腴。苟莫制其盈虚，則乍滿乍除，雖有機械，不能運之於無所渟滀。故昔人即港口置上閘，以啓閉[3]北江之潮，又即蔡涇爲下閘，以節制旁浦之水。於是雨不時至[4]無涸絶焦枯之憂，霖霪弗止[5]，無羡溢漂墊之患。比年以來，港浸反壞，而閘亦破毁如漏卮。徐侯申守毗陵，以大觀庚寅季冬，卜上閘之良址於舊基之北百步外，而成於明年政和改元之正月。邑丞于溥，實董其役。乃作亭于其左，以謹司開闔之節；立廟乎其右，以妥安神祇之靈。更浚上下流之積沙，去支港之游土。復以餘材，作新下閘。既而復西導丰、利二港，注之晉陵、武進，而兩邑之人，相與戮力，接疏下流，以達州[6]城之北，使灌浸周於郡境。而風檣萬里、順流而縱者，朝江海而夕毗陵也。厥後，歲久摧廢。乾道丙戌，詔遣[7]漕使姜詵按視

① “新”，《[弘治]江陰縣志》卷三《河渠》作“所”。

② “派蔓并足”，《[弘治]江陰縣志》作“瓜蔓蛇足”，本書第卷十二所收《大觀黃田港閘記》亦作“瓜蔓蛇足”。

③ “閉”字，《[弘治]江陰縣志》無。

④ “至”，原作“雖”，據《[弘治]江陰縣志》改。

⑤ “止”，《[弘治]江陰縣志》作“節”。

⑥ “州”，原作“利”，據《大觀黃田港閘記》改。

⑦ “遣”，原作“遺”，據《吴中人物志》卷五《宦績》改，本書卷第十二所收《乾道治水記》亦作“遣”。

水利。徐知軍蒧[①]與之研究利病，延見父老，審訂其説，曰："江陰北臨大江，地勢洿下，港瀆善淤[②]。夏秋淫雨，浙西数郡，百川并委。瀕港七鄉，并湖三山，低卬之田，混爲一區，尋丈而增，膚寸而落。十年之間，没水者一百六十[③]萬餘畝，歲蠲秋苗以一二萬計，公私病焉。"遂以蔡涇閘久廢宜治爲請。閘之故基，距河差遠，兩翼迫蹙，波流悍急，易於[④]頹壞。乃移基并東，直抵漕渠，斥而大之，易木以石，屹然對峙。長各十有三丈四尺，高一丈八尺，洪之闊二丈三尺，岸之西北，匯爲渦矗，分殺水怒。土木鐵石之工萬有九百，費錢以緡計[⑤]三萬二千三百有奇，米以石計者一萬一千四百有奇。於是增浚漕渠，下通黄田，以防汎溢、絶壅滯，五旬而畢。時簽判王淙掌其事，有《治水記》見存。丙辰[⑥]距今未三十年，黄田閘雖僅存一二，而蔡涇圮壞蓋久。潮汐委輸，隨即竭涸，舟行病之。自朝宗門外九里，河道湮塞，阻閡尤甚。至是，施侯以癸丑冬隙，先浚九里河，而諸鄉涇港之淤閼者，人樂勸功，畚鍤皆作，復修二閘，以時啓閉。築舊址，更良材，爲版者十，又營屋数楹以覆之，費省而功倍，誠一邦悠久之利也。嘉定元年，郡侯葉寺簿延年重建。

新涇閘，過茶村三里許，在擦柱橋之西。舊有新涇，逶迤十数里達于江。施侯既修上、下二閘，或以新涇一支猶有所泄，乃創是

① "蒧"，原作"藏"，據《乾道治水記》改。

② "淤"，原作"利"，據《［弘治］江陰縣志》、《［嘉靖］江陰縣志》卷九《河防記第七》改。

③ "一百六十"，《乾道治水記》作"一百六十七"。

④ "於"，《乾道治水記》作"以"。

⑤ 《乾道治水記》"計"之後有"者"字。

⑥ "辰"，疑當作"戌"。

閘，然後漕河之水朝夕常滿矣。

以上《[洪武]常州府志》卷三《渠堰》徵引《江陰志》

井

義井，在古城巷内。嘉祐六年，乾明院僧宗壽所鑿。有亭覆之，近里人吴淳修。淘匠者云甓甃精緻，殊不損動，其狀如甕。下又有一小井，約丈餘，大旱泉源不竭。

以上《[弘治]江陰縣志》卷三《河渠》徵引《宋志》

泉

善利泉，在敔山。深可二丈①，泉常尺餘，不爲水旱增損。大司成葛公墓在其麓，名以旌儒。②

彌勒灣泉③，貪山之西。山谷幽深，人迹罕到。父老傳，昔有宣和尚築庵於此，忽夢彌勒佛曰："汝何不見石頭和尚？"於是棄去。後人名其所曰"彌勒灣"。下有甘泉，雖旱不竭。按《傳燈録》，唐靈默禪師，毗陵人，姓宣氏。雖不載夢彌勒事，然僧竭④石頭和尚云。

虎跑泉，在定山寺。唐法嚮禪師飛錫來此，有虎馴伏，跑地得泉。治平元年昏□□⑤和簿王竦與郡守楊士彦諸公，賦詩刊石，結亭其上。

以上《[洪武]常州府志》卷五《山川·泉》徵引《江陰志》

---

① "丈"，《[弘治]江陰縣志》卷十四《雜辯·山川》作"尺"。

② 此句原闕，據《[弘治]江陰縣志》卷六《山川》補。

③ "彌勒灣泉"，《[弘治]江陰縣志》卷十四《雜辯·山川》作"彌勒泉"。

④ "僧竭"，《輿地紀勝》卷第九作"曾謁"。

⑤ 原空，疑闕。

卷第七

人　物

江陰之地，不過一同，前代人物，史傳稀闊，其詳不可得聞也。若庾希皎之徒，居雖土着，事非令德，皆出不書。近世人傑地靈，間見層出，又難遍録。今姑掇其系譜之可推、行述之可据，與夫隐德君子、僑寓名流，得於族裔之所見傳，及鄉曲之所願載者，紀其大概，其餘則著之《科名》云。

吴太伯，王季歷之兄，遜位，奔荆蠻，自號“句吴”。

延陵季子，《郡國志》云：芙蓉湖西馬鞍山，季札遜位，耕於此。

春申君黄歇。右并載《史記》，略見《總序》。《輿①地紀勝》：“黄歇封於江南，今有申浦、黄山，即其所封之地以爲名。”舊《志》云：黄歇爲春申君，本在壽州，爲去齊近，受齊侵，故徙都於吴，爲春申君。開申浦置田。今郡内山川之名，多以“春申”取義。

郭璞，詳在《古迹》門。《輿地紀勝》：“璞本河東間②喜人。按《晋書》本傳云：‘明帝即位，熒惑守房，璞時休歸，帝遣使齎詔問璞。會暨陽縣復上言赤烏③見。璞乃上疏請改年賜④赦。’又：璞曾經道上行，遇一斫草人，璞脱袴

---

① “輿”，原作“與”，據《輿地紀勝》改。

② “間”，《輿地紀勝》卷九《江陰軍》、《晋書》卷七十二《列傳第四十二》、本書卷第八《古迹》作“聞”。

③ “烏”，原作“爲”，據《輿地紀勝》《晋書》改。

④ “賜”，《晋書》、本書卷第八《古迹》均作“肆”。

褶與之，曰：'我命在子手中。'及被刑日，把劍行刑，正此人也。江陰縣，晋時曾僑置洪[1]農郡，璞爲郡守，因家焉。於此製《江賦》，入[2]《文選》，并撰《爾雅》三卷，以顯物類。"

吴欣之，《南史·孝義傳》："晋陵[3]利城人也。元嘉末，弟慰之爲武進縣吏，隨王誕起[4]義，元凶遣軍主華欽討之。見執，將死，欣之請[5]欽，乞代[6]弟命，兄弟皆見原。齊建元三年，有詔蠲表之。"

宋

葛宫，字公雅。由治平三年以工部侍郎致仕，後以子汝平明堂恩，改兵部。初知秀州，秀介江、湖間，吏爲關涇瀆之上，以征往來，間有婚葬趣時日[7]，多不克，公雅一切撤毁之，民至今稱焉。有《青暘[8]集》二十卷。弟葛密，字子發。知泉州清溪縣，請老，賜五品服，退居青暘之上湖，自號草堂逸老。有《上湖集》二十卷。以子書思[9]升朝，累贈通議大夫。

以上《[洪武]常州府志》卷十一《人物》徵引《江陰志》

書思[10]，字進叔。初調睦州建德簿[11]。時通議告老于家，請迎養，不許，遂投劾侍奉，積十餘年。後序遷朝奉郎，即解印綬。父子

---

① "洪"，疑原作"弘"，宋人避趙匡胤父趙弘殷諱。

② "入"，原作"人"，據《輿地紀勝》改。

③ "陵"字原闕，據《南史》卷七十三、《[弘治]江陰縣志》卷七《人物》補。

④ "起"字原闕，據《南史》《[弘治]江陰縣志》補。

⑤ "請"，《南史》《[弘治]江陰縣志》均作"詣"。

⑥ "代"，原作"伐"，據《南史》《[弘治]江陰縣志》改。

⑦ "時日"，《[弘治]江陰縣志》作"期者"。

⑧ "暘"，原作"賜"，據《[弘治]江陰縣志》改。

⑨⑩ "思"，原作"恩"，據《[弘治]江陰縣志》改。

⑪ "簿"，原作"薄"，據《[弘治]江陰縣志》改。

清節，前後相映，人以爲難及。所居以“安遇”名軒，有《文集》十卷。① 及卒，州里以其“蘊德丘園”，列其事以聞，詔謚清孝，特命制詞。二子：次仲，字亞卿，歷中書舍人、大司成，終太中大夫，有《集句詩》三卷。葛勝仲，字魯卿。歷大司成、顯謨②待制，再如③湖州。紹興初，屬事多艱，遂居湖之寶溪。薨，贈特進，謚文康。以其子旁列于朝，累贈少師。有《文集》八十卷、《外集》三十卷、《考古通論》六十卷。并據《行狀》及《神道碑》。

葛立方，字常之④。仕至吏部侍郎，有《歸愚集》五十卷、《外制集》五卷、《西疇筆耕》五十卷、《韻語陽秋》二十卷、《方輿別志》二十卷。右⑤丞相邲，其少子也。

葛氏，其先維揚人，天祐中，諱濤者始渡江，居江陰之青陽。濤之子彪，年高有德，賜爵。公之子詳，出粟濟民，賜江陰助教。詳生惟甫，惟甫生宮、寔、密、宥，宮、寔、密皆中進士第。密之後最通顯，五世踵登世科。至於持槖秉鈞，人人有集，衣冠以爲盛事云。

李喬，治平初以職方員外郎致仕。葛通議⑥有《和李都官春日見寄》詩云：“聞説年來絶世榮，更將高節傲時明。詩腴偏得味中味，琴韻静弹聲外聲。宴榭⑦日長花影駐，春池風細水紋生。相望空欲閑相見，彼此閑居懶送迎。”今迎福寺後號爲李都官巷。

曹確，字公易，終國子監直講。所著有《〈書〉〈易〉〈論語〉〈孟

---

① 此句《[弘治]江陰縣志》作“所著有《安遇集》十卷”。

② “謨”字之後疑闕“閣”字。

③ “如”，疑當作“知”。

④ 《[弘治]江陰縣志》卷八《文學》“常之”之後有“勝仲之子，第進士”句。

⑤ “右”，《宋史》卷三百八十五《列傳第一百四十四》作“左”。

⑥ 《輿地紀勝》卷九《江陰軍》“葛通議”之後有“密”字。

⑦ “榭”，原作“謝”，據《輿地紀勝》、《[弘治]江陰縣志》卷十《宦達》改。

子〉義》，其他《經解》数十卷。自後，璉以舍選出身，嵤、岠、嶧、機、架①、木相継登科，里中榮之。

曹璉，字汝器，歷司封員②外郎，終左中奉大夫，累贈光禄大夫。子岍，字伯達，仕至右朝散大夫，知昌州、沅州；嵤③，字宗山，仕至朝奉郎，監尚書六部門。江陰以廢郡屬毗陵，民間舊無産税，則出丁鹽錢，向緣獨縣無例，所輸特重。君爲之請于常，得比他縣，僅存十二，人皆德之。所著效晋王筠，以所居官别④爲集，有《苕溪集》《鐘山集》《抱關前後集》《論語注》十篇⑤。并《行狀》。

蔣静，字叔明，本宜興人，因娶劉氏，遂居江陰。歷國子祭酒、中書舍人、顯謨閣待制，知壽、鄆州，江寧府，終顯謨直學士、通議大夫，贈少師，有《寂昭⑥堂集》。初知壽州，奏罷乾蜂之貢，後有旨，例減六尚貢額。其在江寧，茅⑦山道士劉混康以技進，號⑧先生，其徒笪净之等倚爲奸利，莫敢誰何。叔明抗章屢上，悉抵于法。李端叔貽書，以"不吐不茹，不侮不畏"稱之。子延壽，字堅仲，以任爲鴻臚寺簿，終朝請郎，知通州、泰州；延年，字堅叔，歷大理丞，終朝請大夫，倅揚州。

王蘧⑨，字子開元名適。仕至中奉大夫。其先趙州臨城人，祖

---

① "架"，下文《科名》《題壁》作"椝"。
② "員"字原闕，據《[弘治]江陰縣志》補。
③ 此條另見下文。
④ "别"，《[弘治]江陰縣志》卷八《文學》作"列"。
⑤ "篇"，原作"萹"，據《[弘治]江陰縣志》改。
⑥ "昭"，《[弘治]江陰縣志》卷七《人物》作"照"。
⑦ "茅"，原作"第"，據《[弘治]江陰縣志》改。
⑧ 《[弘治]江陰縣志》"號"之前有"賜"字。
⑨ "蘧"，《[弘治]江陰縣志》卷十《宦達》作"籧"。

翾，寶元初知樞密院，翾生正路，正路[1]生蘧、適、遹。蘧爲夔路帥，始居江陰，蘇文忠公有《芙蓉城》詩。及卒，歸葬臨城。賀方回挽詩有"和氏終歸趙，干將不葬吴"之句。蘧生庶，庶生詢、諲、誼、訢四子，誼、訢第進士。諲生寧，丙戌登科，今爲太府寺丞。

蔣圓，字粹仲。歷開封少尹，終中奉大夫、秘閣修撰。初爲丹徒令[2]，歲旱，人多暍死。鑿井十[3]有三，號"蔣公泉"。其知濠州，亦獨衔捐[4]賦，以濟歲旱，敕書獎諭。

丁彬，字德和。大觀初，置局議禮，爲檢討官。書成改秩，三年，升朝，封叙父母。登科七年，恩逮其親，邦人榮之。歷司勛郎官，兵、吏部員外郎。

葛祺，字子壽。以父師皇[5]任，仕至朝奉大夫。紹興辛巳，虜騎犯淮，差通判建康，以聖諭欲選健倅故也。知瑞州，未及赴而卒。并《行狀》。

吴博古，字敏叔。隆興初，進《愚論》十篇，分教太平州，用薦改職。以母老，願上一官丐初封，有旨特從，錫以誥詞，里人榮之。歷諸司審計，擢監察御史，權刑部侍郎。以老請祠，除焕章閣待制，卒贈正議大夫。

葛惟肖，字天策，昭華之子。五歲能屬文，經史一覽不忘。嘗上萬言賦，應日試[6]萬言科。李迪爲兩浙漕，聞其名，訪之，詢《兩

---

① "正路"二字原闕，據上下文補。

② "令"字原闕，據《毗陵集》卷十二《左中奉大夫充秘閣修撰蔣公墓志銘》補。

③ "十"，《毗陵集》作"九十"。

④ "捐"字原闕，據《毗陵集》補。

⑤ "皇"，《丹陽集》卷十四《墓志銘》作"望"。

⑥ "試"，《輿地紀勝》卷九《江陰軍》作"誦"。

漢》中三十六字[①]，隨聲應答，各言某事在某卷、某傳、第幾版、第幾行，及取其書質之，無一差者。李大驚，曰："唐陳諫之流也！"元豐中，詔求其遺文，侄密編索，得百餘篇，表進，宣付史館。《葛氏家譜》。

王令，字逄[②]原。本維揚人，號廣陵先生。王荆公甚器重之。喜退隱，思江南山水之勝，乃遷居潤。無何，以江陰幽僻，又遷于此。《集》中有《暨陽居》詩，或云在新津門。既以地濕得足病，因復遷常。

劉谷，字季朴，隐德不仕。熙寧間，召爲國子監修撰、經義所檢討。蔣静自宜興來學，日過其門。君[③]知其遠到，一見，許一女妻之，継而擢第，遂爲之婿。及卒，蔣以詩挽之，有云："行藝已書丞相筆，姓名還結裕陵知。"又云："他日如尋隐君子，山林[④]深處一孤墳。"

吕天策，字彦發。隱德不仕。善詩，尤精於[⑤]筆法，兼数家之體。有《石刻》十卷藏于家。政、宣間，書學方興，被詔，不就，故[⑥]號曰"吕詔君"，取古者"徵君""徵士"之義也。

吴範，字執侯。大觀、政和間，詔舉孝、悌、忠、和、睦、姻、任、恤八行，里閭、學校各列其行實以應選，凡数四，辭之，士高其行。子仲基、仲達皆第進士。以太后回鑾恩，封承務郎。今泮宫舊爲縣學，執侯嘗出其家貲，建東廊十有五間。

以上《[洪武]常州府志》卷十一《人物》徵引《江陰志》

① "字"，《輿地紀勝》作"事"。

② "逄"，《[弘治]江陰縣志》卷八《隱逸》、《[成化]重修毗陵志》卷二十三《人物四》均作"逢"。

③ "君"，《[成化]重修毗陵志》卷二十二《人物三》、《[道光]江陰縣志》卷十八《人物》均作"谷"。

④ "山林"，《[成化]重修毗陵志》《[道光]江陰縣志》均作"女山"。

⑤ "精於"，原作"精於精於"，當有衍文，今删二字。

⑥ "故"，《[弘治]江陰縣志》作"人"。

曹岠,字巨山,朝請球之子[1]。自[2]京口分教,授[3]知於忠勇李侯寶,辟置幕府,檄告山東,皆其文也。氣直辭壯,激厲士心,咸百其勇。凱旋,特授[4]左宣教郎。誥詞有云:"膠西之捷,其亦俊矣。邊籌羽檄,間籍[5]爾能。稽幕府之第功,宜叙升於京秩。"通[6]判饒州。檄藁藏于家。有孫潮該恩奏名,汲擢進士第。

耿秉,字直之。歷兵部侍郎兼給事中,終焕章待制。志[7]操剛方,律己清儉,所至以利民爲事。兩爲浙[8]漕,始則乞令臨安府以酒息抱[9]江陰軍認納和買,継而奏本路数邑版帳之重,而蠲減以萬数。申請役法六事,至今遵用。有《春秋傳》二十卷、《五代會史》二十卷。子羽,以麟經登乙科[10],律己廉介,遇事剛果,無愧於諸公之薦語,終大學[11]博士。

吕棐,字元忱。仕至朝議大夫、監察御史。始爲岳渚法掾,擅發常平倉以賑荒,已爲當路所知。編類光廟恤詔令,自元忱發之。嘗[12]進《寶鑑論》二卷,請法藝祖。

---

① "朝請球之子",《[弘治]江陰縣志》無。

② 《[弘治]江陰縣志》"自"之前有"第進士"三字。

③ "授",《[弘治]江陰縣志》作"受"。

④ 原"授"作小字,疑後補。

⑤ "籍",《[弘治]江陰縣志》作"藉"。

⑥ 《[弘治]江陰縣志》"通"之前有"終"字。

⑦ "志",《[弘治]江陰縣志》卷七《人物》作"厲"。

⑧ "浙",原作"淅",據《[弘治]江陰縣志》改。

⑨ "抱",《[弘治]江陰縣志》作"包"。

⑩ 本句《[弘治]江陰縣志》作"以春秋登之科"。

⑪ "大學",《[弘治]江陰縣志》作"未學"。

⑫ "嘗",原作"常",據《[弘治]江陰縣志》卷十《官達・進士》改。

丘崈[①],字宗卿。身當方面,夷夏聳膽[②],功書旂常,名載竹帛,不可殫述。終同知樞密院事,贈太師、魏國公,謚文定。子[③]壽雋,字真長。歷刑部侍郎,終徽猷閣待制、江西安撫。踐敭四紀,被遇兩朝,出藩入從,益著家聲。壽邁,字遠翁。歷江淮臺閫,除司農卿,終直顯謨閣。治劇剸煩,所居而理,身佩数印,時人榮之。壽嘏,今朝奉郎。

胡瑑,字叔章。登進士第。[④] 清約廉介。歷三朝,由六察升諫官。論事剴直,士大夫至今稱誦。終中奉大夫、寶謨閣待制。舊字叔和。

葛邲,字楚輔。譜系前已詳,功名事業,備載國史。終右[⑤]丞相,謚文定,配饗光宗廟廷。隆興初元[⑥],與丘文定公同賜第,真一時盛事也。

王寧,字德和,蘧之曾孫。三魁鄉[⑦]薦,丙戌龍飛,中乙科,終中奉大夫、直徽猷閣。逮事三朝,凡所敭歷,綽有休聞。有《笑庵集》十卷。

吴漢英,字長卿。平生力學,有得於"毋自欺"一語,以此見知於止齋陳先生。終朝請大夫、兵部郎官。有《歸去集》二十卷。漫

---

① "崈",原作"蜜",據《[弘治]江陰縣志》改。

② "膽",疑當作"瞻"。

③ "魏國公謚文定子"七字原闕,據本書上下文意補。"魏國公",清文淵閣《四庫全書》本《氏族大全》卷十一作"封魏國"。"謚文定",《大明一統志》卷十《人物》、《宋詩紀事補遺》卷五十作"謚忠定"。

④ "登進士第"句原闕,據《[弘治]江陰縣志》卷七《人物》補。

⑤ "右",《宋史》卷三百八十五《列傳第一百四十四》作"左"。

⑥ 此處原有"興"字,疑爲衍文,删之。

⑦ "鄉",原作"卿",據《[弘治]江陰縣志》卷十《官達・進士》改。

堂[①]劉宰志其墓。

趙夢楖，字子中，終太中大夫、給事中。開禧初，輔翼東宫，因論兩浙身丁錢、絹重爲民困，轉以上聞，御札亟賜蠲放。陰德在人多矣。

吴竿[②]，字九[③]成。其先居光州，後徙居于閩之侯官[④]。祖昉，守荆門，因駡賊遇害，賜廟"愍"。父澧，湖北參議，始還江陰。允成敭歷中外，所至有聲。今秘書[⑤]者卿述其行狀云："目如電采，筆如川駛，人以爲神。"平時交友如水心葉先生、龍川陳公亮，皆深相知者。終太府寺丞。子行可、當可皆以儒科擢第。

葛嶠，字景温，左中奉大夫師望之孫。終朝請大夫。忠信誠實，雅爲張于湖、楊誠齋所推重。其所薦引，非由介紹，故所得多名達士。

曹格，字伯尹，終奉直大夫。父密以文名世，格裒[⑥]集彙次，刊成《戲綵堂遺藁》三十卷，大資楼公鑰、尚書戴公溪爲之跋、序。

趙善畲[⑦]，字從之，祖字[⑧]鵬，守江陰，因家焉。初調常熟簿，侍郎劉穎、參政張孝伯俱見器重。終朝請郎，知臨江軍。尚書鄒應龍志其墓。公居官，於利民事則勇爲之，兩邑一郡，皆有陰德。

以上《[洪武]常州府志》卷十一《人物》徵引"紹定續人"

---

① "堂"，疑當作"塘"，按劉宰《漫塘集》卷二十八有《故兵部吴郎中墓志銘》。

② "竿"，《[弘治]江陰縣志》卷八《文學》作"竽"。

③ "九"，《[弘治]江陰縣志》卷八《文學》、《[弘治]江陰縣志》卷十七《列傳第十二中》、《[淳熙]三山志》卷三十《人物類五》均作"允"。

④ "侯官"，舊縣名，原作"候官"，徑改。

⑤ 《[弘治]江陰縣志》卷八《文學》"秘書"之後有"陳"字。

⑥ "裒"，《[弘治]江陰縣志》作"裹"。

⑦ 《常昭合志稿》卷第二十一《名宦志》有言"趙善畲，字從之，宋宗室，祖守江陰"，"趙善畲"後注："縣志誤作'善言'，從石志核正。"

⑧ "字"，《[光緒]江陰縣志》卷十七《政績傳》作"士"。

楊端叔，字正子[①]。丁丑南省第四人，終江東憲幹。有《自𬨎集》。

王呈瑞，字莘夫[②]。辛未南省第九人，終太湖宰。有《易膚》。

靳更生，字春伯。登庚辰第[③]，終海州[④]教授。皆以文鳴。有《南華經解》。

趙發，字達甫，癸未進士第三人，終秘書省校書郎。端平更化，上欲除公諫省，會當國者先遣所親諭[⑤]意，公遜辭謝之，命遂寢，其所立高矣！工部胡郎中鏜狀其行云："和而肅，介而通，不容容以仝[⑥]，不矯矯以異。"蓋粹然君子儒也。弟大用、孫炎年皆以儒科擢第。子應佳，孫有元、德生俱領鄉薦，邦人榮之。

蔣汝通，字伯亨[⑦]，自號逸堂。早入太學，晚得一官，高尚不仕，以琴詩圖史自娱，好古博雅，尤邃於性命之學。嘗著《質疑》，以祛支干、五行配合之誤，尹梅津爲之序。年登八帙，積勤不已。所編有《引睡集》，藏于家。

吴當可，字時父[⑧]，竿[⑨]之仲子。妙年登第，終司農少卿。自蓬省入柏臺，忠言直節，名重一時。晚歸鄉里，徜徉林壑，以觴詠自娱者十年。平生喜接後進，郡之名士多出其門。所著述有《補劓業藁》，藏于家。

---

① 《[弘治]江陰縣志》卷八《文學》"子"之後有"第進士"。

② 《[弘治]江陰縣志》"夫"之後有"第進士"。

③ 《[弘治]江陰縣志》"第"之前有"進士"二字。

④ "州"，《[弘治]江陰縣志》作"南"。

⑤ "諭"，《[弘治]江陰縣志》卷七《人物》作"論"。

⑥ "仝"，《[弘治]江陰縣志》作"全"。

⑦ "伯亨"，《[成化]重修毗陵志》卷二十二《人物三・文學》作"亨伯"。

⑧ "父"，《[弘治]江陰縣志》作"文"。

⑨ "竿"，《[弘治]江陰縣志》作"竽"。

胡鎧，字伯達[①]。登進士第，終知寶慶府、工部郎官。生平所學以《四書》爲售用。一堂[②]蕭然，凝塵滿几，處之晏如也。嘗有詩云："貧居三不往，薄官[③]兩無求。""三不往"謂州郡、時貴、富室；"兩無求"謂薦剡、財利也。由册府典名藩，同館以詩送之，有"院静書千卷，庭清水一盂。身名雖刺史，滋味只臞儒"之句，聞者以爲實録。清若廉介，古之所謂"久幽而不改其操"者歟？

以上《[洪武]常州府志》卷十一《人物》徵引"景定續添"[④]

科　名

淳化三年孫何榜：葛昭華字文玉[⑤]。終大理寺丞。

咸平三年陳堯咨榜：沈緘甲科。終廣德軍判官。

大中祥符五年徐奭榜：葛宫甲科。昭華之侄[⑥]孫。見《人物》門。

天聖二年宋郊榜：李喬見《人物》門。諸科：曹平以曹[⑦]到御前，賜同三禮出身。

寶元元年吕溱榜：沈遵緘之子。歷殿中、知運州[⑧]，終太常博士。

慶曆二年楊置榜：葛密宫[⑨]之弟。見《人物》門。曹棐。諸科：葛

① "達"，下文《科名》同，《[弘治]江陰縣志》作"遠"。

② "堂"，《[弘治]江陰縣志》作"室"。

③ 《[弘治]江陰縣志》作"宦"。

④ 以上條目謂出自"景定續添"，然按内容所涉年號，疑引自《江陰續志》。

⑤ "玉"，《[弘治]江陰縣志》卷十《官達・進士》作"圭"。

⑥ "侄"，《[弘治]江陰縣志》作"從"。

⑦ "曹"，《[弘治]江陰縣志》作"曾"。

⑧ "運州"，《[弘治]江陰縣志》作"連州"。

⑨ "宫"，原作"官"，據《[弘治]江陰縣志》改。

武字君昌，官、密之從弟。賜五經出身，終儒林郎。

皇祐元年馮京榜：葛汝平元名蒙，字正叟，官之子，終屯田員外郎。

嘉祐四年劉煇榜：曹確乙科。見《人物》門。苗穎。

六年王俊民榜：葛敏求字子明，密之從侄，武之子。終司農寺丞。

八年許將榜：杜昱字宜中。終通直郎。諸科：葛中復昭華之侄孫，後改名蘊[①]父。明經[②]出身。

熙寧三年葉祖洽榜[③]：葛書舉字規叔，密之子。終宣教郎。

六年余中榜：葛書思書舉之兄，清孝公也。見《人物》門。葛光字觀國，書之族弟。終宣教郎。諸科：葛奉世字慶伯。中法科[④]，終刑部郎中。

元豐二年時彥榜：蔣静見《人物》門。

五年黄裳榜：余榦字時年。終江寧府枝江知縣。有《〈論語〉〈孟子〉解》《枝江集》三卷。[⑤] 特奏：耿軫字元中。終明州司户。

元祐三年李常寧榜：杜之邵乙科。字子才，昱之子。終通直郎。

六年馬涓榜：蔣圓見《人物》門。

紹聖元年畢漸榜：葛師望字與周，密之族□[⑥]。終中奉大夫。葛長卿字才儒，昭華之曾孫。終朝請郎。

四年何昌言榜：葛次仲書思之子，字亞卿。終大中大夫。葛勝仲次仲之弟，字魯卿。終正奉大夫。[⑦]

崇寧五年蔡薿榜：丁彬見《人物》門。

---

① “蘊”，《[弘治]江陰縣志》卷十《官達·諸科》作“慈”。

② “經”，原作“終”，據《[弘治]江陰縣志》改。

③ 以下諸如“熙寧三年葉祖洽榜”，多闕，據《[洪武]常州府志》卷十二、《[咸淳]毗陵志·解額》補。

④ “科”，原作“利”，據《[弘治]江陰縣志》改。

⑤ 此條疑引自《江陰志》，原書未注。

⑥ 原闕一字。

⑦ 此條疑引自《江陰志》，原書未注。

大觀三年賈安宅榜：邵洪字適道。終太府寺丞。耿興存字義夫，軫之從侄。終睦州清溪丞。陳鼎。葛師仲字範卿，次仲從弟。終奉議郎。曹[①]璉確之從侄。終部郎中。見《人物》門。葛彦成[②]。

政和元年上舍釋褐：何升之字道夫。終從事郎。

二年莫儔榜：葛正仲[③]字孝卿，書舉之子。終軍器少監。

四年上舍：孫安民字君澤。終從事郎。

五年何㮚榜：王廉字彦簡。繆昌彦字公信。終壽昌令。

八年嘉王榜：葛騏字子有，次仲之從弟。終嚴州教授。李預字達先。辟雍上舍，歷建昌軍、池州、舒州，終中大夫。葛价卿字朝倚，騏之從弟。上舍出身。趙士衡[④]。特奏：何亨升字公美。終康州刑曹。

宣和三年何涣榜：朱德林[⑤]字彦和。

六年沈晦榜：葛立經字權之，次仲之子。終直龍圖閣。吴仲基字叔行，吴八行之子。終迪功郎。朱舉直字正民，德行之族弟。終廣德軍教授。葛立悌字順之，立經之兄。終宗正丞。時順之爲奉禮郎，以國子上舍權之，已服紫賜帶，并蒙恩升用，其叔勝仲以詩慶之，有“同榜連榮進紹聖，傳名蹟甲首宣和。朝班鳴玉猶升舍，冠歲横金又中科”之句。唐悌字民望。[⑥]

建炎二年李易榜：高時升字志行。終池州青陽縣知縣。胡端彦字英弼。特奏：余壹[⑦]字進道，幹之子。終福建提刑司幹官。有《兵籌類要》十五卷。

紹興二年張九成榜：强㪚字叔章。終常州通判。特奏：蔣珪字公

① “曹”，原作“費”，據《[弘治]江陰縣志》改。
② “葛彦成”三字原闕，據《[弘治]江陰縣志》補。
③ “仲”，原作“中”，據《[弘治]江陰縣志》改。
④ “趙士衡”原闕，據《[弘治]江陰縣志》補。
⑤ “林”，《[弘治]江陰縣志》作“行”。
⑥ 原文未注明徵引出處，見《[弘治]江陰縣志》。
⑦ “壹”字原不可辨，據《[弘治]江陰縣志》補。

執。終邵武判官。

五年江[1]應辰榜：濮俊民字敏夫。終饒州教授。吴仲達字仲容，仲基之兄。終池州青陽丞。葛璟字子平，長卿之族侄。知通州，終朝奉大夫。葛温卿字直儒，長卿之從弟。終從政郎、廣德丞。

八年黄公度榜：韓珣字德温，金部郎官古之子。終奉議郎、滁州教授。曹密璉之子。終司門郎中。葛立方勝仲之子，字常[2]之。終吏部侍郎。丞相邲[3]之父。王誼字行之。終岳州教授。[4] 特奏：繆昌朝字公敏，昌彦之弟。終黄州羅田縣令。

十二年陳誠之榜：曹岠見《人物》門。譚嘉言字次皋。丘程字彦式。終縣尉。朱賁字明叔，德行之族兄。終廬州教授。試考官[5]自賁始。特奏：趙端行字彦質。紹興四年解首，終賞州[6]推官。

十五年劉章榜：蘇磻字德升。十四年解首[7]，終淮東常平幹官。黄湝字濟卿。有《進思録》。終朝奉郎、提轄榷[8]貨務。胡适字宗尚。任太府寺簿，終朝請郎、參議官。何美成字彦修。

十八年王佐榜：葛邲甲科，字周先，立方之侄。終承[9]事郎。王訢字亨之，誼之弟。終楊[10]州教授。

---

① "江"，《[弘治]江陰縣志》作"汪"。
② "常"字原闕，據前《人物》門補。
③ "邲"字原闕，據前《人物》門補。
④ 此條據《[弘治]江陰縣志》補。
⑤ "試考官"，《[弘治]江陰縣志》作"六經考官"。
⑥ "賞州"，《[弘治]江陰縣志》作"賀州"。
⑦ "首"，原作"官"，據《[弘治]江陰縣志》卷十《官達・進士》改。
⑧ "榷"字原闕，據《[弘治]江陰縣志》補。
⑨ "承"，原作"丞"，據《[弘治]江陰縣志》改。
⑩ "楊"，《[弘治]江陰縣志》作"揚"。

二十一年趙逵[①]榜：吴石甲科，字季明，仲基族兄。終紹興府知録。趙偉之《玉牒》：字德遠。終宣教郎。趙侃之字德和，偉之[②]之弟。終宣教郎。趙偁之字德章，侃之之弟。終明州推官。袁昺字晦叔。終滁州全椒令。特奏：徐嘉謀字良弼。

二十四年張孝祥榜：葛郯字謙問，郜[③]之兄。終朝請郎，知撫州。徐嘉言字彦智。終朝奉郎。石邦彦字光國。終朝奉郎。趙善淵《玉牒》：字彦深。終真州判官。特奏：繆次回字聖徽。趙虞仲字英遠。

二十七年王十朋榜：朱懋德字汝賢，舉直之族□[④]。終宣教郎。吴博古見《人物》門。李好古字敏求。終台州教授。[⑤]

三十年梁克家榜[⑥]：江陰隸常州。楊恂一甲第四。耿秉見《人物》門。何武仲字文伯。終建康通判。吕棐見《人物》門。曹椝字居中，密之從侄。終洪州教授。曹機字虞卿，椝之兄。上書，循修職郎，終縣尉。曹嶧字魯山，椝之弟。[⑦] 特奏：丁瓘字希章。終主簿。葛與國字獻可，璪之叔。上舍出身，終西安簿。杜正民字民則。

隆興元年木待問榜：丘密見《人物》門。曹木乙科。字去非，機之兄。終宣教郎。有《春秋解》《六謂論》《攻守要覽》。胡瑑見《人物》門。葛邲見《人物》門。杜戴字時舉，正民之侄。終承議郎。特奏：李雲字澤民。

---

① “趙逵”，《[洪武]常州府志》卷十二、《[咸淳]毗陵志·解額》作“趙達”，同卷《江陰志·科名》及《[弘治]江陰縣志》均作“趙逵”。

② “偉之”，原作“輝之”，據上文、《[弘治]江陰縣志》改。

③ “郜”，原作“邵”，據《[弘治]江陰縣志》改。

④ 原闕一字。

⑤ 此條疑引自《江陰志》，原書未注。

⑥ “梁克家榜”四字原闕，據《[洪武]常州府志》卷十二《人物·科目》補。

⑦ 本條“楊恂”以下七人原闕，據《[洪武]常州府志》卷十二、《[咸淳]毗陵志·解額》補。

紹興十年解首，終縣尉。孫滐字唐卿。終縣尉。張芸字德廣。

乾道二年蕭國梁榜：王寧見《人物》門。何次舉字仲誼，武仲之弟。終通直郎。趙俅之《玉牒》：字德恭，偉之之弟。終朝散郎。朱諤[1]字元直，德行之侄。終南安軍教授。特奏：胡宗茂字叔良，環之族□[2]。

五年鄭僑榜：吴漢英見《人物》門。葛興宗字仲抗，璘之侄，終泰州教授。唐虞卿字述道。終全椒[3]令。

八年黄定榜：趙夢極見《人物》門。特奏：富邦彦字德俊。終知縣。

淳熙二年詹騤榜：徐向甲科。字彦功，嘉言之弟。終饒州教授。謝遺規字仲宏。終宜興縣尉。趙僖之字次魯，偉之之弟。終從事郎。特奏：湯鼎臣字華宗。終桐廬丞。

五年姚穎榜：吴竽見《人物》門。趙輅字伯達，端行之子。終主簿。

八年黄由榜：耿羽乙科。字儀父，秉之子。太學博士。特奏：何大正字季昭，亨升之孫。終鎮江丹陽丞。

十一年衛涇榜：任武字文叔。終丹陽縣尉。余伯麟字茂振，幹之元孫。終提管。特奏：繆嘉猷字仲良，昌彦之子。終饒州浮梁丞。

十四年王容榜：蔣廷英字致堯，圜之曾孫。終穀城令。特奏：茅彙征字邦佐。乾道四年解首，終大冶縣丞。

紹熙元年余復榜：胡之邵字景才，琢[4]之侄。終鎮江司法。趙侂[5]字德象，偉之之弟。特奏：李琥字伯康。終彭澤丞。吴[6]閲之字廣時，仲達

---

① "朱諤"，《[弘治]江陰縣志》置於"乾道五年鄭僑榜"。

② 原闕一字。

③ "椒"字原闕，據《[弘治]江陰縣志》補。

④ "琢"，《[弘治]江陰縣志》作"瑑"。

⑤ "趙侂"，《[弘治]江陰縣志》作"趙侂之"。

⑥ "吴"，《[弘治]江陰縣志》作"胡"。

之侄[1]。終鄂州簿，八行之孫。周山字之翰。終紹興鹽鹽。吴世英字宋卿，漢英之兄。終常州監務。

慶元二年鄒應龍榜：何浣字師禹，武仲之侄。特奏：楊冠字濟卿，端叔之父。泰州人，寄居。終文學。王寔字益之，寧之叔。上庠恩例，終岳祠。任廣譽字士美，武之族兄。終縣尉。戴思中字子先。終縣丞。杜嶠字仲山。終主簿。

五年特奏：元必勝字謙仲。開封人，寄居。蔣永弼字子直，静之曾孫。胡棆[2]字良材。

嘉泰二年傅行簡榜：吴俯字仰伯，竽之侄[3]。終文林郎。特奏[4]：湯一德字謙叔。

開禧元年毛自知榜：吴當可字時父，竽之子。見《人物》門。

嘉定元年鄭自誠榜：葛郕字師古，輿[5]國之孫。州教授[6]，終宣教郎[7]。曹汲字彦修，岠之孫。

四年趙建大榜：王呈瑞字德蘊，終太湖宰。趙公篚字叔雅。特奏：趙峃字仰[8]山，發之子[9]。終承奉郎。茅仁孺字景淵，彙征之子。李芾字德章。元必昌字蕃仲，必勝之弟。吴復字淵卿。

七年袁甫榜：徐天麟字方叔。終黄州僉判。

---

① “仲達之侄”，《［弘治］江陰縣志》作“仲達從子”。

② “棆”，《［弘治］江陰縣志》作“掄”。

③ “竽之侄”，《［弘治］江陰縣志》作“竽從子”。

④ “奏”，原作“進”，據《［弘治］江陰縣志》改。

⑤ “輿”，《［弘治］江陰縣志》作“與”。

⑥ “州教授”，《［弘治］江陰縣志》、《［嘉靖］江陰縣志》卷十四《選舉表第十一上》均作“沅黄縣教授”。

⑦ “宣教郎”，《［弘治］江陰縣志》作“官”。

⑧ “仰”，《［弘治］江陰縣志》作“仲”。

⑨ “子”，《［弘治］江陰縣志》作“父”。

十年吴潜榜：楊端叔字正子。終江東憲幹。趙公篆字文叔，彦扶[1]之父。

十三年劉渭榜：靳更生字春伯。終海州教授。惠[2]疇字叙之。趙師棠字南伯。特奏：吴夢翔字居翼，廣時之侄[3]。何鎮字真卿。吕宗望[4]字太叔。

十六年蒋重珍榜：趙發字達夫，第三人。見《人物》門。蒋熊字仲熊。吴行可字見父，竿之子。趙丙字南[5]仲。胡鏜字伯達[6]。特奏：何永叔字師臯，滚之弟。杜樓字景輝。葛興孫字景于[7]。蔡瑜字叔瑾。

寶慶二年王會龍榜：趙伯代字積慶，師棠之父。吴從善字彦澤，元名廣。特奏：季時選字伯英。李必萬字中應。孫夢元字問[8]卿。趙寧字康叔。

紹定二年黄朴榜：王登瀛字叔向[9]。吴大發。趙彦扶[10]字廷秀，公篆之子。特奏：吴濤字晋伯。吕宗元字仁甫。繆汝礪字利卿。曹潮字潮[11]卿。蒋汝通字亨伯。陈忠遂字孝立。

以上《[洪武]常州府志》卷十二《人物·科目》徵引《江陰志》

① “扶”，《[弘治]江陰縣志》《[嘉靖]江陰縣志》均作“枎”。

② “惠”字原闕，據《[弘治]江陰縣志》、《[成化]重修毗陵志》卷十三《文事一》補。

③ “侄”字原闕，據《[弘治]江陰縣志》補。

④ “望”，原作“聖”，據《[弘治]江陰縣志》改。

⑤ “南”，《[弘治]江陰縣志》作“甫”。

⑥ “達”，《[弘治]江陰縣志》作“遠”。

⑦ “于”，《[弘治]江陰縣志》作“干”。

⑧ “問”，《[弘治]江陰縣志》作“間”。

⑨ “向”，《[弘治]江陰縣志》作“同”。

⑩ “扶”，《[弘治]江陰縣志》《[嘉靖]江陰縣志》均作“枎”。

⑪ “潮”，《[弘治]江陰縣志》作“朝”。

卷第八

古　迹

古城，縣東北，今乾明寺巷爲古城巷。據葛通議有《宿演教院》詩云："旅夢回殘角，吟懷繞廢城。"注云："寺直古之廢城。"則自"演教"抵"乾明"，古城所在也。舊《經》乃以爲暨陽城。按《寰宇記》，暨陽城即莫城。《舊唐書・地理志》：江陰、暨陽、利城三縣屬常州。今江陰西至晋陵九十里，東至常熟七十里，利城在江陰之西，則暨陽當在江陰之東。父老言，楊舍舊嘗爲縣。利城、楊舍去江陰東、西道里適等，則暨陽當在[①]莫城所在，不應在乾明寺後。如是之説，固當從葛詩改作"古城"。

夏城，按《寰宇記》，艦浦城[②]，在縣西十八里，陳倪啟徙江陰治夏浦，築此城，豈謂是歟？

陶城、閶城、郭城，并在縣東三十里，皆有遺址。而陶城尤大，與莫城等，相傳爲江南屯戍之地。按鄭夷亮《莫城廟》詩，以莫城爲江南時被邊之境，疑悉有屯戍云。

盜城，舊《經》云：縣南三十里。相傳，盜跖曾居此。葛勝仲以爲"道成"之訛。[③]

---

① "在"，《[弘治]江陰縣志》卷六《古迹》作"是"。

② "城"，《太平寰宇記》卷九十二《江南東道四》作"池"。

③ 原文無此句，據《[弘治]江陰縣志》補。

利城，古利城縣，城郭與暨陽等[①]。《輿地志》云[②]：晋元帝以海虞縣北境之土山立利城縣，以處流民。宋元嘉八年遷利城於武進之利浦。《寰宇記》云："在奉國寺南。戰國時築城，名'若溪'。"古今遷徙雖不常，而今利城鎮西南三里，相傳爲子城基，城壕遺址，尚可仿佛古[③]縣治云。《寰宇記》："唐武德三年，并入江陰縣。"

以上《[洪武]常州府志》卷三《城池》徵引《江陰志》

前《志》載[④]莫城以下凡十有一，而紊[⑤]鎮之東有義城，華山之東南有嵇[⑥]城，二城猶失記焉。江陰東西相距僅百三十五里，南北七十三里，城若何其多耶[⑦]？按廣明中，盜賊群起，後詔諸道州縣，於墅落許立城壁，集民兵自衛，城多，良以此歟？

以上《[洪武]常州府志》卷十九《辨疑》徵引"紹定添入"

又見《[弘治]江陰縣志》卷六《古迹》徵引《宋紹定志》

莫城，縣東四十里。按《寰宇記》，漢莫寵所築，捍海賊翟焉，因名。唐暨陽有莫城鄉。

以上《[弘治]江陰縣志》卷六《古迹》徵引《宋志》

弩臺，在縣西十八里。

以上《[洪武]常州府志》卷八《古迹·臺》徵引《江陰志》

---

① "利城、郭與暨陽等"七字原闕，據《[弘治]江陰縣志》補。

② "輿地志云"，《[弘治]江陰縣志》無。

③ 《[弘治]江陰縣志》"古"之前有"疑"字。

④ "前志載"，原作"前載志"，據《[弘治]江陰縣志》卷六《古迹》改。

⑤ "紊"，原作"岑"，據上下文改。

⑥ "嵇"，《[弘治]江陰縣志》同，《[崇禎]江陰縣志》作"稽"。

⑦ "耶"，《[弘治]江陰縣志》作"邪"。

太公釣魚臺，舊《經》：在縣東二十里，其石廣一丈三尺。按《風土記》云，姜太公釣魚之所，今呼"釣臺村"。

以上《［弘治］江陰縣志》卷六《古迹》徵引《江陰志》

郭璞宅，《寰宇記》："在黄山北長村。"去縣七里，吴烽火之所。璞本河東聞[1]喜人，晋時爲弘農太守，因家焉。按《晋書》本傳云："明帝即位，熒惑守房。璞時休歸，帝還使齎詔問璞。會暨陽縣復上言赤烏見。璞乃上疏請改年肆[2]赦。"

以上《［洪武］常州府志》卷八《古迹・宅》徵引《江陰志》

《［弘治］江陰縣志》卷六《古迹》徵引宋《紹熙志》

前《志》載：郭璞宅，在黄山北長村。今按《寰宇[3]記》，係"長庰村"，志闕一字[4]。江陰縣在晋爲弘農郡，璞爲守，因家焉於此。製《江賦》，入《文選》，并撰《爾雅》三卷。長庰村，今訛爲黄庰村是也。

以上《［洪武］常州府志》卷十九《辨疑》徵引"紹定添入"

張藴宅，唐天祐三年，捨宅爲重光院。見"承天寺"。

許青暘宅，見"青暘[5]市[6]"。

以上《［洪武］常州府志》卷八《古迹・宅》徵引《江陰志》

前《志》載：許青暘宅，在青暘市。又云：許真君廟，即青暘宅。

---

① "聞"，本書卷第七《人物》作"聞"。

② "肆"，本書卷第七《人物》作"賜"。

③ "宇"，原作"宅"，據前文改。

④ "志闕一字"，《［弘治］江陰縣志》卷六《古迹》作"志門一字"。

⑤ "暘"，原作"暘"，據《［弘治］江陰縣志》改。

⑥ "市"，原作"寺"，據《［弘治］江陰縣志》、下文改。

按許真君，令[①]旌陽，洪州人，棄官學道，聞丹陽有諶母，得孝道明王[②]劍術，與其徒往學，因東游曲阿。《寰宇記》謂："江陰縣本漢曲阿之地。"至晋元帝僑立郡縣，此地皆隸南徐。旌陽學諶母之術，因家焉。意謂是歟？但"青暘"與"旌陽"，兩字其訛已久，不可復考云。

以上《[洪武]常州府志》卷十九《辨疑》徵引"紹定添入"

杜康宅，舊《經》：在縣東四里。今承天寺西有杜橋，或云寺即其宅，豈其然歟？

庾冰宅，《寰宇記》云："永安寺是也。"永安，今祥符寺。按晋庾冰子希爲徐、兗二州刺史，桓温諷有司劾之，以罪免，家于晋陵之暨陽。又《與地志》云：晋初渡江，郭璞爲冰筮曰："子孫當有大禍，唯用三陽，可以有後。"冰以語諸子，故希求鎮山陽，弟友爲東陽郡，冰自於暨陽宅居焉。庾氏竟爲桓温所滅，希誅後，弟友及弟藴諸子獲全。

以上《[弘治]江陰縣志》卷六《古迹》徵引《宋志》

金鵝堆，在西舜鄉，村名留羅墅，有堆，廣二畝。云昔有金鵝翔集于上，因名。

魚門村，縣西二十里。舊《經》云：甑人所居之處。

石牌[③]，語在"真山"。舊《經》據《風土記》：秦王驅山至，使鬼神運石架橋於水上，不成而去，誕矣。

---

① "令"，《[弘治]江陰縣志》作"嘗宰"。

② "王"，《[弘治]江陰縣志》作"五"。

③ "牌"，原作"碑"，據《[成化]重修毗陵志》卷三十一《古迹》改。

千人壇，在化城鄉。

金鵝石，在涉[①]山。山頂列堆[②]三十有三。東界崇仁，北界化城，南界清化，西界長壽。於化城界内有一石，廣五尺許。傳云舊有金鵝立于上，足迹仿佛尚存。《寰宇記》乃繫之"青山"云。

以上《[洪武]常州府志》卷八《古迹》徵引《江陰志》

其中"魚門村"條又見《永樂大典》卷三五八〇《村》徵引《江陰志》

六射垛，舊《經》云：秦王六射垛，在縣北四里。

費衡别業。

殷昌别墅。

春申君浦石碑。

仙女堆。

鸚鵡堆。

石龜頭。

赤石亭。

石皷。

神堆。

季子墓，舊《經》云：季王廟在申港。不言墓。按《史記・吴世家》後注云："《皇覽》曰：'延陵季子冢[③]在毗陵暨陽鄉，至今吏民皆祀事。'"則此當言墓，不獨廟也。《寰宇記》於"晋陵縣"亦云："季札墓，在縣北七十里申浦之西。"則墓在申港無疑。其十字碑，則崇寧元年常州太守朱彦摹而刻之者也。

以上《[弘治]江陰縣志》卷六《古迹》徵引《宋志》

---

① "涉"，《[嘉靖]江陰縣志》卷二《提封記第二上・古迹》作"沙"。

② "堆"，《[嘉靖]江陰縣志》作"阜"。

③ "冢"，原作"家"，據《史記》卷三十一《吴太伯世家第一》改。

郭璞母墓,《晋本傳》[①]:“璞以母憂去職,卜葬地於暨陽,去水百許步。人以近水爲言,璞曰:‘即爲陸矣。’其後沙漲,去墓數十里皆爲桑田。”今父老云,申港八里許,有郭璞母墓。

以上《[洪武]常州府志》卷八《塚墓》徵引《江陰志》

郭璞葬於暨陽,《本傳》云:“去水百步。”《毗陵志》云:“郭坡,與暨陽鄉接界。”父老云,申港八百[②],有郭璞母墓。皆舊《志》所載,然未詳其所。今按《南徐州説[③]》云:暨陽縣馬鞍山東有黄山[④],郭璞葬所。又王義慶《世云[⑤]》記璞之詩曰:“北阜烈烈,巨海混混。壘壘三墳,唯母與昆。”因其詩而考其地,則黄山爲近之矣。故□[⑥]存其説。

以上《[洪武]常州府志》卷十九《辨疑》徵引“紹定壬辰增入”

吴王子墓,在繖堆[⑦]。按《寰宇記》:“吴王闔閭第八子葬於此。”池水四周,皆砌以石,林木深疏,飛鳥不敢集。其岸邊有石獸,歲旱祈之,必霑嘉澤。今謂之“繖湖”。

吕子明墓,水軍校場之西,有廟在其地。按吴吕蒙,字子明。江陰舊屬吴,其或葬於此歟?

以上《[洪武]常州府志》卷八《塚墓》徵引《江陰志》

---

① 《晋本傳》,當指《晋書·郭璞傳》。

② “八百”,《[弘治]江陰縣志》卷六《古迹》作“八里許”。

③ “南徐州説”,疑當作“南徐州記”。

④ “山”,原由“州”字貼改作“山”。

⑤ “世云”,疑當作“世説(新語)”。

⑥ 原字殘不可辨,疑當作“兩”。

⑦ “堆”,《[弘治]江陰縣志》作“墩”。

前《志》載吕子明墓，以爲“或葬於此歟”，子明王廟，以爲“豈吕子明乎”，昔[①]疑而未决之辭也。按《江夏記》載：鄂州蒲圻縣鮎瀆鎮有吕蒙城、吕蒙墓，後升鎮爲嘉魚縣，今墓存焉。則其墓在彼而不在此，明矣。又按《寰宇記》：“暨陽城有聖英祠[②]，一云魚子英廟，在縣西一百步。子英因捕得赤鯉，穀養成龍，乘之升天，後人爲立廟。”芙蓉湖，即子英得魚之處。劉遴之《神異録》及《列仙傳》皆載此事。今考縣側之廟，相去止百余步，則當是“子英廟”訛爲“子明”耳。若引赤烏年爲證，則今兵馬司、都税務、縣尉司，皆有此題識，未足爲據也。宜刊其誤。

以上《[洪武]常州府志》卷十九《辨疑》徵引“紹定添入”

蕭天子墓，在良信鄉。有一[③]大土封，素號“倉堆”，相傳爲蕭天子墓。按[④]《南史》，梁敬帝爲江陰王，殂，蕭季卿嗣。太[⑤]建三[⑥]年，陳[⑦]侍中淳于量就蕭季卿買梁陵中樹，皆坐免，即此。墓之傳，亦有自矣。俗傳，嘗有發之者，得大花磚數十，有巨蜂群出螫[⑧]人，乃不敢發。[⑨]

以上《[洪武]常州府志》卷八《塚墓》徵引《江陰志》
又見《重修琴川志》卷十《叙祠》徵引《江陰志》

---

① “昔”，疑當作“皆”。
② “祠”，原作“詞”，據《太平寰宇記》卷九十二《江南東道四》改。
③ “一”字，《重修琴川志》卷十《叙祠》無。
④ 《重修琴川志》“按”之前有“又”字。
⑤ “太”，《重修琴川志》作“大”。
⑥ “三”，《重修琴川志》作“二”。
⑦ “陳”，《重修琴川志》作“除”。
⑧ “螫”，疑當作“蜇”。
⑨ “俗傳……”句，《重修琴川志》無。

石女塚，在縣西。昔梁王女好鼓瑟，死葬於此。

三王塚，舊《經》云：縣西南，梁王甑人眉間赤所葬之地。今未詳。

以上《［洪武］常州府志》卷八《塚墓》徵引《江陰志》

寺觀

乾明廣福禪寺，軍治之東北，本二寺，合而爲一。乾明院者，舊《經》云：唐乾貞元年，邑人周奉思捨宅爲崇聖院。有銅鐘一見存，題云“唐太子賜江陰縣崇聖院”。太平興國五年，敕賜“乾明院”。廣福院者，至和二年，邑人孫諫捨産出資召工，書貝文一藏，建華藏院于乾明之側，而爲乾明子院。嘉祐中，以飛白御書賜住持僧楚祥，有“佛法安和四民安樂國龍千歲來王”等字，貝葉、佛牙，同時頒降。治平中，錫名壽聖禪院。紹興三十二年，避高宗尊號，改爲廣福寺。至乾道九年，太守嚴煥請于朝，并爲一寺，其額嚴守所書也。寺有泛海觀音，本天聖元年自海浮流至小石灣。其長及丈，無右臂，夜現白衣像，托夢于邑人吴信，緣化其臂，且以李氏有香檀可以續之。既明尋訪，一與夢合，果得木於李氏，成就庄嚴，奉安于寺，祈求靈感，人甚崇敬。今主僧净璝更營寶殿以嚴奉之，法相愈光明矣。大聖[1]木塔下，有草書《心經》滿壁，筆力遒健。末題云“孟冬月比丘道松書”，不記年歲，莫詳其何代人也。近歲，侍郎耿公命工摹刻于石，陷于左廡之壁。或傳乃李唐僧。景祐初，有僧象微于法堂楣間畫水一派，甚工，號“象微水”。今不復存。

① “大聖”，《［弘治］江陰縣志》卷十《雜傳·名藝》作“觀音大士”。

光孝禪寺[①]，紹興二十一年，軍守請以爲徽宗皇帝追福之地，敕賜今額。先是宣和間，寺因回禄，并爲煨燼，住山海印禪師與其徒，轉化興建，涉二十年而後就。紹興辛巳，葛侍郎立方爲之記。

定山寺，本法嚮禪師自寧海渡江，建寺狼山，飛錫而來，至此山麓，結茅爲庵，是名飛錫。今所建經幢尚存。國朝以來，爲壽寧寺下院。紹興初，保寧定慧大師覺元開山住持，遂爲定山禪寺。其棟宇皆郡人王涣所造也。潘舍人良貴、李参政先[②]，奏賜今額。元師初與僧惠儔等十一人，刺血寫《般若》《華嚴》《寶積》《涅槃》四大部經，凡八百四十有三卷，王涣作轉輪藏以安之。其《請發文》，馮給事楫所撰也。又唐代宗時，有僧靈坦[③]，侄氏[④]則天之族孫，錫號曰"大悲禪師"，賈餗嘗撰其刻銘于揚州華林寺，云："制毒龍于金山，柔猛虎于定山。在江陰，則神龜靈蛇之感現；在江都，則山鬼城隍之懼伏[⑤]。"則知定山皆古道場所在也。

以上《[洪武]常州府志》卷六《寺》徵引《江陰志》

天慶觀，在觀風門之西。祥符元年，詔以正月三日天書降，爲天慶節。二年十月，令天下建天慶觀。五年，敕建聖祖殿。六年，

---

① 《[弘治]江陰縣志》"寺"之後有"即唐永壽寺，淳化三年改壽寧"句。

② "先"，《[崇禎]江陰縣志》卷八《乘逸》作"光"。《經義考》卷二十三："《宋史》：'李光，字泰發，越州上虞人，崇寧五年進士。'趙希弁曰：'紹興中，光参知政事。'"

③ "靈坦"，《全唐文》卷七百三十一《揚州華林寺大悲禪師碑銘》作"雲坦"。

④ "侄氏"，疑當作"姓武氏"，《全唐文》卷七百三十一、《唐文粹》卷六十四《揚州華林寺大悲禪師碑銘》均有"師諱雲(靈)坦，代宗皇帝錫號曰'大悲，姓武氏，蓋則天太后之族孫也'"句。

⑤ "懼伏"，《輿地紀勝》卷九《江陰軍》作"畏懼"。

有方士進燒金法，以鐵爲之，謂之“鴉觜金”，真宗令尚方鑄爲金牌數百。天禧元年，玉清昭應宫成，遂頒天尊萬壽金寶牌，鎮天下名山福地。今觀中有其一，敕所賜也。天聖元年，以天慶聖節齋醮所費至廣，詔禮儀院裁減。江陰道士許自然進狀，云：“《黄帝内傳》：西王母降於帝宫，帝爲設食。王母云：‘仙衆不飲不食，豈欲人間之饌乎？’請自今，止備香燈、花果、山泉、藥苗。”宰臣馮極[①]以其言奏之，自此齋醮不用饌。事見《實録》。有銅鐘一，乃唐開元中通玄觀所鑄。近歲，觀主陶冲益興建殿宇，遂於明净觀[②]易此鐘，爲樓以置之。

明霞觀，利城鎮之西南二里。梁大同間爲通遠觀，蓋土人吴通、吴遠兄弟捨造，因名。唐通天萬歲[③]元年，易名“恭玄觀”。祥符元年，有霞光現，賜今額。舊《經》乃於天慶觀云元名恭玄者，誤矣。

净明觀[④]，在市東。梁大同二年，置爲女冠觀。語其在“真山”。按《寰宇記》，梁名“至真觀”，先在真山，後移在[⑤]縣東，爲“至德觀”，豈謂是歟？又未知何時改爲“净明”。今廢。

以上《[洪武]常州府志》卷六《觀》徵引《江陰志》

演教禪院，新津門之東北。本唐天祐十二年鎮遏使秦誠捨財所建感化院也。

---

① “極”，《[弘治]江陰縣志》卷十一《道觀》作“拯”。

② “明净觀”，下文作“净明觀”。

③ “通天萬歲”，疑當作“萬歲通天”。

④ “净明觀”，上文作“明净觀”。

⑤ “在”字，《[弘治]江陰縣志》卷十一《尼院》無。

能仁院，杜橋之東。本唐天祐中縣官張蘊捨宅所建重光院，咸平六年，敕爲承天院，政和七年五月，改賜今額。

外能仁院，在毗山①。

明教院，在縣東南，梁大同中爲光瑛院，殷氏捨第所建。見今寺碑。舊《經》云于光瑛捨宅者，誤。太平興國五年，敕賜今額。天聖三年，里人謝彦鍇出金二百萬，重建釋迦佛殿，范文正公爲之記。元豐初，知縣楊孝孺改禪院。

兜率院，縣東南。舊《經》云：唐乾重②四年，建爲白龍寺，以山上有白龍洞名之。祥符二年，賜額爲兜率院。元豐三年，蔣静題二詩於壁，跋云："江陰兜率院，其上爲白龍山，故老相傳有白龍游其上，龍雖去而名與洞存。余訪而游焉，風雨驟興，有如龍之猶在。既而登宰③堵波，則雲捲長空，萬里一瞬，有得於言意之表。"今刻於石。紹興二十四年，詔賜御書，藏諸名山。十月，建閣奉安。近歲，謝中丞諤書"白龍洞祠"大字，今在寺中。

光嚴院，在長壽鄉，舊《經》云：陳天嘉二年于④光捨宅所建，敕賜今額。

景德院，在沙山，本太清觀基也。唐天祐三年，邑人陸頓、戴思達共立爲院。天聖三年，改太清院。景德四年，賜今額。

普濟院，愛日門外。紹聖四年，郡人趙宗奇所捨建也。先是元祐初，陳乞依蘇、杭諸處體例，造壇宇以爲焚化之所。宗奇始捐地募衆，建屋延僧以崇香火。其後，緇徒日滋，增闢室廬，甲乙迭主之。

---

① 《[弘治]江陰縣志》卷十一《僧寺》"山"之後有"元豐三年建"句。

② 唐無"乾重"年號，疑當作"乾符"或"乾寧"。

③ "宰"，疑當作"窣"。

④ "于"，《[弘治]江陰縣志》卷十一《僧寺》作"子"。

君山塔院，顔侯耆仲申禮部，改爲感化院。

崇聖院，利城西。僧智觀經禮部移額，建立接待。紹定三年。

放生池道院，在繖湖。紹興六年，郡人吴待制博古請於官，植松竹花木，建道院，命道士姚秀芝、葛致一居之。十六年，詔爲放生池，嚴網捕之禁云。

以上《［洪武］常州府志》卷六《院》徵引《江陰志》

歸云庵，在蕭橋之南。戴侯溪請到"華藏院"敕額。

隱庵，在定山。乃葛文康女弟徽廟朝爲尼，賜名"隱庵道者"。

以上《［洪武］常州府志》卷六《庵》徵引《江陰志》

祠　廟

武烈大帝廟，天慶觀之西南，其神①隋司徒陳杲②仁也。唐贈忠烈公，有顧云爲銘。南唐封爲武烈③帝，命徐鉉撰碑文。宣和二年，賜額"忠佑"。正廟在常州，此爲行宫。頃歲修之，得唐侯象所立碣於地，云"皇唐常州江陰縣司徒陳公④碣銘"，其文漫滅不可讀。

城隍廟，澄江門裹。世説"漢周苛守滎陽，爲項羽所烹。高祖休兵，思苛忠烈，乃令天下州縣附城立廟，以時祀之"者是也。今廟内有文孝皇帝祠，乃梁昭明太子。

昭烈大帝廟，愛日門外，廣德軍張真君也。淳熙中，郡人陳宋

---

① "其神"二字原闕，據《［弘治］江陰縣志》卷十一《淫祠》補。

② "杲"，《［弘治］江陰縣志》卷十一《淫祠》作"果"。

③ 《輿地紀勝》卷九《江陰軍》"帝"之前有"大"字。

④ 《輿地紀勝》"公"之後有"廟"字。

弼出資營建廟貌，然亦未備。

莫大王廟，在長壽鄉莫城。傳云，江南[①]時，此爲邊境。莫，邊臣也，死於矢石間[②]，乃血食於此。雙清居士鄭夷亮有詩。

子明王廟，縣南及迎福院東皆有之。按吕蒙，字子明，故[③]老相傳，往歲迎福之東廟摧朽，撤[④]而新之。其棟有赤鳥中題識，豈[⑤]子明乎？

夏王廟，夏港口岸東百餘步，旱則祈焉。

季王廟，在申港市。元祐間，錫號"嘉賢"，今廟以"嘉賢"爲額。

以上《[洪武]常州府志》卷六《廟》徵引《江陰志》

季子封爵，前《志》未詳。今按《京口志》云，昔元祐三年戊辰歲，潤守楊傑慨想高世之躅，申請于朝，乞旌表以增光來世。有詔從之，遂錫"嘉賢"之號。後至慶元中，封昭德侯。謹録制書于左：

慶元封昭德侯[⑥]制書

朕考於傳記，知神爲吴公子。當春秋時，嘗辭千乘之國而不受，凛然高節，萬世[⑦]如生，豈復以人爵爲榮哉？今延陵之民，世受加[⑧]祀，謂

① 《[弘治]江陰縣志》卷二《壇祠》"江南"之前有"南唐有"三字。

② 原多"間"字，據《[弘治]江陰縣志》《輿地紀勝》删。

③ "故"，《輿地紀勝》作"古"。

④ "撤"，原作"撒"，據《[弘治]江陰縣志》卷十一《淫祠》、《輿地紀勝》改。

⑤ 《[弘治]江陰縣志》"豈"之後有"吕"字。

⑥ "侯"，原作"候"，據《[弘治]江陰縣志》卷二《壇祠》、《全宋文》卷六八九一《封延陵季子爲昭德侯制》改。

⑦ "世"，《[弘治]江陰縣志》同，《全宋文》作"古"。

⑧ "受加"，《[弘治]江陰縣志》同，《全宋文》作"承嘉"。

非此無以表德[1]厲[2]世。命以侯爵，往念[3]于廟，神[4]其寵嘉之。

以上《[洪武]常州府志》卷十九《辨疑》徵引"紹定添入"

徐偃王廟，在來春鄉。舊《經》：偃王失國而亡，至膠山頂而終，遂立廟於此。

伍相公廟，建寅門外。《寰宇記》所載，胥湖亦有之。

春申君廟，申港市南，基址猶存。今黄田閘側有之。

五通廟，軍學之西。又虹橋之側爲市西廟。

順濟龍王廟，東嶽行宫之西。

由里龍王廟，在由里山。凡水旱，有禱必應。天聖元年，范宗古所創。紹興壬戌，富元衡重修。

夏港龍王廟，夏港橋之北。紹熙[5]二年，張尚書杓往鎮襄陽，取道於此，捐資重修。

前湖七娘[6]廟，歸云庵之西。舊以祠[7]前有湖，故名前湖。五代末，有何氏女，爲江賊所掠，欲污之，何氏曰："當修容以見。"須臾，盛飾以出，立於船首，罵賊，赴水而死，遂爲立祠。今廟塑女郎七人，蓋失本意。然郡人事之甚恭，頗有靈應。湖則不復有矣。

---

① "德"，原作"得"，據《[弘治]江陰縣志》、《[嘉靖]江陰縣志》卷八《秩祀記第六》、《全宋文》改。

② "厲"，《[嘉靖]江陰縣志》同，《[弘治]江陰縣志》作"萬"，《全宋文》作"勵"。

③ "念"，《[弘治]江陰縣志》《[嘉靖]江陰縣志》《全宋文》均作"諗"。

④ "神"，《[弘治]江陰縣志》同，《[嘉靖]江陰縣志》《全宋文》均無。

⑤ "熙"，《[弘治]江陰縣志》卷十一《淫祠》、《[成化]重修毗陵志》卷二十七《祠廟》均作"興"。

⑥ "七娘"，《[成化]重修毗陵志》作"七娘子"。

⑦ "祠"，原作"詞"，據《[弘治]江陰縣志》卷二《壇祠》改。

三王廟，在石牌山上。相傳爲徐偃王、吴武烈帝、唐李衛公[①]。又有小龍祠在[②]其麓。

鹿女明王廟，在石牌山之東。語在“真山”，豈舊觀之址乎？

彭王廟，在建寅門。古傳爲彭越神云。

許真君廟，即許青暘宅也。唐至德元年立爲廟。

蔣王廟，在長壽鄉[③]。

净林廟，在長壽鄉。

何王廟，在崇仁鄉[④]。

蕭将軍廟，在沙山之北。

通利公廟，在令節港口，正廟在通州。姓[⑤]蔣，吴郡塗菘人。僞吴時，喻布州民以海鹽之利，布州，通行[⑥]舊名。歿，爲蔣司徒祠。南唐昪元五年，封爲通利侯，保大中，加公爵。政和元年，錫[⑦]“佑仁”爲廟額。據《通州志》。

聖妃廟，君山東嶽行宫之西[⑧]。正廟在興化軍，敕賜“靈惠助順顯衛英烈妃”。航海者每遇風濤險惡，乞靈於神，響應如答。嘉定十七年，舶商陳子文等請於胡侯綱，創立殿宇，久而未備。紹定三年，奏院顔侯耆仲添建廊廡，廟乃成焉。

以上《[洪武]常州府志》卷六《廟》徵引《江陰志》

---

① 《[弘治]江陰縣志》卷十一《淫祠》“公”之後有“神”字。

② “在”字原闕，據《[弘治]江陰縣志》補。

③ “長壽鄉”，《[弘治]江陰縣志》作“時山”。

④ “崇仁鄉”，《[弘治]江陰縣志》作“楊舍市東”。

⑤ 《[弘治]江陰縣志》“姓”之前有“神”字。

⑥ “行”，疑當作“州”。

⑦ “錫”，《[弘治]江陰縣志》作“賜”。

⑧ “西”，《[弘治]江陰縣志》作“左”。

卷第九

碑　刻

《季子墓銘》，在申[①]港季札墓，有十大字云“烏乎[②]有吴延陵君[③]子之墓”。按歐陽文忠公《集古録跋尾》云：“《吴季子墓銘》，自前世相傳以爲孔子所書。據張從紳《記》云：‘舊[④]石湮[⑤]滅，開元中，玄宗命殷仲容摸[⑥]搨[⑦]其書以傳。’然則開元之前已有本矣。至大曆中，蕭定又刊于石，則轉相傳，模失其真遠矣。按孔子平生未嘗至吴，以《史記·世家》考之，其歷聘諸侯，南不逾楚，推其歲月踪迹，未嘗過吴，不得親銘季子之墓。又諸[⑧]字特大，非古簡牘[⑨]所容。第以其名傳之久，不可遽廢。故録之以俟[⑩]博識君子。”

---

① “申”，原作“中”，據《輿地紀勝》卷九《江陰軍》改。
② “烏乎”，本書卷第十二所收《暨陽吴季子廟碑記》作“嗚呼”。
③ “君”，《輿地紀勝》作“季”。
④ “舊”，原作“臼”，據《集古録》卷八、《[弘治]江陰縣志》卷六《古迹》改。
⑤ “湮”，《集古録》作“堙”。
⑥ “摸”，《集古録》《輿地紀勝》均作“模”。
⑦ “搨”，《[嘉靖]江陰縣志》卷二《提封記第二上》作“榻”。
⑧ “諸”，《集古録》作“其”。
⑨ “牘”，《[弘治]江陰縣志》作“續”。
⑩ “俟”，原作“候”，據《集古録》改。

《季子神賽雨[①]記[②]石文》，乃唐天寶五載趙晋甫撰，張撝書。往年修季子廟，築後殿基址得之。字畫磨滅，然尚可讀。

《通玄觀銅鐘銘》，乃陳郡袁懷光[③]撰。唐開元十五年[④]單閼歲純陽月再旬有三日辛卯，常州江陰縣通玄觀道士繆行崇等，煉衆寶以成神鍾[⑤]。其火朵盤龍，握千鈞而駐迴；花開明月，銜五音而照空。威警[⑥]三天，聲搏八極。泉图[⑦]偶韻，夜息焚燒；紫府聆音，晝飛真氣。鴻因嚴備，乃記銘云："玄元聖衆鍊珍精，鑄出神鍾響玉京。香臺曙擊蓮花月，華虡[⑧]霄懸福德声。音飛碧落回真駕，韻度蓬萊[⑨]噴水鯨。恒沙道力無時盡，永吟仙府警群生。"鍾今在天慶觀。

《崇聖院銅鐘銘》，乃唐太子弘冀[⑩]所置，重一千斤。題云："賜江陰縣崇聖院"。今乾明院也。其銘曰："蓋聞聲叶洪鈞，功垂浩劫。

① "雨"，原作"兩"，《輿地紀勝》同，疑誤，據《[成化]重修毗陵志》卷三十九《碑碣・江陰》改，《[至顺]鎮江志》卷八《神廟》有"其一：唐武進縣主簿趙晋用《賽雨紀石文》。文曰……"。

② "記"，《[成化]重修毗陵志》《[至顺]鎮江志》均作"紀"。

③ "光"，《[弘治]江陰縣志》卷十一《僧寺》、《[成化]重修毗陵志》同，《輿地紀勝》作"先"。

④ "年"字，《[弘治]江陰縣志》、《[嘉靖]江陰縣志》卷十九《外記第十三》無。

⑤ "鍾"，《全唐文》卷三百五十四作"鐘"，《[嘉靖]江陰縣志》作"鍾""鐘"皆有。

⑥ "警"，原作"驚"，據《全唐文》《[嘉靖]江陰縣志》改。

⑦ "泉图"，《[嘉靖]江陰縣志》作"朝图"，《全唐文》作"員淵"。

⑧ "虡"，《[嘉靖]江陰縣志》作"簴"。

⑨ "萊"，原作"菜"，據《全唐文》《[嘉靖]江陰縣志》改。

⑩ "冀"，原作"翼"，據《輿地紀勝》卷九《江陰軍・碑記》、《[成化]重修毗陵志》卷三十九《碑碣・江陰》改。

集善之利，惟兹可嘉。因發乃誠，是爲良願：上所[①]以祝君親[②]富壽，將日月以齊休；下所[③]以期官庶興[④]居，與山河而共泰。由衷之念，永永[⑤]何窮！”

《南唐重光院銘》，今能仁院。乃僧白[⑥]西撰，題云：“大唐都省江陰縣重光院，保大三年歲次乙巳六月十八日。”銘云：“物匪大信，世指何立？九乳樓鏗，三乘雲集。妙利斯啓，餘功罔及。光澤有唐，良緣永襲。”

《唐重建興建寺碑》，進士郁群老撰，大[⑦]和二年，在慈雲寺。

《光瑛院新建瑞像殿記》，常州僧正崇肇撰，南唐保大六[⑧]年。今[⑨]明教院。

《招隱院新建鐘樓[⑩]》，譙國丁弘道[⑪]撰，南唐保大十[⑫]年。今[⑬]悟空院。

已下碑記，慶元四年，郡侯陳序已類叙，刊成《續志》。

《太宗皇帝賜趙遂良誥詞石刻》，在清白堂，郡守薛嘉言重建并贊。

---

① “所”，《[嘉靖]江陰縣志》作“可”。

② 《[嘉靖]江陰縣志》“親”之後有“之”字。

③ “所”，《[嘉靖]江陰縣志》作“可”。

④ 《[嘉靖]江陰縣志》“興”之前有“之”字。

⑤ “永”，《[嘉靖]江陰縣志》作“以”。

⑥ “白”，《全唐文》卷九百二十一同，《輿地紀勝》《[成化]重修毗陵志》均作“自”。

⑦ “大”，《輿地紀勝》作“太”。

⑧ “六”字原闕，據《[成化]重修毗陵志》補。

⑨ 《輿地紀勝》“今”之後有“在”字。

⑩ 《[成化]重修毗陵志》“樓”之後有“記”字。

⑪ “弘道”，《輿地紀勝》作“道宏”。

⑫ “十”，《[成化]重修毗陵志》作“十一”。

⑬ 《輿地紀勝》“今”之後有“在”字。

《宣聖廟記》,范文正公仲淹撰。

《修宣聖廟記》,鄉貢進士李溉撰。

《清白堂記》,檢討劉谷撰,今不存。

《明教院釋氏殿記》,縣尉陳珪撰。

《紹興重修由[①]里龍堂記》,教授鄭漻撰,兩浙[②]漕屬佘壹撰。

《悟空院新鑄鍾記》,縣尉陳珪撰。

《修鼓角門記》,國子監直講曹確撰。

《江陰縣學開河記[③]》,縣尉黄佖撰。

《江陰縣新建學門記》,常州教授林虙撰。

《紹興初修學記》,佘壹撰。

《新建軍學記》,秘書省正字胡理[④]撰。

《奉詔修學記》,教授鄭漻撰。

《乾道重修學記》,吴興莫伯鎔撰。

《紹熙[⑤]重修學記》,今兵部侍郎耿秉撰。

《江陰縣修河港堰閘記》,顯謨閣直學士蔣静撰。

《重修黄田閘記》,蔣静撰。

《治水記》,教[⑥]授章洽撰。

《季子墓碑記》,知常州朱彦撰。

---

① "由",原作"田",據《[成化]重修毗陵志》改。

② "浙"後原有"江"字,疑爲衍文,據《[成化]重修毗陵志》删。

③ "江陰縣學開河記",《[成化]重修毗陵志》作"儒學開河記"。

④ "胡理",原作"胡珪",據《[成化]重修毗陵志》、《常州府志》卷十八《文章》改。

⑤ "紹熙",原作"紹興",據《[成化]重修毗陵志》《常州府志》改。

⑥ 《[成化]重修毗陵志》"教"之前有"乾道三年"。

《定山寺經[1]藏記》，正[2]字胡珵[3]撰。

《重建報恩光孝寺記》，紹熙辛巳[4]吏部侍郎[5]葛立方撰。

《傘湖放生池記》，權縣丞蘇磻[6]撰。

《君山浮遠堂記》，江都[7]仲并撰。

《新建貢院記》，葛丞相邲[8]撰。

《尉司建弓手寨記》，縣尉袁燮撰。

《重修軍社壇記》，簽判姚舜陟撰。

《廣福寺觀音事迹石刻》，路鈐王孝竭撰。

《浮遠堂留題[9]》，簽書樞密[10]羅點撰。

《東樓記》，知録齊準撰。

《新建市舶務記》，簽判周正德[11]撰。

《重建蔡涇[12]閘記》，兵部侍郎戴溪撰。

《重建僉廳記》，權教授顔叔玠撰。

《御書閣記》，兵部郎官吴漢英撰。

《今上皇帝作新士風御筆》，盧侯子章贊，教授陳煃立石。

《范文正公生祠碑》，黄士毅撰，教授方萬里立石。

---

① “經”，《[成化]重修毗陵志》作“輪”。

② 《[成化]重修毗陵志》“正”之前有“秘書省”。

③ “胡珵”，原作“胡謡”，據《[成化]重修毗陵志》《常州府志》改。

④ “紹熙辛巳”四字原闕，據《[成化]重修毗陵志》補。

⑤ 原“郎”作小字，疑後補。

⑥ “蘇磻”，原作“蘇蟠”，據《[成化]重修毗陵志》、前文改。

⑦ 《[成化]重修毗陵志》“江都”之前有“紹興二十二年”。

⑧ “葛丞相邲”，《[成化]重修毗陵志》作“淳熙九年右庶子葛邲”。

⑨ “浮遠堂留題”，《[成化]重修毗陵志》作“浮遠堂題名”。

⑩ “密”，原作“蜜”，據《[成化]重修毗陵志》改。

⑪ “周正德”，《[成化]重修毗陵志》、本書卷第四《年表》均作“周世德”。

⑫ “涇”字原闕，據《[成化]重修毗陵志》補。

《舜禹言心圖》《周程言性圖》，黄士毅撰，教授方萬里立石。

《演教寺建[①]佛殿記》，兵部郎官吴漢英撰。

《重建教授廳記》，教授陳南一撰。

《伊川先生帖》，教授陳[②]南一立石。

以上《[洪武]常州府志》卷十九《碑碣》徵引《江陰志》

題詠上

自常州還江陰途中作[③]

處處空籬落，江村不忍看。無人花色慘，多雨鳥聲寒。黄霸初臨郡，陶潛未罷官。乘春務征伐，誰肯問凋殘?

仲夏江陰官舍寄裴明府

萬室邊江次，孤城對海安。朝霞晴作雨，濕氣晚生寒。苔色侵衣桁，潮痕上井欄。題詩招茂宰，思爾欲辭官。

登溢城浦，望廬山初晴，直省齎敕，催赴江陰[④]

西望香爐雪，千峰晚色[⑤]新。白頭悲作吏，黄紙更[⑥]催人。多負登山屐，深藏漉酒巾。傷心公府内，手板日相親。

---

① "建"字，《[成化]重修毗陵志》無。

② 原"陳"作小字，疑後補。

③ 作者名原闕，《全唐詩》卷二百六作"李嘉祐"。下二首同。

④ 《四部叢刊》本《中興間氣集》卷上題作"發溢浦，望山作，初晴，直省齎敕催赴江陰"。

⑤ "色"，《中興間氣集》作"望"。

⑥ "更"，《全唐詩》作"苦"。

奉和大梁相公，喜江陰張令罷秩遺鶴，因贈四句

裴夷直

解印辭江海，携籠獻雪霜。月棲孤影瘦，風唳一聲長。即此同崑閬，非聞戀稻粱。公歸鳳池後，應放入青蒼。

新安送陸禮[①]歸江陰

劉長卿

新安路，人來去。早[②]潮復晚潮，明日知何處？潮水無情亦解歸，自怜長[③]在新安住。

謁季王廟并序

祁　寬

武當祁寬，從學於和静先生，自虎丘將游江西，至茶[④]鎮膠舟，聞僧道求，步謁季王廟，景仰高風，題詩於壁。

至德泰伯裔，清風汗簡傳。樂聞知政化，道契友仁賢。遺像丹青暗，高明日月懸。蕭蕭墓木拱，誰復挂龍泉？

書懷呈江陰軍[⑤]

裴若訥

男兒憂道不憂貧，匣有焦桐篋有文。却訪姑蘇臺下隱，滿船明

---

① “禮”，《全唐詩》卷一百五十一、《嚴陵集》卷一、《[嘉靖]江陰縣志》卷二十一《遺文第十五》均作“澧”。

② “早”，《四庫全書》本《嚴陵集》作“蚤”。

③ “長”，《[嘉靖]江陰縣志》作“常”。

④ “茶”，疑當作“桼”。

⑤ “軍”，《[光緒]江陰縣志》卷二十七《藝文・詩》同，《輿地紀勝》卷九《江陰軍》作“守”。

月一溪雲。

裴若訥[1]

紫蓴江上是吾家，一葉扁舟一釣車。何必陶公種魚法，雨汀烟渚盡生涯。

久寓悟空剎，行而書之

蔡　襄

岑[2]寂精廬切半空，古原高下稻花中。蓮趺[3]批素新秋社[4]，花萼雕紅細雨宮。孤鶴睡迷千樹月，斷蟬吟繞一樓[5]風。心麼尺組遥相謝，歸馬南蹄疾似蓬。

睹悟空寺留題，寄蔡君謨并序

葛　密

近造浮屠之"悟空"者，睹君謨省主給事留題，詩板[6]列楣楝間，粲然可識[7]。因摭方袍氏[8]之意，成長句一章[9]以寄。

昔年詩板著蓮[10]宮，筆力雄豪墨彩豐。不日三階平國政，悟空僧[11]待碧紗籠。

---

① 題名原省，《全宋詩》卷三四七作"江陰絶句"。

② "岑"，《端明集》卷四、《全宋詩》卷三八八均作"寂"。

③ "趺"，原作"跌"，據《[弘治]江陰縣志》卷十一《僧寺》、《端明集》改。

④ "新秋社"，《端明集》作"輕雲梵"。

⑤ "一樓"，《端明集》作"五更"。

⑥ "板"，《江上詩鈔》卷二作"版"。

⑦ "識"，《江上詩鈔》同，《全宋詩》卷三九五作"誦"。

⑧ "氏"，《江上詩鈔》同，《全宋詩》無。

⑨ "長句一章"，《江上詩鈔》作"絶句一章"，《全宋詩》作"拙句"。

⑩ "蓮"，《全宋詩》同，《江上詩鈔》作"禪"。

⑪ "悟空僧"，《全宋詩》作"山僧應"。

復葛通議并序①

蔡君謨

天聖八年，寄居悟空院，留詩僧壁。今三十五年，人事變遷，存没懷感。子發遠惠新篇②，語及曩舊，披攬數過，悽惻之極。輒復短章，少伸勤懇。治平元年甲辰、正月二十八日書。③

空梁詩板歲年多，唯有秋蟲占作窠。聞道故人時拂拭，此生無奈舊情何。

宿悟空院

葛書思

高卧④僧房夜漏深，紙窗⑤俄見月華侵。抗塵走俗成何事？問道參禪徒在心。智鏡直須真裏照，機鋒莫逐⑥句中尋。悟空不見悟空者，謾⑦對寒燈⑧擁鼻吟。

定山虎跑泉

王　竦

靈泉自古晦山根，猛虎初跑一派分。冷逼客衣威若在，聲和林籟嘯如聞。潤通石脉甘凝乳，輕發茶腴色泛雲。誰謂陸生真博物？

---

① 《端明集》卷七、《全宋詩》卷三九一均題作“和子發”。
② “篇”，《端明集》作“編”。
③ 此句《端明集》《全宋詩》均無。
④ “卧”，《江上詩鈔》卷二作“枕”。
⑤ “紙窗”，《江上詩鈔》作“經窗”。
⑥ “逐”，《全宋詩》卷七二一、《江上詩鈔》均作“向”。
⑦ “謾”，《江上詩鈔》作“漫”。
⑧ “燈”，《江上詩鈔》作“鐙”。

獨遺幽僻載無文。

和

楊志彦[①]

竹圍松蔽鏁霜根，爪迹依然跂石分。不載圖經嗟失記，未參茶譜悵無聞。冷穿石竅[②]淘林月，清漱岩腰濯嶺雲。若把惠山方美味泉味□異美□[③]，昔賢精鑒是虚文。

和

楊　蟠

天藏物啓有靈根，玉乳銀漿豈易分？净鑒當空寒自照，流珠落澗遠先聞。潤生冉冉雙林雨，香出濛濛一井雲。今日石魚行酒地，次山重爲勒銘文。事見元使君銘之泉，公當往游而欲刻詩其上，故述此意。[④]

和

李　喬

嚮風長嘯震松根，爪距通靈水脉分。清可浣腸人罕到，冷宜洗耳俗稀聞。微流膚寸終朝海，静境蕭條足起雲。雄性咆哮能感物，竟勝玄豹澤奇文。

---

① “楊志彦”，《［崇禎］江陰縣志》卷七《詩》作“楊士彦”，又見《［洪武］常州府志》卷五《山川・泉》：“治平元年昏□□和簿王竦與郡守楊士彦諸公賦詩刊石，結亭其上。”

② “石竅”，《［崇禎］江陰縣志》作“谷口”。

③ “泉味□異美□”，《［崇禎］江陰縣志》作“泉味甘美特異”。

④ 此注《全宋詩》卷四〇九無。

和

張　詳[①]

虎丘岩畔識泉[②]根，股引瓊腴此處分。品絶未應容易得，地靈難使等閑聞。聲寒夜雜林間籟，氣潤朝隨谷口雲。十和清篇盈麗軸，强牽己句不成文。

和

張彦卿

乳泉發穴漏岩根，亂石成池溜始分。鴻漸當時高品第，陸羽《茶經》論水云：山水上，江水次，井水下。虎跑今日信傳聞。山僧勺供疑甘露，野叟[③]烹茶勝白雲。樂天有“白雲峰上白雲泉”之句。應是靈源遲[④]出地，不然須冠季卿文。陸羽爲李季卿論水，季[⑤]卿所説二十水，康王谷弟[⑥]一[⑦]。

和

劉　握

靈源來處莫尋根，猛虎遺蹤僅可分。玉乳何年纔[⑧]始見？金

---

① 作者名《全宋詩》卷一七七、《[嘉靖]江陰縣志》卷二《提封記第二上》均作“李喬”。

② “泉”，《江上詩鈔》作“靈”。

③ “叟”，《[嘉靖]江陰縣志》作“史”。

④ “遲”，原作“達”，據《[嘉靖]江陰縣志》改。

⑤ “季”，原作“李”，據上文改。

⑥ “弟”，《煎茶水記》作“第”。

⑦ “一”字原闕，據《煎茶水記》補。

⑧ “纔”，《輿地紀勝》卷九作“終”。

沙疇[①]昔謾曾聞。玉乳、金沙皆泉名。寒光暗潤岩邊竹，曉氣多生石上雲。坐局分宜幽賞隔，同游欣得被移文。時沿敬至上目得爲是時[②]。

和

丁　佐

山足纏綿萬木根，甘泉中洌虎蹤分。自緣勝地人難到，獨使靈源世未聞。逸客晝窺清據石，野僧晨挹冷披雲。發揚玉液因佳句，何必前賢論水文。

和

馬　琓

逶迤淺嶺抱峰根，泉迹何年向此分？圓竇環環明可鑒，亂渠瑟瑟細猶聞。銅瓶夜汲翻寒月，石銚朝烹帶曉雲。賢守已爲真賞地，山經雖闕有斯文。

和

錢　嵊

虎攫靈泉發地根，傳疑傳信事難分。深函[③]月影千尋透，溜作溪聲一帶聞。流迸石渠珠若露，溟濛竹徑氣如雲。公餘共酌醍醐味，應想於菟乳子文。

① “疇”，《輿地紀勝》同；《[洪武]常州府志》卷十五《文章》前後兩處徵引《江陰志》，前者作“疇”，後者作“壽”。

② “時”，疑當作“詩”。

③ “函”，《[嘉靖]江陰縣志》卷二《提封記第二上》作“涵”。

和

郡　光

冷冷[1]一溜俯江根，天外銀潢派暗分。未潔獨期真賞到，聲清纔入幾人聞。澄秋色净偏宜月，潤物功深不待雲。鴻漸有靈應自愧，賢侯佳句詆遺文。公詩有“圖經失記”“茶譜無聞”之句。

和

袁　默

靈液何年綻石根？山枝一脉爪形分。浮沙影動空中見，漱玉聲寒静處聞。有用謾滋春畎稼，無情長浸曉岩雲。今朝美味方逢鑒，定向前經補缺文。

和[2]

葛敏求

幾年埋塞緑[3]�根？虎識靈源爲剖分。僻處舊應無客到，遺蹤久不使人聞。細穿幽竇聲投石，猛出層岩冷噴雲。賴有賢侯精鑒在，圖經補輯得完文。

和

沈　兑

何年瓊液綻深根？一脉初從虎迹分。潤石影隨寒日轉，落渠

① “冷冷”，疑當作“泠泠”。
② 《全宋詩》卷六二六題作“定山虎跑泉和韻”。
③ “緑”，《全宋詩》《江上詩鈔》均作“稱”。

聲逐曉風聞。甘資北苑浮甌茗，冷浸南軒度嶺雲。太守佳篇褒賞重，人間誰貴又新文。張又新。

和

杜　昱

宿草山限迸舊根，靈源藏北獨誰分？地雖欲寶終難秘，虎爲探奇始有聞。野客縱臨飄逸志，朝衣當若傲浮雲。他年好卜來高隱，静對清流緝古文。

和

夏　臻

涓涓源竇滴林根，甘液經年世未[①]分。珍寶忽逢千騎發，佳名從此四方聞。新篇追琢垂岩壁，舊迹輝光振洞雲。何日邀朋尋勝概，茶烹自飲共論文。

定山寺

葛勝仲

入門松桂拂天長，遣化誰來自衆香。初剪蕨薇豐菜把，半殘桃杏露花房。不辭峻極猶登踐，免使幽尋墮渺茫。欲游此山，中輟[②]者屢矣。聞有山人宅岩頂，試從度世覓神方。

虎跑泉

前　人

於菟挾乙舊傳聞，清溜因跑出嶺齦。玉甃下流聲帶雨，銀床輕

① "未"，《[崇禎]江陰縣志》卷七《詩》作"味"。
② "輟"，《全宋詩》卷六二六、《丹陽集》卷二一均作"止"。

護氣含雲。酌烹北苑滋茶味，飲助中山破酒醺。從此清漪觀水面，微風不愛舞綃紋。

題定山梵放軒

胡　珵

道人避世氛，山腰着祗[①]園。千夫斸青冥，豁達窗户褰。鬼神間施設，儼護龍象筵。法鼓空中鳴，龍卧層崖巔。幽靈駭今昔，異事樵夫傳。眷兹水雲侣，精賞托妙緣。努力辦己事，追駕佛祖肩。憑高發鍾磬，梵音落諸天。况時解禪縛，超[②]遥倚層軒。放意萬物外，目[③]送孤鴻翩。

江陰書事[④]

楊　蟠

流年謾記交朋在，獨坐孤城嘆物華。海上帆來何處客，烟中犬吠幾人家？雲寒雁影翻紅照，水落鷗群占白沙。江國已知身世遠，更無魂夢繞天涯。

登君山酬馬粹光[⑤]

北轉滄波繞翠微，登臨憶共看雲飛。别來樂事應如舊，老去相

---

① "着祗"，《全宋詩》卷一七八八作"著祗"。

② "超"，《全宋詩》作"迢"，《［嘉靖］江陰縣志》卷十九《外記第十三》同本書。

③ "目"，《［嘉靖］江陰縣志》作"日"。

④ 《全宋詩》卷四〇九題作"江陰即事"，且僅收"海上……白沙"句，《輿地紀勝》卷九同。

⑤ 《全宋詩》無題，《輿地紀勝》僅録後四句。作者名原省，按《輿地紀勝》當爲"楊蟠"。

逢亦已稀。誰與畫圖傳勝迹？忽從詩字得清輝[①]。江山歷歷皆堪數，不記當年幾醉歸。

朝宗門[②]

百尺樓高四望中，雲深一雁度長空。人門[③]砧杵催寒事，郭外笙簫[④]逐土風。天帶江山元自好，地流河漢忽相[⑤]通。丹心直北看飛雪，往往隨花入帝宫。

郡守按視横河[⑥]

處處門開犬不驚，田間把酒聽啼鶯。風吹柳渡春將晏，雲近花村雨復晴。工就千旗歸尚早，令齊萬鍤[⑦]下無聲。新流滿滿何時放？便擬浮船去入城。

練江亭

寒光萬頃淡高秋，粉壁朱欄[⑧]净客愁。晚日蕭蕭聞落葉，晴天歷歷數飛鷗。烟横絶島踈難捲，月在平波瑩不流。懷抱未忘知有

---

① “輝”，《全宋詩》作“暉”。

② 《輿地紀勝》卷九僅收“人……相通”句，作者爲“楊蟠”。

③ “門”，《［弘治］江陰縣志》卷二《城池》同，《［嘉靖］江陰縣志》卷一《建置記第一》、《輿地紀勝》均作“間”。

④ “笙簫”，《永樂大典》卷三五二七《門》作“蕭笙”。

⑤ “相”，《輿地紀勝》作“然”；《［洪武］常州府志》卷十五《文章》前後兩處徵引《江陰志》，前者作“相”，後者作“然”。

⑥ 此下六首作者名皆省，當爲“楊蟠”，見《［弘治］江陰縣志》。

⑦ “鍤”，原作“钃”，據《［弘治］江陰縣志》卷三《河渠》改。

⑧ “欄”，《輿地紀勝》同，《［弘治］江陰縣志》卷一《官治》、《［嘉靖］江陰縣志》均作“闌”。

處，且吟[1]風笛醉滄州。

水月庵舊在廣福寺

玉水冥涵一氣邊，僧來倚杖倒看天。光含物色空相照，影到人心秖自圓。落葉無留寒炯炯，潛魚不動夜娟娟。平生漫負安禪意，欲坐清涼未有緣。

熙春園舊在郡學東偏[2]

桃源未識恐微茫，每坐青林慣日長。魚鳥自同千里樂，風烟漫逐一城香。竹圍月色來深院，花引春情過短墻。人世定知何處好[3]？且勤詩酒惜年光。

澄江亭

萬里松州對海門，蒼亭縹緲出飛塵。東浮不礙三江下，北[4]轉無聲百谷濱[5]。月静秋紋收白縠，天横暮色變黄銀。風流小謝千年外，解詠消愁更有人。

澄江門

獨上高樓望海門[6]，青山幾點送歸船。寒光淡淡浮紅日，曉色

---

① "吟"，《[弘治]江陰縣志》《[嘉靖]江陰縣志》同，《宋詩紀事》卷一六作"和"。

② 此注《全宋詩》卷四〇九無。

③ "好"，《[民國]江陰縣續志》卷二十五《雜識》作"樂"。

④ "北"，《[光緒]江陰縣志》卷二十七《藝文・詩》作"西"。

⑤ "濱"，《[弘治]江陰縣志》卷六《山川》作"賓"。

⑥ "門"，《[弘治]江陰縣志》卷二《城池》作"川"。

冥冥散白烟。浦外落霞争捲[①]燒，池中流水自鳴絃[②]。扶欄下見蓬萊影，一半仙魂在[③]月邊。[④]

和王明遠江陰五詠

曹　確

釣　臺

誰云太公臺？就此寂寞濱。聲名與高山，長在無冬春。藏身老漁釣，想像思其人。世無王者興，寧死不順臣。

秦望山

人傳昔秦帝，兹山到曾望。驅從蜀川來，意塞東海漲。荒哉慕神仙，遺事可悲悵。方士能夸言，未免圖籍上。

石　碑

彼秦信可智，四海欲超邁。威靈豈非雄？可役萬鬼怪。及其不能爲，亦莫救川潰。君看駕橋事，於今浪溯湃。

季子廟

賢哉吴季子，不以權利迫。一朝名所歸，千載廟無斁。嗟爾後世人，鮮肯蹈高迹。簞食猶可争，况復避邦伯？

君　山

寥寥望君山，念昔春山游。山中舊風雲，時能爲君愁。當年鼎鍾食，無異穿窬偷。殺身至傾族，安用爲公侯？

---

① “捲”，《全宋詩》卷四〇九作“倦”。

② “鳴絃”，《［弘治］江陰縣志》作“開蓮”。

③ “在”，原作“有”，據《全宋詩》改。

④ 《［弘治］江陰縣志》失此句。

憶[1]江陰呈介甫[2]

朱明之[3]

江上城隍古鏡中，城邊山色翠屏風。魚蝦接海隨時足，稻米[4]連湖逐歲豐。泰伯人民堪教育，春申溝港可疏通。朱輪天使從君欲，異日能忘笑語同？[5]

求[6]守江陰未得，酬昌叔憶江陰見及之作

王安石

黄田港北[7]水如天，萬里風檣[8]看賈船。海外珠犀常入市，人間魚蟹不論錢。高亭笑語如昨日，末路塵沙非少年。强乞一官終未得，祗君同病肯相憐。

送王郎中知江陰

梅堯臣

持歸霄漢[9]青綾被，去看吴都白馬潮。疊鼓渡江寒浪伏，鳴鐃

---

① “憶”，原作“億”，據《[弘治]江陰縣志》卷九《名宦・守令》、《輿地紀勝》卷九《江陰軍》改。

② 《全宋詩》卷五一六題作“寄王荆公憶江陰”，《[嘉靖]江陰縣志》卷一《建置記第一》題作“寄王安石”。

③ “朱明之”，《[嘉靖]江陰縣志》作“朱昌符”。

④ “稻米”，《[嘉靖]江陰縣志》作“禾稻”。

⑤ 《[嘉靖]江陰縣志》失此句。

⑥ 《全宋詩》卷五六〇“求”之前有“予”字。

⑦ “北”，《[弘治]江陰縣志》卷十四《遺文》、《[嘉靖]江陰縣志》卷二十一《遺文第十五》、《輿地紀勝》卷九《江陰軍》、下文《題詠 紹定續添》均作“口”。

⑧ “檣”，原作“穡”，據《全宋詩》卷五六〇、《[弘治]江陰縣志》卷九及卷十四、《[嘉靖]江陰縣志》卷二及卷二十一、《輿地紀勝》卷九改。

⑨ “霄漢”，《全宋詩》卷二五九作“漢省”。

入鏡[1]野雲飄。魚穿楊柳誇鯨[2]膾，人采芙蓉學細腰。家有三槐爲太守，弟兄[3]誰似李文饒？

送江陰簽[4]判晁太祝

梅堯臣

去無珠履爲上賓，進船申浦憶春申。江田插秧鵓鴣[5]雨，絲[6]網得魚雲母鱗。青天折桂香未減[7]，紫豉煮蒓甘更新。平時况可樂風月，吴物信美聊前陳。

送江陰吕彦行

蔡　肇

君家東南田甫田，一畝種粟輸十千[8]。邇[9]來旱暵[10]不遇[11]歲，坐此失計長江邊。下田鳧雁若烟海，高田蒼耳實[12]磊磊。飽把犁

---

① “鏡”，《[弘治]江陰縣志》、《宛陵集》卷五十六均作“境”。

② “鯨”，《全宋詩》作“鮮”。

③ “兄”，《[弘治]江陰縣志》卷十四《遺文》作“尤”。

④ “簽”，《宛陵集》作“僉”。

⑤ “鴣”，《輿地紀勝》作“鳩”，《全宋詩》《宛陵集》均作“姑”；《[洪武]常州府志》卷十五《文章》前後兩處徵引《江陰志》，前者作“鴣”，後者作“鳩”。

⑥ “絲”，《輿地紀勝》作“幽”；《[洪武]常州府志》卷十五《文章》前後兩處徵引《江陰志》，前者作“絲”，後者作“幽”。

⑦ “減”，《宛陵集》作“滅”。

⑧ “十千”，《[弘治]江陰縣志》同，《[崇禎]江陰縣志》卷七《詩》作“千錢”。

⑨ “邇”，《[崇禎]江陰縣志》同，《[弘治]江陰縣志》作“通”。

⑩ “暵”，《[崇禎]江陰縣志》作“熯”。

⑪ “不遇”，《[弘治]江陰縣志》同，《[崇禎]江陰縣志》作“憂無”。

⑫ “耳實”，《[弘治]江陰縣志》同，《[崇禎]江陰縣志》作“黄塊”。

耡向屋眠，浩歌不憂顧田在。歸來買鐵利耡耰，有如不種無不①收。他②年滯穗萬夫飽，曾笑甌窶③祝滿篝。

自京泛舟往江陰

張公庠

漂泊扁舟上，西歸尚未能。江湖思故國，風雨對寒燈。命矣安窮達，時哉任愛憎。客愁無計遣，擁褐夢騰騰。

舟行江陰道中

張彥實

雨後侵篙一尺渾，敗蒲衰柳亂填門。夢聞斷角送餘響，起④看新潮到舊痕。處處漁鹽成市井，家家罾笱長兒孫。更傳下詔寬民力，斗米三錢何足論？

暨陽居四首

王　令

出無王事牽，入不治居舍。蒿藜⑤入墻屋，塵垢變几架。糟糠苟無憂，智力取自暇。逢詩即廢日，得客輒忘夜。積懶遂成性，習勳反如許。幾不類怠傲⑥，愧⑦耻將何謝？

---

① "不"，《［弘治］江陰縣志》同，《［崇禎］江陰縣志》作"復"。

② "他"，《［弘治］江陰縣志》同，《［崇禎］江陰縣志》作"它"。

③ "甌窶"，《［弘治］江陰縣志》《［崇禎］江陰縣志》均作"窶甌"。

④ "起"，《輿地紀勝》同；《［洪武］常州府志》卷十五《文章》前後兩處徵引《江陰志》，前者作"起"，後者作"走"。

⑤ "藜"，《全宋詩》卷六九六、《廣陵集》卷七均注："一本作'萊'。"

⑥ "傲"，《全宋詩》《廣陵集》均注："一本作'放'。"

⑦ "愧"，《全宋詩》《廣陵集》均注："一本作'羞'。"

二

身非爵與官，車馬久不謀。家無田倉除[①]，雀鼠非我仇。朝出從人居，詩書講前修。暮從兒子嬉，歡笑何所憂？閑將筋力疲，懶使志慮收。斗稍[②]尚煩送，誰謂能無求？

三

自吾居暨陽[③]，已見月四周。流年不我謀，寒暑忽已遒。老[④]來何足嘆[⑤]？苟死固[⑥]無[⑦]羞。于[⑧]今用力薄，莫[⑨]齒將何收？

四

斯道久泯泯，斯人固悠悠。歸豚非吾心，在禮惡不酬。從人效屈伸，俛仰豈[⑩]自由？於命有當然，信矣何足羞？

松風亭舊在君山

曹　詡[⑪]

亭前山影漾江流，亭外雲霞礙舉頭。俯石下聽松上籟，隔鄉遥

---

① “除”，《全宋詩》《廣陵集》均作“儲”。

② “稍”，《全宋詩》作“稰”，《常郡八邑藝文志》作“䤌”。

③ “居暨陽”，《廣陵集》作“暨陽居”。

④ “老”，原作“志”，《［崇禎］江陰縣志》同，據《廣陵集》改，《［弘治］江陰縣志》卷八《文學》作“悲”。

⑤ “嘆”，《廣陵集》注：“一本作‘嗟’。”

⑥ “固”，《廣陵集》注：“一本作‘亦’。”

⑦ “無”，《廣陵集》作“可”。

⑧ “于”，《廣陵集》作“子”，并注：“一本作‘而’。”

⑨ “莫”，《［弘治］江陰縣志》同，《廣陵集》作“暮”。

⑩ “豈”，《全宋詩》《廣陵集》均作“不”，《全宋詩》注：“明本作‘豈’。”

⑪ “曹詡”，《［弘治］江陰縣志》卷六《山川》同，《全宋詩》卷三七四〇作“曹翊”。

認海[1]邊舟。四檐寒送沙汀[2]雨，一徑烟籠寺竹秋。此曲此聲應未變，抱琴期與故人游。

游壽寧寺[3]

王　令

寥蕭枝上風，蜩螿以秋告。黯𩅦道旁樹，緑[4]陰[5]凉一本作良可冒。况承積陰餘，急雨蕩晴昊。初凉逞新威，宿暑懲舊躁。漫漫出門路，踽踽可誰造？江聲洶西奔，海遠劇東到。中間[6]可行望，洗滌去塵抱。况於林皋間，古屋架晴燥。蚊虻[7]稍歛收，軒户可淹散。惜乎予得游[8]，不可携所好。踟躕佇歸步，風竹[9]冷相勞。

寄題君山亭，送吕天衢秀才

蔡　肇

百川赴下流，江海互吞吐。回瀾薄空日，老岸不立土。坡陀出巨石，鼇背啓窗户。我來俯凝碧，萬頃過微雨。南沙八十里，草木

① “海”，《全宋詩》、《[光緒]江陰縣志》卷二十七《藝文·詩》均作“水”。

② “汀”，《[弘治]江陰縣志》作“河”。

③ 《全宋詩》卷六九七、《廣陵集》卷八均題作“游江陰壽寧寺”；《江上詩鈔》卷二作“游壽凝寺”，疑避道光帝旻寧諱。

④ “緑”，原作“緣”，據《[弘治]江陰縣志》卷十一《僧寺》、《[嘉靖]江陰縣志》卷十九《外記第十三》改。

⑤ “緑陰”，《全宋詩》《廣陵集》均作“蔭緑”，《[弘治]江陰縣志》作“緑蔭”。

⑥ “間”，《[弘治]江陰縣志》作“門”。

⑦ “虻”，《[嘉靖]江陰縣志》作“蟲”。

⑧ 此句《[洪武]常州府志》卷十八《文章》作“胡爲子獨游”。

⑨ “竹”，《廣陵集》作“作”，《全宋詩》注：“嘉業堂本作‘竹’。”

盡可數。風聲玄冥開，松影翠蛟舞。昏昏魚龍氣，瞑[1]色失洲渚。林間古蘭若，梵放[2]雜鳴櫓。不能挂長帆，破浪極幽睹[3]。至今清夜夢，窈窕越修阻。喜君自兹來，浩浩見眉宇。館置古城東，淡飯忘羈[4]旅。連城雖自珍，歷塊誰爲許？束[5]書問東舟，了不挂一語。脱身少年場，清座參佛祖。冰顔未生毾[6]，老氣欲冠古。所得豈虚名？自是慰諸[7]吕。南天正炎溽，歸思亟飛羽。江魚已釣肥，江酒尚酤煮。訪予[8]昔游地，耿耿月沉[9]浦。席罷[10]望東南，浮雲渺吴楚。

壽寧[11]院呈山主志師

葛　密

一徑直岩隈，亭軒四面開。濤頭轉山急，雨脚滿江來。怪石生

---

① “瞑”，《[弘治]江陰縣志》卷六《山川》、《[嘉靖]江陰縣志》卷三《提封記第二下》均作“暝”。

② “放”，《常郡八邑藝文志》卷九作“唄”。

③ “睹”，《常郡八邑藝文志》作“渚”。

④ “羈”，原作“覉”，據《[弘治]江陰縣志》《[嘉靖]江陰縣志》《常郡八邑藝文志》改。

⑤ “束”，原作“來”，據《[弘治]江陰縣志》《[嘉靖]江陰縣志》《常郡八邑藝文志》改。

⑥ “毾”，《[弘治]江陰縣志》《[嘉靖]江陰縣志》《常郡八邑藝文志》均作“髭”。

⑦ “諸”，原作“渚”，據《[弘治]江陰縣志》《[嘉靖]江陰縣志》《常郡八邑藝文志》改。

⑧ “予”，《[嘉靖]江陰縣志》作“子”。

⑨ 原“沉”作小字，疑後補。

⑩ “罷”，《[弘治]江陰縣志》《[嘉靖]江陰縣志》均作“龍”。

⑪ “寧”，《全宋詩》卷三九五該詩引自《江上詩鈔》，均作“凝”，疑避道光帝旻寧諱。

雲氣，修篁待鳳材。他年白蓮社，應許繼宗雷。

冬夕宿演教院

槭槭嚴風夕，烟寒[①]蕙炷清。燈[②]生花裏艷[③]，雨作雪時聲。旅夢回殘角，吟懷繞廢城寺直古之廢城[④]。寂然群動息，吾亦世紛平。

九日游君山

吕天策

路分支徑入蘆花，獨[⑤]繞江邊[⑥]覓酒家。晚日樓臺金突兀，映山鷗鷺玉横斜。解衣狗竇呼光逸，落帽龍山想孟嘉。欲趁老漁風一葉，直窮天漢問乘槎。

洗心堂

曹　詡[⑦]

清光秀發水雲鄉，不見騷人意未降。風壓柳梢[⑧]低酒舍，月移

---

① “寒”，《全宋詩》《江上詩鈔》均作“含”。

② “燈”，《[弘治]江陰縣志》卷十一、《[嘉靖]江陰縣志》卷十九《外記第十三》均作“鐙”。

③ “艷”，《常郡八邑藝文志》卷十一作“焰”。

④ 此注《全宋詩》《江上詩鈔》《[嘉靖]江陰縣志》均無，《[弘治]江陰縣志》有。

⑤ “獨”，《[弘治]江陰縣志》卷六《山川》、《[光緒]江陰縣志》卷二十七《藝文·詩》均作“繚”。

⑥ “邊”，《[弘治]江陰縣志》《[光緒]江陰縣志》均作“身”。

⑦ “曹詡”，《全宋詩》卷三七四〇作“曹翊”。

⑧ “梢”，原作“稍”，據《[弘治]江陰縣志》、《輿地紀勝》卷九《江陰軍·景物下》改。

松影上僧窗。山泉漲起潮三尺，野老釣歸魚一雙。更待練光斜襯[①]日，坐看金斗熨[②]秋江。

洗心堂即事，得"鳥鳴山更幽"[③]

吕天策

吾廬一甑大，暑氣日焚燎。肉山漸欲摧[④]，性命那可保？華堂納虚明，翠結[⑤]上林杪。扳[⑥]聯此間來，乍喜脱袢攫。斷虹錦連卷，驚漚玉顛倒。晴沙四十里，一目[⑦]坐可了。將歸復班[⑧]荆，更遲江月皎。何當製芙蓉，唱棹入魚鳥。

二

憚暑廢百嗜，飄然念遐征。顧欲控溟渤，與世湔煩蒸。并舍松桂合，翠光浮楝楹。時時厲清響，管磬琶琵箏。敷床蔭其下，蘄竹瑩寒冰。自足當兩部，妙處詎難名。候湯瀹葵月，欲赴松風鳴。詩成定清切，已作寒蜩聲。

三

携手日不足，暫暌[⑨]心已慳。况復共理策，相從山水間。晴江

---

① "襯"，《[弘治]江陰縣志》作"觀"，《輿地紀勝》《全宋詩》作"趁"。

② "熨"，原作"慰"，據《[弘治]江陰縣志》《[光绪]江陰縣志》《輿地紀勝》改。

③ 《全宋詩》卷一三一七題作"詠洗心堂得鳥鳴山更幽"。

④ "摧"，《[弘治]江陰縣志》作"流"。

⑤ "翠結"，《[弘治]江陰縣志》作"結構"，《全宋詩》作"結屋"。

⑥ "扳"，《永樂大典》卷七二四〇《堂》作"板"。

⑦ "目"，《全宋詩》《永樂大典》均作"日"。

⑧ "班"，原作"斑"，據《[弘治]江陰縣志》《全宋詩》《永樂大典》改。

⑨ "暌"，《永樂大典》作"睽"。

照遠岫，曉鏡堆烟鬟。玄蛟忽汹涌，大浪推[①]銀山。吾郎氣吞納，爲之髮衝冠。詩材入意匠[②]，妙斫[③]寄毫端。我衰如病驥，蹩躄那容攀？且[④]乞置是事，不語循刀鐶。

四

登山午未飯，已覺疲發脛。飢腸轉空雷，圓頂已三請。爲烹[⑤]玉龍雛[⑥]，咄嗟辦湯餅。顧非大檀越，勸勞久[⑦]逾敬。晚觴玉色醪，蘸甲梨[⑧]花瑩。浩歌不知疲，木杪挂飛鏡。人生行樂耳，那[⑨]能與時競？試語[⑩]芙蓉子，後會約君更。

五

環沙饒沃壤，農工敏鋤耰。青秧擁翠被，大堤蔽吴牛。漁商蠻獠雜，結屋桑柘幽。翁媪[⑪]顧相喜，占風知有秋。吾儕拙生事，腹果即無求。年豐預有托，一飽不難謀。鐘鼎固樂矣，其樂如是不？未可議鵬鷃，各[⑫]盡消摇[⑬]游。

---

① "推"，《永樂大典》作"堆"。

② "匠"，《全宋詩》《永樂大典》均作"底"。

③ "斫"，原作"斷"，據《[弘治]江陰縣志》《永樂大典》改。

④ "且"，原作"目"，據《[弘治]江陰縣志》《永樂大典》改。

⑤ "烹"，《永樂大典》作"享"。

⑥ "雛"，原字殘，據《[弘治]江陰縣志》《永樂大典》録。

⑦ "久"，原作"人"，據《[弘治]江陰縣志》《全宋詩》《永樂大典》改。

⑧ "梨"，《永樂大典》作"黎"。

⑨ "那"，《全宋詩》作"所"。

⑩ "語"，《全宋詩》《永樂大典》均作"與"。

⑪ "媪"，原作"娼"，據《[弘治]江陰縣志》改，《永樂大典》作"婦"。

⑫ "各"，《永樂大典》作"冬"。

⑬ "消摇"，《[弘治]江陰縣志》作"消遥"，《全宋詩》作"逍遥"。

浮遠堂

孫　覿

月墮山城曉[①]，沙寒水國秋。雲根拔地起，冰柱蹴天浮。紫翠分鼇嶺，青紅雜蜃樓。舟船[②]通萬里，城郭數三州，刺史馮熊貴，仙翁控鯉游。八龍追後騎[③]，五馬駐前騶。露舄[④]迎門鵲，風簾壓海牛。地偏餘勝踐[⑤]，山好對冥搜[⑥]。雨爲催詩至，雲應度曲留。歡呼領百罰，跌宕散千憂。顛倒青霞帔，淋漓紫綺[⑦]裘。誰鑱峴山石，千載記風流？

登兜率寺塔

蔣　静

擾擾人間世，稀逢物外游。獨將無盡意，一瞬白雲[⑧]頭。

游白龍山[⑨]

駐馬白龍潭[⑩]，拂石青松下。雲從潭底生，風向松枝灑。風雲

---

① “曉”，《全宋詩》卷一四八六作“小”。

② “船”，《全宋詩》作“航”。

③ “騎”，《全宋詩》作“駿”。

④ “舄”，原作“寫”，據《[弘治]江陰縣志》、《[嘉靖]江陰縣志》卷三《提封記第二下》、《全宋詩》、《鴻慶居士集》卷六改。

⑤ “踐”，《全宋詩》作“迹”。

⑥ “搜”，《全宋詩》作“收”。

⑦ “綺”，原作“騎”，據《[弘治]江陰縣志》《[嘉靖]江陰縣志》《全宋詩》改。

⑧ 原“雲”作小字，疑後補。

⑨ 此下二首作者名皆省，按《全宋詩》卷一〇七四當爲“蔣静”。

⑩ “潭”，《全宋詩》作“山”。

了無心，聊隨白龍化。勿謂雲風[1]擾，中舍閑暇者。

題毗山

四十年前掉臂游，寺庭荒落易悲秋。重來氣象渾[2]非昔，满院杉松[3]翠欲流。方外故人惟白骨，壁間陳迹獨銀鈎。青春秖[4]道堪行樂，獨倚僧窗萬斛愁。

宿毗山贈勤道人[5]

吕天策

毗山去城三十里，自有此山名在耳。冤哉自是境中人，老矣未能嘗屐齒。今朝作意揮馬策，借問征夫踏龍尾。崖深翠濕松竹[6]潤，寺老歲荒臺殿圮[7]。華鯨剥啄夜闌吼，鐵鳳翱翱[8]天半起。登臨敢訴足生胝？逋負頓償[9]心似洗。可憐此老慣迎客，不問何人即生喜。寶薰襲襲透花縵，霜月斜斜界窗紙。它[10]年它處應相憶，此會此生能有幾？欲識清涼掃地人，記取玉溪人姓李。

---

① “雲風”，《全宋詩》作“風雲”。

② “渾”，原作“津”，據《[弘治]江陰縣志》《[光緒]江陰縣志》《全宋詩》改。

③ “杉松”，《[光緒]江陰縣志》作“松杉”。

④ “秖”，《[弘治]江陰縣志》作“祇”。

⑤ “道人”，《毗山詩選・七言古》作“上人”。

⑥ “竹”，《[弘治]江陰縣志》《[崇禎]江陰縣志》均作“桂”。

⑦ “圮”，《[弘治]江陰縣志》作“地”。

⑧ “翱翱”，《[弘治]江陰縣志》作“翱翔”。

⑨ “償”，原作“賞”，據《[弘治]江陰縣志》改。

⑩ “它”，《[弘治]江陰縣志》作“他”。后同。

乾明院讓道人房，與朱仲潛探梅[①]

序云："城中梅，獨乾明院讓道人房數株，看花最早。"[②]

春工未付閑桃李，偏向梅花先着意。鉛華不御見[③]真色，香密[④]染衣冰琢蕊。舊游頗念秦郎子[⑤]序云："丁丑春，與高郵秦處度醉其下"，夢裹五年如歷指。叫呼連索酒澆春，尚想横瓶枕花底。今年梅侶更可[⑥]人，我狂罵坐初不嗔。風流端的美無度，携手錯疑君姓秦。往來百匝將重趼，鳥道縈盤對碧蘚。團枝凍蕊未全蘇，已見横斜照清淺。曉來霽色釀春風，金鬚漸吐香蒙茸[⑦]。開遲政恐有遺恨，未破君家宫錦紅。

洗心亭睡起偶題

蔣　靜

黄粱[⑧]未熟酒猶醲，一夢南柯事已空。水緑山青無限好，今來古去[⑨]不知窮。龍吟竹笛秋江面，雪糝蘆花夜月中。清景阿誰偏

---

① 此首作者名省，按《全宋詩》卷一三一七當爲"吕天策"。

② 此序《全宋詩》、《[弘治]江陰縣志》卷十一《僧寺》、《[嘉靖]江陰縣志》卷十九《外記第十三》無。

③ "見"，原作"是"，據《全宋詩》《[弘治]江陰縣志》《[嘉靖]江陰縣志》改。

④ "密"，《[弘治]江陰縣志》作"蜜"。

⑤ "子"，《全宋詩》作"中"。

⑥ "可"，《[嘉靖]江陰縣志》作"何"。

⑦ "茸"，原作"葺"，據《全宋詩》《[弘治]江陰縣志》《[嘉靖]江陰縣志》改。

⑧ "粱"，原作"梁"，《[弘治]江陰縣志》卷六《山川》同，據《[光緒]江陰縣志》卷二十七《藝文・詩》改。

⑨ "去"，《全宋詩》卷一〇七四、《[光緒]江陰縣志》均作"往"。

占得？白頭波上釣魚[①]翁。

題翠光亭時廢軍爲邑，公嘗寓于録參廳，其北臨流有亭曰“翠光”，今爲民居[②]

君山堆翠出危尖，練水浮光照短檐。夜鶴曉猿同冷淡，胡床麈[③]尾獨安恬。雲來晝棟休遮眼，月到澄潭[④]任透簾。還似棄官陶靖節，北窗高卧怕誰嫌？

題壽寧寺寶月老對青軒

莫疑狂筆浪題軒，一種靈根在目前。江月照時全體露，松風吹處妙音傳。高僧創置非徒爾，野老尋常對默然。山鳥却知人趨向，隔林長聽祖師禪。

登君山偶題

興來聊復鷲峰游，何啻樊籠得自由？未省冷風[⑤]乘禦寇，寧分蝴蝶[⑥]夢莊周。引吭清唳松稍鶴，插觜間眠[⑦]水上鷗。還似靈臺無事客，紅塵不挂一絲頭。

---

① “魚”，原作“漁”，據《［光緒］江陰縣志》改。

② 《全宋詩》題作“翠光亭”，無此小注，作者“蔣静”。

③ “麈”，原作“塵”，《［弘治］江陰縣志》卷一《官治》同，據《輿地紀勝》改。

④ “潭”，《全宋詩》、《輿地紀勝》卷九《江陰軍・景物下》作“溪”。

⑤ “冷風”，疑當作“泠風”，《莊子》卷一有“泠風則小和，飄風則大和”。

⑥ “蝶”，原作“蠂”，據《莊子》改。

⑦ “間眠”，疑當作“閑眠”，按《劍南詩稿》卷四十有“誰知老子閑眠處，恰是新寒細雨時”。

舟入江陰集句

林　震

踈踈蘆葦舊江天鄭谷,何處風光最可憐白居易?一帶樓臺擎曉月夏竦,萬株楊柳拂晴烟鄭文寶[①]。身閑暫覺塵埃遠李覯[②],道在寧憂雨露偏許渾?三頃湖田秋更熟許渾,濁醪麄飰任吾年杜甫。

觀山謁蔣叔明静、趙鄰叔汝翼二墳

葛勝仲

寒食觀山道,佳城隔壠分。趙公今不武,蔣老去修文。歌薤猶前日,栽松已插雲。生平各投分,素[③]酒薦蒿焄。

題君山洗心堂

僧[④]仲殊

潮[⑤]隨初日上烟沙,極望淮南不見涯。今日江東寒食節,春閑桃李自開花。

題莫城廟

鄭夷亮

晚唐藩鎮盛咸通,世襲江南割據雄。僭僞削平真主出,車書混

---

① “寶”,原作“實”,據《全宋詩》卷一三七、《[弘治]江陰縣志》、《[嘉靖]江陰縣志》卷二十一《遺文第十五》改。

② “李覯”,原作“李白”,據《吴興藝文補》卷四十七改。《[嘉靖]江陰縣志》卷二十一、《全宋詩》“李”字後闕。

③ “素”,《全宋詩》卷一三六五、《丹陽集》卷十九均作“絮”。

④ “僧”,《全宋詩》卷八三九作“釋”。

⑤ “潮”,《全宋詩》、《永樂大典》卷七二四〇《堂》作“朝”。

一普天同。想憑霸[1]氣偷安日，坐恃邊臣捍禦功。荒草莫城遺廟在，插雲喬木戰秋風。

題黄山高氏東庵

李　易

來赴東庵約，從容結勝游。停驂望空闊，載酒轉深幽。隐吏逢悔福，詩僧得惠休。山應笑吾黨，不爲白雲留。

胝澇田，題悟空寺[2]

陳剛中

既[3]陽古澤中，今歲仍大水。舟行民田中，一浪四十里。農夫相對泣，父子飢欲死。酷吏亦何心，誅求殊未已。豈緊竭膏血，直欲剥膚髓。哀此無告民，有生皆赤子。天灾自流行，助虐亦何理？我愧才術疎，陸陸佐小壘。熟視不能救，有泪空如灑。皇心念下民，惻怛形詔旨。丁寧既諄複，象魏幾黄紙。要須盡蠲除，仰稱德意美。人微言哉[4]棄，歸休從此始。

澄江八詠

袁　默

釣魚臺

將相寧有種？屠狗飯牛皆可用。富貴出長年，勿謂暮涂吾倒

---

① “霸”，《常郡八邑藝文志》卷十二作“伯”。

② 《[嘉靖]江陰縣志》題作“眂澇”，《全宋詩》卷一九〇二題作“視澇”。

③ “既”，《[弘治]江陰縣志》卷九《名宦・副貳》、《[嘉靖]江陰縣志》均作“暨”。

④ “哉”，《全宋詩》《[弘治]江陰縣志》《[嘉靖]江陰縣志》均作“或”。

行。先君太公望久矣，日老渭陽心以此。君臣相得漁獵間，永[①]清八表功名起。奠鼎扶周卜世長，洋津[②]齊封二千里。曹公黄祖[③]俱塵埃，至今猶有釣魚臺。苔侵石剥夕陽裏，衮衮寒江潮去來。

季子廟

巢由高風不可及，後世家邦皆子襲。東周不競諸侯强，中原未許干戈戢。修盟歃血血未乾，秋[④]草離離戰鬼泣。闔廬釋楚夫[⑤]概奔，公子糾[⑥]殺桓公入。兄弟之間寧固多，旦正衣冠暮成執。前規舊轍不遠人，嗚呼季子其肯立？吴民猶有德吴心，廟貌相望在封邑。懷古令人意慘悽，日落踈林風習習。

胥　湖

詩人畏讒賊，願以[⑦]投有北。一墮邪佞訐[⑧]，永使忠言塞。楚平納秦女，奢死尚不顧。君臣且苦兵，其那此子去。子胥初亡時，乞食心誰知？解劍贈漁父，脱身願吴歸。壯心不自釋，擊劍歌湖側。丈夫堅孝義，有如此水白。一朝雪大耻，高名垂後世。至今田畝間，猶識胥曾至。抑又聞闔廬病創歷苦語："毋忘勾踐殺汝父！"夫差一聽伯嚭讒，盡肉家邦啖狼虎。殺身樹子終柰何，邪佞害人如此多。懷王若念前龜鑒，不到三閭沉汨羅[⑨]。

---

① "永"，《[弘治]江陰縣志》卷六《古迹》、《全宋詩》卷七二五均作"廓"。

② "津"，《[嘉靖]江陰縣志》卷二《提封記第二上》、《全宋詩》均作"洋"。

③ "祖"，《[弘治]江陰縣志》《[嘉靖]江陰縣志》均作"相"。

④ "秋"，《全宋詩》作"稷"。

⑤ "夫"，原作"天"，據《[弘治]江陰縣志》卷二《壇祠》、《全宋詩》改。

⑥ "糾"，原作"糾"，據《全宋詩》改。

⑦ "以"，原作"少"，據《[弘治]江陰縣志》卷六《山川》、《[嘉靖]江陰縣志》改。

⑧ "訐"，《[弘治]江陰縣志》《[嘉靖]江陰縣志》均作"計"。

⑨ "汨羅"，原作"泊羅"，據《[弘治]江陰縣志》《[嘉靖]江陰縣志》改。

君　山

君不聞吹簫得仙雙帝子，宅門敕牌金書字？又不聞馬家堂宇色未昏，宅門題作鳳城[①]園？古來將相多高第，今不爲園即爲寺。吾觀黄歇相楚時，豈意異時真似此。晚周諸國勢相傾，齊趙信陵争下士。何術能令楚復强，三千賓客多珠履。一旦不謀母[②]望人，身亡家破神朱英。嗟乎養士謾如許，得失何異一老兵？吴墟索寞故城在，庭殿但聞鍾磬聲。猿哀鶴怨松風裏，遺恨江流終未平。

石女塚

君不見湘江不流湘水清，悲風愁雨能無情？靈妃寶瑟聲未絶，九嶷[③]雲鏁蒼梧深。又不見霸陵路入新豐道，顧念邯鄲意悽惱。夫人鼓瑟君爲歌，北山爲槨吾將老。古來死者不勝計，歷歷道邊[④]猶可記。人言梁女好鼓琴[⑤]，琴心未許人知意[⑥]。高山流水聲已虚，想像當時足幽思。九原可作誰與歸？秋風蕭蕭草凄凄，丘墟之下多狐狸。

秦望山

海上仙山望[⑦]凡絶，迢迢弱水不可涉。鳥膺[⑧]蜂準豈不知？長

---

① “鳳城”，《全宋詩》、《常郡八邑藝文志》卷十均作“奉誠”。

② 此處“母”字當通“毋”。

③ “嶷”，《全宋詩》《[嘉靖]江陰縣志》均作“疑”。

④ “邊”，《全宋詩》、《[弘治]江陰縣志》卷六《古迹》、《[嘉靖]江陰縣志》均作“傍”。

⑤ “琴”，《全宋詩》作“瑟”。

⑥ “意”，《[弘治]江陰縣志》作“音”。

⑦ “望”，《[弘治]江陰縣志》卷六《山川》、《全宋詩》均作“與”。

⑧ “鳥膺”，《全宋詩》、《[光緒]江陰縣志》卷二十七《藝文・詩》均作“鷙膺”，《[弘治]江陰縣志》、《[嘉靖]江陰縣志》卷三《提封記第二下》均作“鳥鷹”。

生不死心未滅。雄伯關中亦一時，并吞六國猶指揮。自矜功德愚黔黎，驅山塞海疑有之。吾聞盧生[1]言，辟惡真人至；又聞徐市言，蓬萊藥可恃[2]，願捕巨魚連弩[3]射！史遷記此不及彼，古老相傳恐真是。岷峨一夜失崔嵬，俄[4]耳山從蜀道來。嗟乎六丁汝狂斐，區區爲役長城鬼。

白龍洞

開元年中關輔旱，靈岳[5]神祠禱幾遍。少監馮生能畫龍，明皇命試新池殿。落筆蜿[6]蜒勢未已，素鬣冰鱗濕如洗。池波洶涌雷電驚，雲氣之間[7]白龍起。吾觀馮豈作霖人？畫龍能雨疑有神。深山大澤多窟穴[8]，不應杳眇不似真。澄江接海連[9]空白，泓深當是神龍宅。螭虬狡獪非其倫，河伯江妃敢驅役？霜鎖烟關晝不開，時傾膏雨蘇民灾。一爐香火動誠意，風馬雲車天際來。吾聞澤國多水患，淮甸地乾多苦旱。願均神力遍四方，無令水旱常相半。

盗　城

勝母不寓参，朝歌不留墨。初無實患禍，事以虚名得。蘭陵東

---

① “生”，原作“山”，據《［弘治］江陰縣志》《［光緒］江陰縣志》《全宋詩》改。

② “恃”，《［弘治］江陰縣志》《［嘉靖］江陰縣志》均作“得”，《全宋詩》《［光緒］江陰縣志》均作“致”。

③ “弩”，《［弘治］江陰縣志》《［嘉靖］江陰縣志》均作“努”。

④ “俄”，《全宋詩》《［嘉靖］江陰縣志》《［光緒］江陰縣志》均作“峨”。

⑤ “岳”，原作“兵”，據《［弘治］江陰縣志》、《［嘉靖］江陰縣志》卷三《提封記第二下》、《全宋詩》改。

⑥ “蜿”，《［弘治］江陰縣志》作“豌”。

⑦ “間”，《［弘治］江陰縣志》《［嘉靖］江陰縣志》《全宋詩》均作“門”。

⑧ “穴”，原作“宂”，據《［弘治］江陰縣志》《［嘉靖］江陰縣志》《全宋詩》改。

⑨ “連”，《［嘉靖］江陰縣志》作“運”。

鄒魯，昧此殊未識。盗跖昔横行，九州皆反側。嘗所休憩地，惡聲今未極。一夫肆無良，千載名以賊。儒生始發冢[1]，志氣不自力。一朝處富貴，養交偷禄食。此而不去[2]盗，吾故未免惑。當知跖死時，一笑無慚[3]色。至今荒城下，尚有狐兔匿。

重修朝宗門樓集句詩上王宰[4]

余　一[5]

兹城實佳麗温子昇，上與浮雲齊《文選·古詩》。回望川之陰沈約，津塗去不迷李白[6]。一旦起樓高百尺韋應物，城高跨樓滿金碧杜牧。朱門峨峨臨九衢韋應物，一片彩霞迎曉[7]日楊巨源。好奇賞俊賓[8]難逢韓退之，看此寧避雨與風韓退之？仍誇縣尹風騷客王禹偁，輿人一心成大功杜甫。應喜中原正無事杜光庭，出[9]爲蒼生作仙吏釋皎然。大賢爲政即多聞杜甫，不獨文章推國器王禹偁。立驅巇嶇壓波瀾沈彬，千古烟霞一望間孫何。江上晚來堪畫處鄭谷，丹青畫

---

① “冢”，《[崇禎]江陰縣志》卷七《詩》同，《[弘治]江陰縣志》《[嘉靖]江陰縣志》均作“家”。

② “去”，《[弘治]江陰縣志》卷六《古迹》、《[嘉靖]江陰縣志》卷二《提封記第二上》均作“云”。

③ “慚”，《[嘉靖]江陰縣志》作“漸”。

④ 《[弘治]江陰縣志》卷二《城池》題作“重修朝宗門樓集句上王宰”，《全宋詩》一九〇一題作“重修朝宗門樓集句呈王宰”。

⑤ “余一”，《輿地紀勝》《全宋詩》均作“余壹”，《[弘治]江陰縣志》作“俞壹”。

⑥ 詩見《全唐詩》卷一百一《秋晚度廢關》，作者李行言。

⑦ “曉”，《全唐詩》卷三百三十四作“曙”。

⑧ “賓”，《全唐詩》卷三百四十二作“直”。

⑨ “出”，《全唐詩》卷八百十六作“獨”。

出是君山李白。況乃烹鮮會嘉①客李頎②，樓③上重重歌吹發張籍。艷歌一曲酒一杯白居易，華筵百④戲呈初徹崔珏。樓中美人奪神仙顧況，輕身起舞紅燭前楊衡。須臾宴罷日將夕李紳，斷燼遺香裊翠烟李賀。四座少年君聽取白居易，太平時節難身遇杜甫。先生事業不可量韓退之，此中豈是久留處李白？且飲美酒登高樓李白，高視乾坤又何⑤愁杜甫？早晚北門下徵詔王禹偁，珮聲歸去⑥鳳池頭王維。

以上《[洪武]常州府志》卷十五《文章》徵引《江陰志》

其中楊蟠《朝宗門》又見《永樂大典》卷三五二七《門》徵引《江陰志》，裴若訥詩二首又分別見《輿地紀勝》卷五《平江府·詩》、卷九《江陰軍·詩》徵引《江陰志》

① “嘉”，《全唐詩》卷一百三十三作“佳”。

② 作者名原作“李順”，據《全宋詩》、《[嘉靖]江陰縣志》卷一《建置記第一》改。

③ “樓”，《全唐詩》卷三百八十二作“臺”。

④ “百”，《全宋詩》作“有”。

⑤ “何”，《全唐詩》卷二百二十作“可”，且注：“一作‘何’。”

⑥ “去”，《全唐詩》卷一百二十八作“向”，且注：“一作‘到’。”

卷第十

題詠下①

留　題

君　山

周　林

君山之在澄江，南接城邑，北距大江，山川雄偉，氣象炳靈，仙佛鬼神，往往來會。岳帝之祠居其麓，而寺峙其下。東風而雨，兩廡皆濕，惟西亦然；西之所暵②，東③廡皆暴，惟東亦然。予雖不熟於斯地，然而一至其處，步涉長廊，知有是憂。乃告長老，種松與柳。柳易成，三年而陰；松難老，三年而青。行立而間植之，易成者老，則難老者成矣。是三年之淹而獲百步之清，接乎千歲之姿也。子④與長老皆老矣，柳猶可待，松雖小，可守歲寒，當火急爲之。

① 此卷《題詠下》内容無從辨析，暫以“留題”“詞”“拾遺”録之。

② “暵”，疑當作“暵”。

③ “東”，疑當作“兩”。

④ “子”，疑當作“予”。

浮遠堂

羅　點

淳熙丁未九月既望，羅春伯率侯叔平以下共九人同登君山。[①]夕陽在波，帆影散亂，平淮千里，去雁無極，蒼然暮色，自遠而至。須臾，月出東山之上，陰翳如掃，江水湛然，與月相得。風露清美，如步鼇[②]背，不知猶在人間世也。以其境過清，不可久留，乃記之而去。

詞

水調歌頭浮遠堂作

仲　并

静練平千頃，華棟俯中流。凌晨畫戟來看，宿雨斷虹收。八九胸中雲夢，三千筆端風月，無處[③]快凝眸。笑詠一堂上，揮麈[④]氣横秋。　俯危欄，紅日下，暮雲[⑤]收[⑥]。無窮偉觀，秖應天意爲君謀。容我時醒時醉，獨泛微烟微雨，浩蕩逐輕鷗。不羨岳陽勝，丹碧聳層樓。

---

① 此句《明詩綜》卷七十二作“羅春伯點題名云：淳熙，丁未九月既望，同侯叔平等九人登君山”。

② 原字下半作“龜”。

③ 原“處”作小字，疑後補。

④ “麈”，《浮山集》卷三作“麈”。

⑤ 原“雲”作小字，疑後補。

⑥ “收”，《浮山集》作“稠”。

念奴嬌

前　人[①]

練江風静，卧冰奩，百尺朱欄飛入。江遠浮天，天在水，水滿半天雲濕。百鳥鳴邊，青山斷處，眼冷江頭立。月明潮上，葦間漁唱聲急。　　幾度吹老蘋花，野香無數，欲寄應難及。天借詩人供醉眼，樽[②]俎一時收拾。竹裏行厨，花間步幛[③]，風雨生呼吸。酒闌歌罷，釣船先具蓑笠。

以上《[洪武]常州府志》卷十五《文章》徵引《江陰志》

拾　遺

庾亮遁海

晋庾亮自陳："祖約[④]、蘇峻，縱肆凶逆，罪由臣發。"欲遁逃山海，自暨陽東出。詔有司録奪舟船，亮乃求外鎮自效。

鄒待徵妻

唐《李華集》載："武康尉薄自牧嘗謂余曰：'僕有一[⑤]賢女，適

① "前人"，即"仲并"，見《[弘治]江陰縣志》卷六《山川》、《浮山集》、《全宋詞》册二。

② "樽"，《浮山集》《全宋詞》均作"尊"。

③ "幛"，《浮山集》《全宋詞》均作"障"。

④ "約"，原作"紛"，據《[弘治]江陰縣志》卷十四《遺事》、《晋書》卷七十三《列傳第四十三》、《資治通鑑》卷九十四《晋紀十六》改。

⑤ "一"字，《李遐叔文集》卷一《哀節婦賦并序》無。

江陰尉鄒待徵，亦[1]良士。僕先老[2]矣，鄒子孤立，時無古人，誰復知之？'余常記其言。及江左之亂，待徵解印竄匿，其妻爲盜所驅，將辱之。妻密以待徵官誥，托[3]村媪尋待徵付焉，而後就死。嗚呼！自喪亂以來，士女以貞烈斃踣[4]者衆矣，余不盡知[5]。薄[6]氏者，與其父游，聞其聲義動[7]江南，又焉得不賦！名曰《哀節婦》[8]：

昔歲隨[9]盜并起，横行海浙。江陰萬户，化爲凝血。無石[10]不焚，無玉不折。峨峨薄媛，迥然名節[11]。自牧之子，鄒徵之妻。玉德蘭姿，女之英兮。鄒也避禍，伏於榛莽。婉如之賓[12]，執爲囚虜[13]。匍匐泥沙，極望無睹[14]。出授官之誥[15]，托垂白之姥。姥感夫人，爰達鄒君。兵解求屍，在於[16]江濆[17]。哀風起爲連波，痛[18]氣結

① 《李遐叔文集》"亦"之前有"徵"字。

② "先老"，《李遐叔文集》作"志之"。

③ 《李遐叔文集》"托"之後有"付"字。

④ "斃踣"，《李遐叔文集》作"殆斃"。

⑤ 《李遐叔文集》"知"之後有"之"字。

⑥ 《李遐叔文集》"薄"之前有"若"字。

⑦ 《李遐叔文集》"動"之後有"於"字。

⑧ "名曰《哀節婦》"，《李遐叔文集》作"命曰《哀節婦賦》云爾"。

⑨ "隨"，《李遐叔文集》作"群"。

⑩ "石"，《李遐叔文集》作"蘭"。

⑪ "迥然名節"，《李遐叔文集》作"淵然明節"。

⑫ "賓"，《李遐叔文集》作"嬪"。

⑬ "虜"，原作"膚"，據《李遐叔文集》改。

⑭ "睹"，《李遐叔文集》作"睹"。

⑮ "誥"，《李遐叔文集》作"告"。

⑯ "在於"，《李遐叔文集》作"宛在"。

⑰ "濆"，《李遐叔文集》作"潰"。

⑱ "痛"，《李遐叔文集》作"病"。

爲孤雲。鳧雁爲之哀鳴，日月爲之蒙昏。端標①移景而恒直，勁芳貫霜而獨②存。知子莫若父，誠哉長者之③言。"

趙决疑獄

唐咸通初，有趙和者任江陰令，以片④折獄著聲。楚州淮陰有農，爲西隣不認贖契錢八百緡，州縣不能直，越江南⑤訴，事乃得明⑥。見和巇⑦《疑獄集》。

張藴授江陰令牒

前攝蘇州長洲縣令、文林郎、前守洪州都⑧督府參軍張藴牒奉處分：宰千里之邑，寄百里之命。巽懦則絲棼繩亂，用剛則土曠民離。苟得適中，庶幾可守。前件官，窮經任己，明吏藩身。御札承制，正授常州江陰縣令。表次録奏，仍牒舉者。乃唐天復三年也。

葛延之見東坡

《韻語陽秋》云：東坡在儋耳，時余三從兄諱延之，自江陰擔簦

---

① "標"，《李遐叔文集》作"表"。

② "獨"，《[弘治]江陰縣志》卷八《列女》作"猶"。

③ "之"字，《李遐叔文集》無。

④ 本書卷第十三《江陰續志・郡守》"趙和"條徵引《江陰續志》、《[弘治]江陰縣志》卷九《名宦・守令》，"片"之後有"言"字。

⑤ "南"，"趙和"條、《[嘉靖]江陰縣志》卷十六《列傳第十二上》均作"來"。

⑥ "事乃得明"，下文作"事乃明"，《[嘉靖]江陰縣志》作"乃得白"。

⑦ "和巇"，疑當作"和凝"，《[嘉靖]江陰縣志》作"和巘"。

⑧ "都"字，《[嘉靖]江陰縣志》卷二十一《遺文第十五》、《[成化]重修毗陵志》卷四十《摭疑》均無。

萬里，絶海往見。留一月，坡誨[①]以作文之法。以親製龜冠爲獻，坡受之，而贈以詩云："南海神龜三千歲，兆叶朋從生慶[②]喜。智能周物不周身，未免人鑽七十二。誰能用爾作小冠，岣嶁耳孫創其製。今君此去寧[③]復來？欲慰相思時整視[④]。"今《集》中無此詩，余嘗見其親筆。

河魨[⑤]

葉少蘊《石林詩話》云："歐陽文忠公記梅聖俞《河魨》詩'春洲生荻芽，春岸飛楊花'，破題兩句，便道盡河[⑥]魨好處，謂河魨出於暮春，食柳絮而肥，不然。今浙人食河豚，始於上元前，江陰最先得。方出時，一尾[⑦]直千錢，然不多得，非富人大家預以金啖漁人，未易致。二月後，日益多，一尾才百錢耳。柳絮時人已不食，謂之'班[⑧]子'，或言其腹[⑨]中生蟲，故惡之，江西人始得食。公吉州人，所知者江西事也。"

---

① "誨"，原作"海"，據《韻語陽秋》卷三改。

② "慶"，《韻語陽秋》作"愛"。

③ "寧"，《[弘治]江陰縣志》卷十四《遺事》作"能"。

④ "視"，《韻語陽秋》作"轡"。

⑤ "河魨"，原作"何魨"，據《[弘治]江陰縣志》卷十四《遺事》、《[成化]重修毗陵志》卷四十《摭疑》改，《石林詩話》卷上作"河豚"。下同。

⑥ "河"，原作"何"，據《[弘治]江陰縣志》《[成化]重修毗陵志》《石林詩話》改。

⑦ 《石林詩話》"尾"之後有"至"字。

⑧ "班"，《[弘治]江陰縣志》作"斑"。

⑨ "腹"，原作"復"，據《[弘治]江陰縣志》改。

明月丹

沈存中《内翰良方》云："江陰萬融病勞[①]，四肢[②]如焚，垂困。一夜，夢人[③]腹擁一月，大如盤，明爛不可正視，逼人心骨皆寒，已而悸悟[④]。俄有一[⑤]人扣[⑥]關，乃威愍孫元規使人遺之藥，服之遂差。問其名，則明月丹也。始悟向之所夢。"

以上《[洪武]常州府志》卷十五《文章》徵引《江陰志》

① "勞"，《蘇沈良方》卷五《明月丹》作"瘵"。

② "肢"，《[弘治]江陰縣志》卷十四《遺事》、《[成化]重修毗陵志》卷四十《摭疑》均同，《蘇沈良方》作"體"。

③ "人"，《[弘治]江陰縣志》《[成化]重修毗陵志》均同，《蘇沈良方》作"神"。

④ "悟"，《[弘治]江陰縣志》《[成化]重修毗陵志》均作"寤"，《蘇沈良方》作"寤"。

⑤ "一"字，《蘇沈良方》無。

⑥ "扣"，《蘇沈良方》同，《[弘治]江陰縣志》《[成化]重修毗陵志》均作"叩"。

卷第十一

題　詠紹定續添

過季子廟

曹　確①

人間不記吴王事，江上今存季子宫。壞壁亂飄青蘚雨，破檐時蕩白榆風。衣冠何處埋春草，鷄酒長年任野翁。下馬一看思舊德，浮名應與暮雲空。

夏港僧舍

魏了翁

迅商呼不來，午汗如翻漿。道人空萬緣，解后贊公房。虚室②千世界，圓蒲③一鉢囊。碧雲護兜率，白日照④普光。蕭蕭蘆葦中，着花⑤清净坊。鑒師從西來，一喝登慈航。唾手舉惠⑥刃，斫⑦斷煩

① 作者原闕，據《[弘治]江陰縣志》卷二《壇祠》、《[嘉靖]江陰縣志》卷八《秩祀記第六》補。

② "室"，《常郡八邑藝文志》卷九作"空"。

③ "蒲"，《[嘉靖]江陰縣志》卷十九《外記第十三》作"滿"。

④ "照"，《常郡八邑藝文志》作"耀"。

⑤ "花"，《全宋詩》卷二九三七、《常郡八邑藝文志》、《[嘉靖]江陰縣志》均作"此"。

⑥ "惠"，《[嘉靖]江陰縣志》作"慧"。

⑦ "斫"，原作"听"，據《全宋詩》《常郡八邑藝文志》改。

惱繮。邀我供煮餅，心地陟[1]清凉。官焙破蒼璧[2]，桃笙漲寒江。從師問究竟，室西照殘陽。

又[3]

許 奕[4]

暑秋風裝懷[5]，如病渴得漿。緑英解人意，招我眠僧房。京華飽塵夢，不到古錦囊。出門天地寬，弄此山水光。翛然三間茅，如坐七寶坊。短檐接烟稻，疎籬度飛航。須臾海潮急，萬馬不受繮。壯心八[6]極表，却扇坐晚凉。峨眉秀連娟，萬里同一江。欲駕海雲去，小窗轉斜陽。

又

吴漢英

我聞盛刹名，望梅止渴漿。荆棘昔未斬，苔蘚對古房。一朝化金碧，立見如錐囊。張公履聲在，繼此誰有光？二賢聯翩來，小憩此華坊。鄉情無浪語，趺坐齋一航。是時熱如焚，僕馬倦游繮。地偏不受暑，晚凈同納凉。文藻相發揮，陸海與[7]潘江。休便乘槎去，萬里傾太陽。

---

① “陟”，《全宋詩》卷二九三七、《常郡八邑藝文志》均作“陡”。

② “璧”，《[嘉靖]江陰縣志》作“壁”。

③ 《[弘治]江陰縣志》卷十一《僧寺》、《常郡八邑藝文志》卷九均題作“夏港僧舍次魏了翁韻”。

④ 作者原闕，據《[弘治]江陰縣志》《常郡八邑藝文志》補。

⑤ “裝懷”，《[弘治]江陰縣志》《常郡八邑藝文志》均作“觸懷”。

⑥ “八”，原作“人”，據《[弘治]江陰縣志》《常郡八邑藝文志》改。

⑦ 原“與”作小字，疑後補。

白龍寺[1]

徐　絅

萬木梢頭見塔尖，道人於此卜幽潛。深林六月風敲竹，古寺三月更入簾[2]。天旱蛟龍藏窟宅，水枯魚鱉露鬚髯。我來赤日祈甘雨，卧聽蕭蕭瀉屋檐。

又

靳更生

不怯山寒風力尖，要登絶頂看龍潛。翬飛傑閣雲穿棟，静鎮禪關月满簾。踏破松蘿容極目，嘯驚岩壑快軒髯。我來嘿[3]印無邊義，寄與孤鈴語夜檐。

善利泉

吴漢英

幾年泉服[4]翳柴荆，鑿石疏通鏡面清。縱使崖枯常不竭[5]，從教雨集弗加盈。支分沃壤霑餘潤，小憩行人解渴酲[6]。到處有山惟欠水，何如水秀更山明？

---

① 《常郡八邑藝文志》卷十二題作"白龍寺祈雨"。

② "簾"，《全宋詩》卷二七八五、《[嘉靖]江陰縣志》卷十九《外記第十三》作"奩"。

③ "嘿"，《全宋詩》卷三一〇三作"默"。

④ "服"，《[崇禎]江陰縣志》卷七《詩》作"眼"。

⑤ "竭"，《[崇禎]江陰縣志》作"竭"。

⑥ "酲"，《[崇禎]江陰縣志》作"酲"。

虎跑泉

楊端叔

蒼髯白甲深山龍，山門高高龍所宫。青[1]苔夭矯絶可喜，满地狼藉[2]抛頑銅。於菟殷勤相[3]供養，道人回施無盡藏。匏樽一滴到㴴泓，灘聲浩浩西山漲。

雙檜堂·浣溪沙[4]

樓　鍔

夏半陽烏景最長，小池不斷藕花香。電影霆[5]聲催急雨[6]，十分涼。　　芡[7]剥明珠隨意嚼，瓜開瑩[8]玉趁時嘗。雙檜堂深新釀好，且傳觴。

梅　亭元係梅林

錢　厚

東風吹雨雨吹花，洗却陰沉放月華。俗眼總嫌梅太白，嫦娥勾

---

① “青”，《[嘉靖]江陰縣志》卷二《提封記第二上》作“清”。

② “藉”，《[嘉靖]江陰縣志》、《[成化]重修毗陵志》卷十九《山川三·泉》均作“籍”。

③ “相”，《[嘉靖]江陰縣志》、《[成化]重修毗陵志》、《全宋詩》卷三〇八五均作“水”。

④ 原“浣溪沙”爲小字。按習慣順序，疑當作“浣溪沙·雙桧堂”。

⑤ “霆”，《全宋詞》册三作“雷”。

⑥ “急雨”，《[嘉靖]江陰縣志》卷一《建置記第一》作“雨急”。

⑦ “芡”，原作“茨”，據《[嘉靖]江陰縣志》改。

⑧ “開瑩”，《全宋詞》作“分瓊”。

引莫雲遮。雲濃更欲催詩句，風急花飛留不住。史[1]君喚客早平[2]章，趁渠未點蒼苔路。吹薌華榜扁佳名，説與梅花不肯聽。何人最識吹薌意？風在[3]林端月在庭。[4] 夜闌留月遲春酌，生怕樓頭吹畫角。更推銀蠟上寒梢[5]，冷灩燒春春味覺。燭光炯炯花冥冥，花前醉倒喚不醒。南枝自與北枝語，入[6]夜詩工眼倍清。

寬民堂有記，見“寬民堂”

顔耆仲

聖訓昭垂本至仁，此堂取義立名新。通商有道能徠遠，計利無心蓋爲民。寬賜一分皆德意，奉行兩字屬微臣。年年寶貨千艘[7]集，好是熙臺到處春。

喜雨軒

顔耆仲

六月炎炎苦旱灾，斯民何罪守非材。爐烟未斷濃雲合，神物潛驅好雨來。苗槁復蘇青易見，鬢愁雖喜白難回。也知慰我三農望，膏澤應須遍九垓。

---

① “史”，《[弘治]江陰縣志》卷一《官治》、《全宋詩》卷二八一二均作“使”。

② “平”，《[弘治]江陰縣志》《全宋詩》均作“評”。

③ 原“在”作小字，疑後補。

④ “吹薌華榜……月在庭”句，《[弘治]江陰縣志》《全宋詩》均無。

⑤ “梢”，原作“稍”，據《[弘治]江陰縣志》《[嘉靖]江陰縣志》改。

⑥ “入”，《[弘治]江陰縣志》《[嘉靖]江陰縣志》《全宋詩》均作“今”。

⑦ “艘”，《[嘉靖]江陰縣志》卷一《建置記第一》、《全宋詩》卷三一六二均作“般”。

送八行吴君名範，見《人物》門

蔣　静

送朝八行許誰參？今日賓興衆所甘。佳士果然空冀北，盛時無復滯周南。離亭揖客風吹袂，去棹燃犀月在潭。孰謂九重尊有德？芝眉格盡世間貪。

題耿氏温凊堂兄名軫，弟名角

上官均

遠山終日自清輝，縹緲喬林野氣微。秋菊已開陶氏[①]徑，春風好舞老萊衣。溪頭釣艇資閑興，松下歸禽伴息機。吟倚醉登堪自尉[②]，不須悵望白雲飛。

满中行[③]

密牖踈櫺次第施，却寒清[④]暑兩相宜。維[⑤]知堂上雙親樂，不覺人間四序移。美酒先春和氣满，茂林亭午緑陰垂。閑居就養如君少，無負南陔孝子詩。

以上《[洪武]常州府志》卷十五《文章》徵引《江陰志》

---

① “氏”，《[崇禎]江陰縣志》、《[道光]江陰縣志》卷二十六《詩》、《[光緒]江陰縣志》、《全宋詩》卷八七八均作“令”。

② “尉”，《[崇禎]江陰縣志》《[道光]江陰縣志》《[光緒]江陰縣志》《全宋詩》均作“慰”。

③ 題名原省，《全宋詩》卷一〇六九作“題耿氏温凊堂”，《[道光]江陰縣志》《[光緒]江陰縣志》均作“前題”。

④ “清”，《[道光]江陰縣志》《[光緒]江陰縣志》《全宋詩》同，疑當作“凊”。

⑤ “維”，《[道光]江陰縣志》《[光緒]江陰縣志》《全宋詩》均作“惟”。

漾花池以下紹定壬辰添入

徐　蕆

咽咽聲殘吐水龍，玉爐烟斷寶樽空。窗前盡日無人到，只有荷花满意紅。

雪　窗[①]

張孝伯徐守增

先生元是山中客，僅得[②]楊雄一區宅。窮冬十月[③]不出門，群玉峰前看三白。誰將名字落人間？丹陛入對天開顔。江城作牧多暇日，猶有餘力窮躋攀。膏肓[④]不除泉石念，勝處何如眼中見。四時[⑤]風月豈無情？要是歲寒心不變。晴檐初晃雲母光，庭中已休雁鶩行。玲龍[⑥]元不礙達觀，下視萬物俱清凉。見《篔素集》。

丘　峦[⑦]

洞門陰陰無俗客，樓觀清雄史[⑧]君宅。晴窗妙墨粲[⑨]銀鈎，要此[⑩]粉闈冬夏白。秀將嵩少只檐間，恍如積靄觀商顔。藍田塞關

---

① 《全宋詩》卷二五五〇有注："閣名，在軍治正衙。"

② "得"，《[弘治]江陰縣志》卷一《官治》作"能"。

③ "月"，《[弘治]江陰縣志》、《[嘉靖]江陰縣志》卷一《建置記第一》、《全宋詩》均作"日"。

④ "肓"，原作"育"，據《[弘治]江陰縣志》《[嘉靖]江陰縣志》《全宋詩》改。

⑤ "時"，《[弘治]江陰縣志》《[嘉靖]江陰縣志》《全宋詩》均作"明"。

⑥ "龍"，《[弘治]江陰縣志》《[嘉靖]江陰縣志》《全宋詩》均作"瓏"。

⑦ 題名原省，《全宋詩》卷二五〇一作"和張孝伯雪窗詩韻"。"峦"，原作"崇"，據下文改。

⑧ "史"，《全宋詩》、《江上詩鈔》卷二均作"使"。

⑨ "粲"，《全宋詩》《江上詩鈔》均作"燦"。

⑩ "此"，《全宋詩》《江上詩鈔》均作"比"。

底足異，城陽郡樓那可攀？窗中四時同一念，不作寒温顛倒見。試看炎蒸定有無，始知此景無遷變。都城畏日騰朝光，趑趄奔競車馬行。靦面内熱者誰子？來此爲卿心骨凉。見《文定集》。

清孝里

林　庚

皛皛錫山昏，人家半掩門。虹横秋木杪，鵠卧雪蘆根。表立飛來鶴，香留仙去魂。日高風力雋，一雁過前村。

冰玉堂

柳凹放出一山來，堂闞秋壺恰剪裁。門冷和他公事少，吟清添我宦情灰。非無景物皆予棄[1]，只許梅花帶雪開[2]。泉石相輝忻自賀[3]，不知省得幾塵埃？

季子廟

史寯之

千載江濱季子宫，聯鑣款謁驟西風。清名長逐秋潮壯，遺迹應隨夕照空。管領物華輸酒聖，平章古意屬詩翁。想[4]君岸幘風塵表，笑我埋頭雁鶩中。

---

① "予棄"，《[弘治]江陰縣志》、《[嘉靖]江陰縣志》、《全宋詩》卷三一六五均作"天與"。

② "雪開"二字原殘，據《[弘治]江陰縣志》《[嘉靖]江陰縣志》録。

③ "賀"，《[弘治]江陰縣志》《[嘉靖]江陰縣志》《全宋詩》均作"賞"。

④ "翁想"二字原殘，據《[弘治]江陰縣志》《[嘉靖]江陰縣志》《全宋詩》録。

君　山

石祖文

遠爾[①]朝宗勢拱辰，名高豈特爲春申？孤峰堆阜無多地，一水仙凡隔幾塵？簪履三千誰念楚？山河百二謾[②]誇秦。雲烟勝概無今古，俯仰休悲迹已陳。

季子墓宫[③]

劉子寰

金書大帝爲祠額，土塑胡姬舞柘枝。華表鶴歸應一笑，後來禮樂遂如斯。

又

一上祠宫酹白雲，始知蠻觸[④]浪紛紛。有吴何代無陵墓？萬世唯[⑤]知季子墳。

朝宗門

石祖文

樓閣峥嶸古壘門，日隨潮汐謹晨昏。奠川禹績勤溝洫，學海雄詞識本源。演迆衆流唯北拱，委蛇萬折肯西奔？時人有問朝宗義，

---

① “爾”，《［光緒］江陰縣志》卷二十七《藝文・詩》、《全宋詩》卷三二六五均作“邇”。

② “謾”，《［光緒］江陰縣志》《全宋詩》均作“漫”。

③ 《［弘治］江陰縣志》卷二《壇祠》題作“季子墓詩”。

④ “觸”，原作“觸”，據《［弘治］江陰縣志》卷六《山川》、《［嘉靖］江陰縣志》卷八《秩祀記第六》改。

⑤ “唯”，《［弘治］江陰縣志》《［嘉靖］江陰縣志》均作“惟”。

落筆詩成不待言。

季子廟

石祖文

夫子南游不到吴，殷廛題墓①寄嗟吁。干戈擾擾憐諸夏，季子流風過耳無。隱公攝魯猶称遜，重耳辭秦亦謂仁。勇决抽身非矯僞，延陵千古獨精神。

浮遠堂題詠紹定新入

君阜②爲暨陽主山，前直軍治，浮屠峙其上，堂曰"浮遠"，乃登覽佳處，久爲林薄障翳。太守顔君，暇日領賓佐觴詠其間，悠然四顧③，心與景會，亟命撤去之。展放空闊，浩無邊涯，於是一新檐楹，施以藻繪，千古江山，倏改舊觀。乃知天地間雄圖勝概，在在有之。匠奇闡幽，必待具眼。堂下草莽，尚欠剪除。太守④史君，布以磚石，縈以欄檻，尤便臨眺。前後題詠甚富，刊于左方。

水　調鄂渚憶浮遠⑤

丘　宻

彩艦⑥駕飛鷁，帆影漾江鄉。葩梅天氣，一聲横玉换新陽。驚起沙汀鷗鷺，點破暮天寒碧，極目楚天⑦長。一抹殘霞外，雲斷水

① "墓"，《[弘治]江陰縣志》作"識"。

② "阜"，《[弘治]江陰縣志》卷六《山川》作"山"。

③ "四顧"二字原殘，據《[弘治]江陰縣志》録。

④ "太守"二字原殘，據《[弘治]江陰縣志》録。

⑤ 《[弘治]江陰縣志》、《[嘉靖]江陰縣志》卷三《提封記第二下》均無題注。

⑥ "艦"，《[嘉靖]江陰縣志》作"鑑"。

⑦ "天"，《[嘉靖]江陰縣志》作"山"。

茫茫。　　泝清風，歌白雪，和滄浪。枕流亭館，昔年行[①]處半荒涼。我欲驂風游戲，收拾烟波佳景，一一付詞章。聞説洞天好，何處水中央？

題壁

樓　鑰

紹興庚辰之春，賜進士第于集英殿。四明樓鑰與錫山周君夢若，吴興周君祐，澄江何君武仲、吕君棐、耿君秉及曹君椝、機、嶧預焉。淳熙辛丑，鑰假守澄江，而吴興周君分教軍[②]頖，錫山周君惠然過之，何君需次里社，遂載酒於君山之巔，以叙同年之好。前瞻大江，波濤千里，却顧平野，二麥如雲。春夏之交，風日殊美。時耿君以麾蓋鎮桐川，吕有憂制，皆致饋焉，三曹君恨即世久矣。閏三月二十日，鑰敬書於浮遠堂。

詩

解褐彤庭二十年，集英猶憶聽臚傳。半生游宦知何謂？一旦逢迎豈偶然。春入桃江供遠[③]眺，秋歸麥隴[④]動炊烟。百杯聊試鯨吞量，鐘鼎功名更勉旃。

丘　宻[⑤]

西來江水浮天遠，卧看飛鴻入杳冥。雲過有山皆點點，潮迴無

① “行”，《［嘉靖］江陰縣志》作“何”。

② “軍”，原作“君”，據《［崇禎］江陰縣志》卷七《詩》改。

③ “供遠”二字原殘，據《［崇禎］江陰縣志》録。

④ “隴”，《［崇禎］江陰縣志》作“壠”。

⑤ 題名原省，《全宋詩》卷二五〇一作“浮遠堂”。

池忽[1]青青。風光浩蕩連淮海，氣象高寒轉[2]日星。形勢不禁東望眼[3]，敔頭[4]如黛涕先零。敔山，以先塋在焉。[5]

丘　宻[6]

已作垂垂雨，相爲澹澹陰。吾徒一笑粲，造物用功深。跬步西山勝，終年梁甫吟。年來賞心處，徒得與君臨。

水　調[7]

一葉下林表，秋色滿衡[8]皋。江風吹雨初過，天宇一何高。蠟屐遥[9]來堂上，倚仗翛然長嘯，萬里看雲[10]濤。逸興浩無際，安得駕靈鰲[11]？　嘆吾生，天地裏，一秋毫。江山如傳，古來閲盡幾英豪？回首只今何在，舉目依然風景，此意屬吾曹。欲去重惆悵，松逕[12]冷蕭騷。

徐　向

浮遠堂之北，江山直下觀。誰言天地窄？勝覺水雲寬。風急

---

① "忽"，《江上詩鈔》卷二、《全宋詩》均作"不"。

② "轉"，《江上詩鈔》《全宋詩》均作"近"。

③ 此句《江上詩鈔》《全宋詩》均作"醉裏不禁頻極目"。

④ "頭"，《江上詩鈔》《全宋詩》均作"峰"。

⑤ 此注《江上詩鈔》作"自注敔山先塋在焉"。"塋"，原作"瑩"，據《[弘治]江陰縣志》《江上詩鈔》《全宋詩》改。

⑥ 題名原省，《江上詩鈔》題作"浮遠堂"。

⑦ 《全宋詞》册三題作"又"，并注："秋日登浮遠堂作。"

⑧ "衡"，《全宋詞》作"蘅"。

⑨ "遥"，《全宋詞》作"徑"。

⑩ "雲"字原闕，據《[弘治]江陰縣志》《全宋詞》補。

⑪ 原字下半作"龜"。

⑫ "逕"，《[弘治]江陰縣志》《[崇禎]江陰縣志》均作"徑"。

千帆飽，壺清一島寒。鯨魚如可釣，於此試投竿。

錢　厚

天闊江宜向，何年漲遠洲？風沙迷望眼，烟樹界中流。詩興供難盡，歸心挽不留。潮聲本無競，風葉自鳴秋。

水　調

吴博古

畫棟倚空闊，雪浪截天流。北連楚尾，南控吴咮[①]勢兼收。雲夢游吞八九，領略皆歸几席，一望快人眸。登賞適中夏，致爽已先秋。　個中景，何所似？似羅浮。江山幽勝神物，留待史君謀。誰識江[②]洋萬頃[③]，全似胸中佳趣，機静不驚鷗。休詠滕王閣，莫賦仲宣樓。

王　寧[④]

久去鄉關始一來，竹輿行樂亦佳哉。還尋童子釣游處，又趁史君旌騎[⑤]迴。風物於人隨意好，江山如畫得天開[⑥]。向來紀勝歸名筆，喜爲重鑱置石崖。

方萬里

淮淛平分一水間，開林陡見八溟寬。江山曾識三千客，風月重

① “咮”，原作“味”，據《[崇禎]江陰縣志》、《[康熙]江陰縣志》卷二十一《内集詩》改。

② “江”，《[崇禎]江陰縣志》《[康熙]江陰縣志》均作“汪”。

③ “頃”，原字殘，據《[崇禎]江陰縣志》《[康熙]江陰縣志》録。

④ 題名原省，《全宋詩》卷二五二一、《宋詩紀事》卷五十三作“和樓守浮遠堂留題”，《江上詩鈔》卷二作“浮遠堂”。

⑤ “旌騎”，《全宋詩》同，《江上詩鈔》作“車騎”，《[康熙]江陰縣志》作“旌旗”。

⑥ “開”，原字殘，據《全宋詩》録。

歸十二欄。天迥不知身世窄，境清翻覺骨毛寒。楚帆切莫貪程急，潮水未平行路難。

蔣亨叔

登高來倚舊欄干，眼界今朝百倍寬。盡剖藩籬無障礙，飽看雲水共瀰漫。酒腸豪放欺杯物，詩料縱横到筆端。壯觀人間知有幾？莫因懷古動悲酸。

念奴嬌

蔡端誼

對江長嘯，洗胸襟、空洞了無凡物。匹馬又行，回望處、周轉孤松絶壁。天地浮漚，時光一瞬，世事風花雪。登高欲賦，恨無屈宋才傑。　　興盡海吸鯨吞，百杯渾不醉，眼花[1]猶發。千里長淮，波浩蕩、閃閃白鷗明滅。浪静風平，清光如鏡净，可覰眉髮。謫仙何在？依然今夜明月。和丘文定。

李　沭[2]

今日東山裏，春林入翠陰。山隨人意好，紅帶酒杯深。一醉難爲惜，斯游可廢吟。便應朝闕去，莫忘此登臨。

徐　綗

君山磊落壓晴江，上到山頭思岳陽。歸目盡隨秋雁遠，落霞不斷暮天長。半空霧散千山碧，萬里風來六月涼。剗却沙洲應更好，月明來此看寒光。

吴漢英

天險東南限此江，支分暨水北爲陽。孤山不動嬰潮怒，客艇飛

① “花”，《[弘治]江陰縣志》作“光”。

② “沭”，疑當作“沐”，按《[洪武]常州府志》卷十《宦迹》徵引《江陰志》有“李沐修職郎”。

來説路長。遠[①]外烟雲如出没，座[②]中頃刻變[③]炎涼。裴回頓覺塵纓絆，一曲滄浪酧[④]月光。

朝中措

閭丘次杲

横江一抹是平沙，沙上幾千家。到得人家盡處，依然水接天涯。　　危欄送目，翩翩去鷁，點點歸鴉。漁唱不知何處，多應只傍[⑤]蘆花。

張　銜

未[⑥]許歸心動故林，江山勝處且登臨。更無纖翳礙空曠，時有孤帆破净深。酒富可供開口笑，詩豪肯使掉頭吟？飽將風物羅胸次，呵護平時耿耿心。

錢　厚

重來吊古倦登臨，風挾驚濤動壯心。暮靄不知天遠近，閑雲休礙月升沉。自分南北同天壤，誰似江淮識古今？亦有孤山中屹立，可能終始少知音。

又踏君山路，來驅陌上塵。江仍舊時面，我是去年人。愛聽松聲古，休催柳色新。片雲銜落日，梅與月争春。[⑦]

---

① “遠”，《全宋詩》卷二五九〇作“檻”。

② “座”，《全宋詩》作“坐”。

③ “刻變”二字原殘，據《[光緒]江陰縣志》録。

④ “酧”，《全宋詩》作“酬”。

⑤ “傍”，《[弘治]江陰縣志》卷六《山川》、《[嘉靖]江陰縣志》卷三《提封記下第二下》均作“在”。

⑥ “未”，《[崇禎]江陰縣志》卷七《詩》作“幾”。

⑦ 《[光緒]江陰縣志》卷二十七《藝文·詩》題作“山亭”，署名“錢厚”。

吴　竽①

生平豪氣老難降，南北中分嘆此江。多病能消山屐幾？清游幸尾使旌雙。天連遠水碧千里，雲護夕陽紅半窗。繾綣主人留客意，船頭昏鼓又逢逢。

魏賓光②

英魄無人酹一尊③，山頭遺恨古今論。説秦强楚猶談笑，不識危機在棘門。

海角天高月满山，新亭清淚灑斕班④。春風吹斷興亡夢，潮落潮生小石灣。

尤　褒⑤

杖藜同上最高峰，脚力雖窮興未窮。領略江山歸眼界，盡吞淮海入胸中。

我生家住浙江西，不見⑥江山自是癡。浮遠堂前今日望，畫圖傳⑦我看潮時。

杜　旃

岳陽樓上見君山，又向澄江一破顏。浴海曦輪⑧清可掬，礙天鵬翼倦知還。青齊近納重檐下，淮浉平分一葦間。彈指當時珠履

---

① 題名原省，《全宋詩》卷二六五八作"集君山"。

② "魏賓光"，原作"魏賓先"，據《[弘治]江陰縣志》、《全宋詩》卷二八七四改。

③ "尊"，《[弘治]江陰縣志》卷二《壇祠》作"樽"。

④ "班"，《[光緒]江陰縣志》作"斑"。

⑤ 題名原省，《全宋詩》卷二三三六作"浮遠堂二首"。"尤褒"，《全宋詩》作"尤袤"。

⑥ "不見"二字原殘，據《全宋詩》録。

⑦ "傳"，《全宋詩》作"待"。

⑧ "浴海曦輪"，《[弘治]江陰縣志》卷六《山川》作"落海日輪"。

客，幾多遺恨在函關。

謁金門

不著姓氏

紅日落，涌起江邊高閣。洪[①]浪飛花風又惡，小舟沙尾泊。物色於人何薄？竹裏人家依約。一段詩愁無處著，青山連雨脚。

顔耆仲

長江浩渺接蒼烟，背涌金鼇[②]莫記年。萬里朝宗將至海，一峰峭拔獨擎天。清高景象超塵外，廣大乾坤在眼前。遥指神京何日復？中興有頌可磨鐫。

徐逢年綱之子

危亭突兀倚寒江，江闊依然漾夕陽。勝景常隨人意好，浮生不覺歲華長。重投塔院尋陳迹，緩步松林趁晚凉。若問當年游樂事，不堪横淚對秋光。

君　山[③]

孫應成[④]

君山盤結青雲梯，堂高更覺天象低。横江萬頃瑩玻璃，蓬瀛勝概從端倪。幾欲收拾歸品題，分甘獨冷[⑤]倦攀躋。史[⑥]君領客伫沙

---

① “洪”，《[嘉靖]江陰縣志》作“巨”。

② 原字下半作“龜”。

③ 此題原省，《全宋詩》作“君山”。

④ “孫應成”，《[弘治]江陰縣志》《全宋詩》均作“孫應威”。

⑤ “冷”，《[弘治]江陰縣志》同，《全宋詩》作“令”。

⑥ “史”，《[弘治]江陰縣志》《全宋詩》均作“使”。

堤，指點淮浙分東西。神州三百塵埃迷，慨懷往昔重慘悽。我①聞王師臨青齊，虜穴②已掃庭已犁。志士毋必驚聞鷄，威儀喜見皆遺黎。當頌中興鎸浯溪，説秦疆③楚不復稽。

施 允④

蒼虬横踞⑤沙心泊，蜿蜒跨山矗一角。松林忽撼洪濤風⑥，雪浪排空奔電雹。長淮渺渺烟未收，英雄自老江自流。野人半醉不一語，豁見秋月生⑦山頭。

鄭 奎⑧

歲晚征顔嘆飄泊，日暮江城吹畫角。倚欄無地吊興亡，風松⑨落子驚飛雹。雲凝蒼梧愁不收，英雄淚灑涇渭流。眼前不著沙洲礙，望到中原天盡頭。

靳更生

老氣峥嶸印古人，臨江釃酒酹春申。豪名磊磊難磨滅，待拂君山石作塵。

我來江上渺觀瀾，活法滔滔瞬息間。會得太虚元不死，從教古往與今還。

楊端叔

衣裳撲翠林木冷，嘯歌應人山崦空。飛坡挽斷海神鎖，涌塔高

---

① “悽我”二字原殘，據《[弘治]江陰縣志》《全宋詩》録。
② “穴”，原作“冗”，據《[弘治]江陰縣志》《全宋詩》改。
③ “疆”，《[弘治]江陰縣志》《全宋詩》均作“彊”。
④ 題名原省，《全宋詩》作“君山”。“施允”，原作“施宏”，據《全宋詩》改。
⑤ “踞”，《全宋詩》作“距”。
⑥ “濤風”二字原殘，據《[弘治]江陰縣志》《全宋詩》録。
⑦ “生”，《全宋詩》作“升”。
⑧ 題名原省，《全宋詩》作“君山”。
⑨ “風松”，《全宋詩》作“松風”。

於天梁宫。老松獨礙欲落石，大舶穩駕不背風。回頭細看城市裹，底事擾擾塵埃中。

萬松相摩天籟作，一塵不留心鏡空。毋庸實焰照牛渚，已見浮涎吹龍宫。零丁沙洲抗水勢，替戾[1]塔鈴語天風。買胡惜錢不自惜，晝夜牙籌澎湃中。[2]

王呈瑞

我來酹[3]酒楚黄君，又迫烟寒訪舊盟。萬古春歸山自在，一江帆散日陰晴。有懷故國愁誰會？满眼飛漚醉復明。人事百年知更别，此[4]江終對此山横。

萬室東南裹，炊烟落照黄。山腰圍野闊，沙尾刺江長。好景終然遠，浮雲轉已亡。幾多如湛輩，今昔一凄凉。[5]

史寯之[6]

釃酒臨江望石灣，松風引上白雲關[7]。潮吹海雨來無際，帆逐[8]天風去不還。千仞振衣聊遣興，一江如帶敢偷閑？老懷撫事偏多感，莫指中原幾點山。

---

① "戾"，《全宋詩》作"淚"。

② 題名原省，《江上詩鈔》作"題君山"，《全宋詩》卷三〇八五作"浮遠堂"。

③ "酹"，《[弘治]江陰縣志》作"酧"。

④ "别此"二字原殘，據《[弘治]江陰縣志》録。

⑤ 題名原省，《全宋詩》卷二九五八均作"君山浮遠堂"。

⑥ 題名原省，《全宋詩》卷三一〇三、《常郡八邑藝文志》卷十二均作"浮遠堂"。

⑦ "雲關"二字原殘，據《[弘治]江陰縣志》《全宋詩》録。

⑧ "逐"，《全宋詩》作"遂"。

望海潮

史寓之

危岑孤秀，飛軒爽豁，空江泱漭黄流。吴札[①]古[②]丘，春申故[③]國，西風吹换清秋。滄海浪初收。共登高臨眺，尊俎綢繆。鳳集高岡，駒留空谷，接英游。　　八窗挂起[④]瓊鈎，送帆檣杳杳，潮汐悠悠。今古曠[⑤]懷，關河極目，愁邊滅没輕鷗。淮岸隔重洲。認淡霞天末，一縷青浮。未許英雄老去，西北是神州。

塞垣春

劉子寰

出郭登孤嶼。轉北望、横江浦。黄流蕩漾，翠峰出没，烟景吞吐。正荻蘆刈盡空沙渚。見指似、關河路。斷津頭、高隴外，白樓烽[⑥]堠[⑦]無數。　　休問古春申，空江上、誰記公子？寶履與犀簪，付何處塵土？换浮生幾度，豪傑登臨，爲昔人、懷凄楚。搔首更延佇，暮鴻西没去。

劉子寰

杳杳雲空浪拍浮，恍然身出九垓游。旁環大深迷三島，下視長淮隔一洲。鳶跕馬鞍峰影外，潮噴鵝鼻石磯頭。英雄磨滅江山在，

---

① “札”，原作“扎”，據《全宋詞》册四、《詞綜》卷十八改。

② “古”，《全宋詞》《詞綜》作“故”。

③ “故”，《全宋詞》《詞綜》作“舊”。

④ “挂起”，《全宋詞》《詞綜》作“盡控”。

⑤ “曠”，《全宋詞》《詞綜》作“興”。

⑥ “烽”，《［弘治］江陰縣志》作“峰”。

⑦ “堠”，原作“堠”，據《［弘治］江陰縣志》改。

不凝[1]空名萬古留。

黄田港口[2]水如天，萬里風檣看賈船。海外珠犀常入市，人間魚蟹不論錢。王荆公酬朱昌之[3]詩。

戰國干戈禮義隳，延陵高節救周衰。當時若嗣諸侯[4]位，後世誰傳十字碑？生死不欺留劍約，興[5]亡[6]都在審音知。名儒如欲修前史，列傳應須次伯夷。楊傑詩。[7]

海上帆來何處客，烟中犬吠幾人家？雲寒雁影翻紅照，水落鷗群占白沙。楊蟠《江陰即事》詩。[8]

誰與畫圖傳勝迹？忽從詩字得清暉[9]。江山歷歷皆堪數，不記當年幾醉歸。楊蟠詩。[10]

人間砧杵催寒事，郭外笙簫逐土風。天帶江山元自好，地流河漢忽相通。楊蟠詩。[11]

玉乳何年纔始見？金沙壽[12]昔謾曾聞。劉握詩。玉乳、金沙皆泉名也。[13]

---

① "凝"，疑當作"礙"。
② "口"，本書卷第九《題詠上》作"北"。
③ "之"，本書卷第六《河渠》作"叔"。
④ "侯"，原作"候"，據《輿地紀勝》卷九《江陰軍》改。
⑤ "約興"二字原殘，據《輿地紀勝》録。
⑥ "亡"，原作"工"，據《無爲集》卷五、《全宋詩》卷六七四改。
⑦ 題名原省，《無爲集》《全宋詩》作"延陵季子廟"。
⑧ 此詩又見本書卷第九《題詠上》，題作"江陰書事"。
⑨ "暉"，本書卷第九《題詠上》作"輝"。
⑩ 此詩又見本書卷第九《題詠上》，題作"登君山酬馬粹光"。
⑪ 此詩又見本書卷第九《題詠上》，題作"朝宗門"。
⑫ "壽"，本書卷第九《題詠上》作"疇"。
⑬ 此詩又見本書卷第九《題詠上》。

夢聞斷角送餘響，走[1]看新潮到舊痕。處處魚鹽成市井，家家罾笱長兒孫。張彦實詩。[2]

潮隨初日上烟沙，極望淮南不見涯。僧仲殊《題君山洗心堂》。[3]

江上晚來堪畫處，丹青畫出是君山。余壹集句。鄭谷、李白詩。[4]

虹分陽羡雨，浪隔廣陵春。樹列巢灘鶴，鄉多釣浦人。方干《送霍明府之江陰》。[5]

去無珠履爲上賓，進船申浦憶春申。江田插秧鵯鴂[6]雨，幽[7]網得魚雲母鱗。梅堯臣詩《送江陰祝僉判》。[8]

海漁朝満市，江鳥夜喧磯[9]。包何[10]《送王汶宰江陰》。[11]

以上《[洪武]常州府志》卷十五《文章》徵引《江陰志》

其中石祖文《朝宗門》又見《永樂大典》卷三五二七《門》徵引《江陰志》

---

① “走”，本書卷第九《題詠上》作“起”。

② 此詩又見本書卷第九《題詠上》，題作“舟行江陰道中”。

③ 此詩又見本書卷第九《題詠上》，題作“題君山洗心堂”。

④ 此詩又見本書卷第九《題詠上》，題作“重修朝宗門樓集句詩上王宰”。

⑤ 此詩《文苑英華》卷二百八十題作“送江陰霍明府之任”，前後分别有“遥遥去舸新，浸郭葦兼蘋”“知竟三年袟，琴書外是貧”句。

⑥ “鴂”，本書卷第九《題詠上》作“鵠”。

⑦ “幽”，本書卷第九《題詠上》作“絲”。

⑧ 此詩又見本書卷第九《題詠上》，題作“送江陰簽判晁太祝”。

⑨ “磯”，《全唐詩》卷九十九作“城”。

⑩ 《全唐詩》卷九十九作“張循之”，卷二百八作“包何”。

⑪ 此詩《文苑英華》卷二百七十一題作“送王文宰江陰”，前後分别有“郡北乘流去，花間竟日行”“止酒非關病，援琴不在聲。應緣五斗米，數日滯淵明”句。

四　六[①]

眷惟申浦，實控江津。

雖云斗大，實禦風寒。

裂地雖微，去天爲近。

乃眷江城，素稱道院。

雖江陰之小壘，實浙右之要區。

以江城之斗大，當海道之風寒。

昔者爲邦，僅曰雷封之小；今焉升郡，亦惟斗壘之微。

征商稅畝，特如劇邑之封；送使留州，僅足公家之用。

人近珠犀之市，頗亦富饒；郡居魚蠏之鄉，未爲岑寂。

封疆狹小，實[②]分輔郡之魚符；節制尊嚴，兼總戍江之虎士。

雖江流之天險，足壯蕃宣；然海道之風寒，當嚴備禦。

考[③]葛相貢闈之記，有取其文；觀荆公港口之詩，欲求此郡。

天近帝畿[④]，已覺王孫之貴；地名道院，諒無刺史之難。

江環海繞，巨艘長栰之畢輸；地僻道迃，駟馬高車之罕至。

負海瀕江，外控臨於淮甸；連吴引楚，内屏蔽於京畿。

以上《[洪武]常州府志》卷十五《文章》徵引《江陰志》

---

① 此前原有"四六：維江陰之小壘，實浙右之名區。《會元》。裂地雖微，去天爲近"句，但與此下詩句重，且後爲常州府相關詩文集句，故未録。

② "實"字原殘，據《方輿勝覽》卷五《江陰軍・四六》録。

③ "考"，原作"老"，據《方輿勝覽》改。

④ "帝畿"二字原殘，據《方輿勝覽》録。

拾　遺

唐武登碑

武登嘗爲江陰縣丞，有碑在河南府緱氏縣，長慶元年立。見《寰宇訪碑録》。續添。

廣福寺西廡藏殿後壁，有嘉祐間真惠大師曇素畫[①]《梁武帝召張僧繇寫〈志公變相圖〉》，筆力遒健，神彩欲活，見者心悚，莫不嘉賞。紹定添入。

江陰縣丁思妻謝氏，檛[②]登聞鼓，乞割田二十頃、宅一區，爲義莊、義宅，以供祠祭，以贍子孫，從長管當，不許改易。元祐八年七月二十七日，有旨從之，部符藏於家，謝氏進狀，稱爲“百姓妻”。越十有三年，有孫彬乙科擢第。甫七年，恩逮其親，三入爲郎，外秉麾節，蠟章累賁丘隴。天道亦孔炤矣。後有專其利者，舉族籲不平，太守顔耆仲糾之以不睦不恤之刑。謝氏之澤，可以流傳無窮矣。紹定添入。

向子忞，字宣卿。建炎四年三月知江陰軍，從駕過明州，改知明州。《言行録》。紹定添入。

劉攽，字贛[③]父。少踈俊，與兄敞偕中進士第。調江陰簿，後爲國子監直講。《東都事略》。紹定添入。

隆興元年九月，湯思退復拜右僕射兼樞使，除都督江淮東西路

① “畫”，原作“盡”，據《[嘉靖]江陰縣志》改。
② “檛”，《[弘治]江陰縣志》卷八《列女》作“撾”。
③ “贛”，《東都事略》卷七十六作“戇”。

建康、鎮江府，江陰軍，江、池州屯駐軍馬。《言行録》。紹定添入。

天聖八年，都官員外郎張其①知江陰軍。吏盜錢三百萬，蓋二十②年矣。其③發其奸，捕擊數十人。轉運使趙光偉④謂曰："此應賞典，願竄吏，吾以聞。"其慘然曰："殺人以求賞，可乎？"悉召吏，諭以："償錢，則貸出之。不⑤爾，爾曹死矣。"吏之親屬聞者争出錢，以十日而足，乃推死者二人爲首，餘悉貸⑥不問。趙魏⑦且嘆曰："公，長者，殆非予所及也。⑧"其乃簡肅公之壻。李元綱《厚⑨德録》。紹定新入。

趙越，字彦中⑩。少隸成均籍，中年絶意利名，寄情林壑。葛文康志其墓⑪，稱其行實鄰古賢者。厥後，名公巨卿，交口贊美，如南沙錢公觀復，後湖蘇公庠，餘杭凌公景夏，鄉貴吴公博古、丘公密輩，題跋盈軸，不可編⑫舉，墨迹藏其家。

以上《[洪武]常州府志》卷十五《文章》徵引《江陰志》

其中"劉攽"條又見《永樂大典》一四六〇九《簿》徵引《江陰志》

---

① "其"，《言行龜鑑》卷六、《江南通志》卷一一四、《東齋記事》卷三均作"琪"。

② "二十"，《言行龜鑑》《江南通志》《東齋記事》均作"三十"。

③ "其"，原作"有"，據《[弘治]江陰縣志》卷九《名宦・守令》改。

④ "光偉"，《言行龜鑑》《江南通志》《東齋記事》均作"趙廓"，《[弘治]江陰縣志》卷九《名宦・守令》作"趙惇"。

⑤ "不"字原闕，據《[弘治]江陰縣志》補。

⑥ "貸"，原作"貨"，據《[弘治]江陰縣志》、《厚德録》卷第二、《東齋記事》改。

⑦ "魏"，《[弘治]江陰縣志》作"愧"。

⑧ 此句原作"公政所及也"，據《[弘治]江陰縣志》改。

⑨ "厚"，原作"原"，據《厚德録》改。

⑩ "中"，《[光緒]江陰縣志》卷十八《人物》作"仲"。

⑪ "墓"，原作"慕"，據《[道光]江陰縣志》卷十八《人物》、《[光緒]江陰縣志》改。

⑫ "編"，疑當作"遍"。

後　編

卷第十二

續①修江陰志

敕登仕郎、前守滑州胙城縣主簿趙遂良：方居官守，遽構鞠凶。如聞清白之家，慮闕烝嘗之費。免從禮制，俾復句稽。非欲奪爾孝思，且使資吾俸給。可特授守滑州胙城縣主簿，填見闕，散官②如故。③

淳化元年二月日

臣嘉言蒙恩兹壘，厥既視事，則謁群望。有斷碑卧祠下，俾吏視之，以“太宗皇帝制書”報。竊怪焉，命録其文，則淳化中賜趙遂良誥也。遂良嘗以殿中丞知軍事，其孫④澤民，復兹攝邑，侈其祖賜而刊諸石，榜閣爲“清白堂”，且屬劉谷記之。臣嘉言三復誦嘆，味⑤祖宗德意之美，而惜兹碑之仆也，命復建立。謹再拜稽首，爲之贊曰：

於赫上聖，風教是扶。小臣清白，寵賁璽書。首陽采薇，宣父稱仁。立懦廉貪，萬世愈尊。有唐守臣，正身律下。清白賜箴，吏以感化。矧惟嗣皇，光茂⑥往則。四方風動，嚋⑦敢不飭？

---

① “續”，原作“績”，徑改。

② “官”字，《［弘治］江陰縣志》卷十四《遺文》、《［嘉靖］江陰縣志》卷二十一《遺文第十五》均無。

③ 此文《［弘治］江陰縣志》《［嘉靖］江陰縣志》均題作“淳化制書贊”。

④ “孫”，原作“縣”，據《［弘治］江陰縣志》《［嘉靖］江陰縣志》改。

⑤ “味”，《［弘治］江陰縣志》《［嘉靖］江陰縣志》均作“咏”。

⑥ “茂”，《［弘治］江陰縣志》《［嘉靖］江陰縣志》均作“茂”。

⑦ “嚋”，《［弘治］江陰縣志》《［嘉靖］江陰縣志》均作“疇”。

右[①]宣教郎、權發遣江陰軍兼管内勸農事、借緋魚袋臣薛嘉言重建。

以上《[洪武]常州府志》卷十九《制書》徵引《續修江陰志》

范仲淹景祐重建至聖文宣王[②]廟記

吾夫子之道也，用則行而天下治，捨則藏而天下亂。得其門者，若登其泰山；涉其流者，若示諸四[③]瀆。鑽仰何待？隆污以時，得者得之，失者失之。譬覆載之仁，無待於報；照臨之明，不求其助。蕩蕩乎，惟道爲大，如斯而已者也。若夫衮其服、廟其神，豈吾聖之心哉？蓋後之明王，尊道貴德而不敢臣，故奉之以王禮，享之於大[④]學，昭斯文之宗焉。仍命五等，咸得祀之。成均博士范公宗古之守江陰也，謹明命，挺至誠，黜豺狼之凶，禮蒭蕘之善。廢典皆舉，積訴咸辨[⑤]。清風之下，人則嘯[⑥]歌；陽春之來[⑦]，物自鼓舞。居一日，命

---

① “右”，《[弘治]江陰縣志》《[嘉靖]江陰縣志》均作“左”。

② “王”字原闕，據《[弘治]江陰縣志》卷二《學校》、《[嘉靖]江陰縣志》卷七《學校記第五》、《[萬曆]常州府志》卷十八《文翰三》、《常郡八邑藝文志》卷二上、《全宋文》卷三八六補。

③ “四”，《[嘉靖]江陰縣志》《[萬曆]常州府志》《全宋文》均作“泗”。

④ “大”，《全宋文》同，《[弘治]江陰縣志》《[嘉靖]江陰縣志》《[萬曆]常州府志》作“太”。

⑤ “辨”，《[嘉靖]江陰縣志》卷七《學校記第五》、《[萬曆]常州府志》、《全宋文》均同，《[弘治]江陰縣志》、《[嘉靖]江陰縣志》卷十六《列傳第十二上》均作“辯”。

⑥ “嘯”，《[弘治]江陰縣志》同，《[嘉靖]江陰縣志》《[萬曆]常州府志》均作“笑”。

⑦ “來”，《[弘治]江陰縣志》同，《[嘉靖]江陰縣志》《[萬曆]常州府志》均作“浹”。

諸秀前席而言曰："吾之斯來，職在共理。綱紀之設，胡取廢墜[1]？至若嚴戟署、崇使館，維城之門、維川之梁，百貨之藏、九年之廩，諸寮之局、浮民之宇，刑訊之室、關櫂[2]之會，皆增其制度以取新焉。而富有之家，繼請輸緡五百萬爲公材之助，賴斯民之知勸，以濟厥功。惟[3]先師之堂，前制未顯，切於郡獄，黷斯甚矣。豈奉嚴之意耶[4]？然重於改作，子大夫謂之何哉？"諸生拜而謝曰："惟公之言，惟士之望，盍請遷焉！"乃命司禁陳君[5]蒙吉奉成其事，於軍之[6]前南隅，籍高明，審面勢，擇工之善，柬[7]材之良，登登丁丁，不日[8]而成。堂焉巍奂[9]，廊焉徘徊。大厦斯清，高門有閌。乃聖乃賢，儼乎其位。作[10]階以進，依然金石之音；彝器以新，燦乎俎豆之事。既嚴既翼，以享以時。禮樂行乎廟中，風教行乎化下。乃歌乃頌[11]，以樂其誠[12]。公又命曰："二三子服斯文，履斯道，存誠顔閔之

---

① "墜"，《[嘉靖]江陰縣志》《全宋文》均同，《[萬曆]常州府志》作"墮"。

② "櫂"，《[嘉靖]江陰縣志》《[萬曆]常州府志》均作"榷"。

③ 《[弘治]江陰縣志》"惟"之前有節略。

④ "耶"，《[弘治]江陰縣志》同，《[嘉靖]江陰縣志》《[萬曆]常州府志》均作"也"。

⑤ "君"，《[嘉靖]江陰縣志》《[萬曆]常州府志》均作"公"。

⑥ "之"字，《[嘉靖]江陰縣志》《[萬曆]常州府志》均無。

⑦ "柬"，《[弘治]江陰縣志》《[嘉靖]江陰縣志》《[萬曆]常州府志》均作"揀"。

⑧ "日"，《[弘治]江陰縣志》《[嘉靖]江陰縣志》《[萬曆]常州府志》均作"月"。

⑨ "奂"，《[弘治]江陰縣志》《[嘉靖]江陰縣志》均同，《[萬曆]常州府志》作"焕"。

⑩ "作"，《[弘治]江陰縣志》《[嘉靖]江陰縣志》《[萬曆]常州府志》均作"阼"。

⑪ "頌"，《[嘉靖]江陰縣志》《[萬曆]常州府志》均作"訟"。

⑫ "誠"，《[嘉靖]江陰縣志》《[萬曆]常州府志》均作"成"。

際，致化唐虞之上，協吾聖之教也，豈徒廟爲哉？”諸生復拜而謝曰：“請事斯語矣。”命仲淹書之，以識其實。[1]

景祐三年五月二十日記。

元豐江陰縣開河記[2]

夫[3]百川學海而至於海，丘陵學山而不至於山。故君子惡夫畫而取諸水者，以其渾渾[4]不捨晝夜而已。是以[5]古者天子之學曰辟雍，則周[6]以水，諸侯之學曰泮宫，則半焉。

江陰縣學以元豐二年己未八月癸酉十有三日戊申，因河之故支旁導而環其流。凡用工二千餘，其長千尺，其闊二十尺。然[7]考之於古，固不[8]合乎先王之制；成之於今，又非士者之急。特因夫昔之所既有、衆之所願爲，疑於楊侯之治、興學之道不足書也。蓋衆有願學之心，侯有樂育之志，待此而後盡焉爾。

楊侯孝孺達甫，建安人也。自得於性命，深達於史傳，故推於爲治安而有序，或寬或猛，或緩或急，出仁則入於義，出義則入於仁，固無異歸矣。其迹之可見而衆共聞者，疾惡尤著。夫疾惡尤著，則樂善亦然。故使一境之内，爲盜者復於農，游博者移於商，强

① 此句《[嘉靖]江陰縣志》無。

② 《[弘治]江陰縣志》卷二《學校》題作“元豐江陰縣學開河記”；《[嘉靖]江陰縣志》卷七《學校記第五》題作“元豐縣學開河記”；《常郡八邑藝文志》卷二上、《[萬曆]常州府志》卷十八、《全宋文》卷二〇一七均題作“江陰縣學開河記”。

③ “夫”字，《[弘治]江陰縣志》《[嘉靖]江陰縣志》均無。

④ “渾渾”，《[弘治]江陰縣志》《[嘉靖]江陰縣志》均無。

⑤ “是以”，《[弘治]江陰縣志》《[嘉靖]江陰縣志》均無。

⑥ 《[嘉靖]江陰縣志》“周”之後有“之”字。

⑦ “然”字，《[嘉靖]江陰縣志》《[萬曆]常州府志》均無。

⑧ “不”，《[嘉靖]江陰縣志》作“石”。

者不敢肆，弱者有所賴，此興學之實，已立於先矣。然學自軍廢，圮壞荒墟，所存者名耳。因侯議學之給以請於郡，郡聞於朝。次年秋，承可詔，侯即説然命佖典其事。乃計工以完其壞，督資以充其給。又越次年春，漕臺自蘇選教授方君允升，來職是學，侯又擇鄉之有聞者三士，以輔訓導而大集諸生。至秋，諸生皆曰："侯將代矣。侯之所以經營樂育吾士人者，欲其有成材以爲它日之用，乃侯之心也。然有是學不已久矣？而應詔取第者，歲數十無幾，豈人材皆不足歟？説者以謂[①]：'學之面城，水旁流而不顧，此其未盛也。'故昔有善於地理者，欲引注於其前，而東鑿於熙春，北接大河，議工而罷者，四紀餘矣。今不請於我侯，後無及矣。"侯始聞之，曰："君子修其在己，俟其在物，考於昭昭，聽於冥冥，必然之理也，豈在山川乎？"既又請之，乃曰："山川之向背，陰陽之逆順，理亦有之。"乃任其所[②]爲。衆躍然聞命，遂析[③]地集工，不三日而河就。夫不三日而就者，見衆願之至也；不違其請者，見樂育之盡也。東出於熙春，又非戾先王之制也。然昔持是説越四紀而不集者，豈非欲之者力有所不及、主之者愛有所不至耶？今士有餘力，侯有餘愛，是亦廢興冥冥之數會於此矣[④]。由此而魁傑之士相繼而出[⑤]，馳榮於天下，則學者足以自奮而不憂於進。未[⑥]然，則學者觀水之環流不捨晝夜，終必至[⑦]於海，亦足以自反而不求於彼，則其於河也，奚有不

① "謂"，《[弘治]江陰縣志》《[嘉靖]江陰縣志》均作"爲"。
② "所"，《[弘治]江陰縣志》《[嘉靖]江陰縣志》均作"自"。
③ "析"，《[弘治]江陰縣志》《[嘉靖]江陰縣志》均作"拓"。
④ "矣"，《[弘治]江陰縣志》同，《[嘉靖]江陰縣志》作"乎"。
⑤ "出"，《[弘治]江陰縣志》作"去"。
⑥ "未"，《[弘治]江陰縣志》作"不"。
⑦ "至"，《[弘治]江陰縣志》作"五"。

善哉？故衆請爲之記，無得以辭焉。

元豐二年十一月五日，邑尉莆陽黄佖伯禮撰。

紹興新創放生池碑

皇帝即位之二十載，四方清夷，文修武偃，曠典逸章，莫不以次搜舉。惟聖惟賢，心協[①]德一，相與追還隆古之盛，猗歟韙哉！乃春正月有旨，天下郡置放生池，以[②]廣周天之澤，從有請也。

臣謹按《易》之《無妄》曰："先王以茂對時，育萬物。"《中孚》之《彖》曰："信及豚魚。"夫子繫其辭曰："天地之大德曰'生'。"然則生生之德，其大矣乎！故前代帝王，致治隆平，享國長久，是必有仁民愛物之道，可以懷服天下、衣被萬物者。唐虞之際，草木鳥獸，各有攸職。伊尹稱："夏先后，魚鱉咸若。"文王作靈沼，德及昆虫，其深仁厚澤，滲漉海内，殆與天地同功，窮幽及遠，靡不咸曁。推此心以愛養生民，則溥[③]率之間，奚有夭閼失寧之患者哉？且一草木昆虫之細，宜若未足加意，聖人勤之[④]，於民[⑤]欲生之而不[⑥]失性者，何耶？蓋人君操利勢[⑦]、御人群，一語默之間，生殺繫焉。故敦仁博愛之念積諸中，則其福實被於天下。若伐一草木、殺一昆虫，不以爲戒，致其大，則未有不至於咈民情而貽窮黷之悔者。是以天乙之興，羅去三面，諸侯歸其至德；成周之時，行葦不踐，詩人美其忠厚，

---

① "協"，《[弘治]江陰縣志》卷六《山川》作"恊"。

② "以"字，《[弘治]江陰縣志》、《[嘉靖]江陰縣志》卷二《提封記第二上》均無。

③ "溥"，原作"博"，據《[弘治]江陰縣志》《[嘉靖]江陰縣志》改。

④ "之"，《[弘治]江陰縣志》《[嘉靖]江陰縣志》均作"勤"。

⑤ "民"，《[弘治]江陰縣志》《[嘉靖]江陰縣志》均作"此"。

⑥ 《[弘治]江陰縣志》《[嘉靖]江陰縣志》"不"之後均有"使"字。

⑦ "勢"，原作"世"，據《[弘治]江陰縣志》《[嘉靖]江陰縣志》改。

其旨深矣。主上天覆地載，海函[1]春育，遠人格，邇人安，萬機之暇，玩意墳素[2]，而帝孝[3]高妙，探索[4]《易》道，尤盡其藴。是能配乾坤至大之德，體神武不殺之義，好生流惠，異世同符，可謂德洽民心而恩被動植者矣。臣代匱守符，仰承德意，敢不祗[5]若明天子之命？

江陰距城三十五里有繖墩焉，考之圖牒，不載所自。地勢爽塏，其形蟠植，若偃蓋然。流水回環，有茂林修竹蔭映於其上。廣閑静深，魚鳥是宅，不勞疏築，宛然天成，若有俟於今日者。臣乃布宣惠化，告諭農老，設網罟不入之禁，而水陸之居得以生息茂遂。其皇明之所燭，慈愛之所被，顧不深且遠哉？自唐肅宗置天下放生地[6]八十一所，昇州刺史顔真卿以文學名世，譔述其碑，請御書題額，以光揚不朽。顧臣何人，而敢追躅？然作爲歌詩，歸美報上，此臣子之[7]義，有不可以蕪累辭者[8]。謹齋心滌慮，再拜稽首而銘之以詩曰：

於鑠炎宗[9]，文昭武烈。奄有四方，載垂二百。天子明聖，再造丕基。輔資[10]彌縫，時惟帝師。措安天下，混一南北。推此皇慈，仁民愛物。仁民伊何？兵寢不試。愛民[11]伊何？蕃植庶類。

---

① “函”，《[弘治]江陰縣志》《[嘉靖]江陰縣志》均作“涵”。
② “素”，《[弘治]江陰縣志》《[嘉靖]江陰縣志》均作“索”。
③ “孝”，《[弘治]江陰縣志》《[嘉靖]江陰縣志》均作“學”。
④ “索”，原作“素”，據《[弘治]江陰縣志》《[嘉靖]江陰縣志》改。
⑤ “祗”，原作“祇”，據《[弘治]江陰縣志》改，《[嘉靖]江陰縣志》作“秪”。
⑥ “地”，《[弘治]江陰縣志》《[嘉靖]江陰縣志》均作“池”。
⑦ 《[弘治]江陰縣志》《[嘉靖]江陰縣志》“之”之後均有“大”字。
⑧ “者”字，《[弘治]江陰縣志》《[嘉靖]江陰縣志》均無。
⑨ “宗”，《[弘治]江陰縣志》《[嘉靖]江陰縣志》均作“宋”。
⑩ “資”，《[弘治]江陰縣志》《[嘉靖]江陰縣志》均作“贊”。
⑪ “民”，《[弘治]江陰縣志》《[嘉靖]江陰縣志》均作“物”。

惡殺好生，恩霈動植。忠厚之政，光於簡册。乃布睿旨[①]，遍[②]爾寰宇。浚彼波[③]池，座[④]育鱗羽。長江之陰，地號織墩。流水四環，魚龍之囷。以流惠澤，以遂生息。水居陸居，安知帝力？堯舜而上，德施溥博。草木昆虫，罔不蒙福。鳥獸咸若，夏后致平。靈沼是營，周文以寧。鴻惟國家，超軼前後。凡在覆幬，畢臻仁壽。歸美依[⑤]上，臣子之義。稽首勒銘，以詔萬世。

紹興十六年六月日建立。

左迪功郎、新嚴州壽昌縣尉兼主簿、專切主管學士[⑥]、巡捉私茶鹽礬、權江陰縣丞臣蘇碏記，右朝奉郎、權發遣江陰軍事、主管學士[⑦]兼管内勸農公事、賜緋魚袋臣蔡稙[⑧]立石。

大觀新建江陰縣學記[⑨]

儒學教有功於天地之間，而尤爲萬世重者，尊君而卑臣。其道本於二帝三王，而集大成於孔子。有天下者，唯崇儒則常治而不亂，故孔子廟食遍天下，用王者禮。自天子至都[⑩]邑守長，北面拜跪，如親弟子，薦享進退，極嚴師之情文，唯恐有所不逮。

---

① “旨”，《[弘治]江陰縣志》作“首”。

② “遍”，《[弘治]江陰縣志》作“偏”。

③ “波”，《[弘治]江陰縣志》《[嘉靖]江陰縣志》均作“陂”。

④ “座”，《[弘治]江陰縣志》《[嘉靖]江陰縣志》均作“廣”。

⑤ “依”，《[嘉靖]江陰縣志》作“君”。

⑥⑦ “士”，《[弘治]江陰縣志》卷六《山川》同，卷十三《拾遺》作“事”。

⑧ “稙”，《[弘治]江陰縣志》作“積”。

⑨ 《[弘治]江陰縣志》卷二《學校》題作“大觀新建江陰縣學門記”；《[嘉靖]江陰縣志》卷七《學校記第五》、《常郡八邑藝文志》卷二上、《[萬曆]常州府志》卷十八《文翰三》、《全宋文》卷二九四七均題作“大觀新建學門記”，文均有節略。《[萬曆]常州府志》《全宋文》作者均爲“林虔”。

⑩ “都”，疑當作“郡”。

國初，江陰爲軍，守臣用[①]二千石，城池略等他[②]郡，而泮宫稱是。中間省軍爲[③]縣，復隸常州，而廟學如故。士游於學，患墉壓其前，面勢不直，甚不稱所以嚴事吾夫子之儀。又漕渠通江，釃一支環學，雨水暴溢，則士病涉，懷欲赴訴而未能。會今天子興天下學，遣博士□使，而此地繼得賢守今[④]，士乃請穴墉作門，且設觀臺，内外二橋，而南其路。有司會其費，提舉學事長樂鄭公，以養士之餘，給之庀工，三時乃成。自請迄成，閲三年，樂卿錢塘徐公以耆德典是州，實終始其事，親書以榜學門，邑人榮焉。始外路吏有私屋侵其上，通守建安張公行縣，詰所以迂礙之由，歸白徐公。公檄縣曰："某日不徙，治之。"於是學之門、橋、路皆直，[⑤]延袤三十餘丈，垣其左右以達於官道。

徐公初下車，則闢州學南爲大通，名之曰"進賢坊"，其事載於所自爲記矣。至自縣，亦榜其街爲"升俊"云。前後宰會稽石景珩[⑥]、徐充，丞吴郡顧植、臨淮于漕[⑦]，皆以儒者協濟兹勞，而縣學長余一[⑧]宣力尤多。一嘗作賦夸朝廷作人之盛，官有金穀之羸，而學者得從所欲，將刻石記歲月，以文屬虙。虙[⑨]惟事輕羽毛，或曠世

① "用"字，《[嘉靖]江陰縣志》《[萬曆]常州府志》均無。

② "他"，《[弘治]江陰縣志》作"它"。

③ "爲"字原闕，據《[弘治]江陰縣志》《[嘉靖]江陰縣志》《[萬曆]常州府志》補。

④ "今"，《[弘治]江陰縣志》《[嘉靖]江陰縣志》均作"令"。

⑤ 此句《[弘治]江陰縣志》《[嘉靖]江陰縣志》均作"於是學之門、橋與路皆端直方整"；《[萬曆]常州府志》作"于是學之門、橋與路皆端直方整"。

⑥ "珩"，本書卷第四《年表》作"術"。

⑦ "漕"，本卷《大觀黄田港閘記》作"漙"。

⑧ "一"，《[弘治]江陰縣志》《[嘉靖]江陰縣志》均作"壹"。

⑨ "虙"，《[弘治]江陰縣志》《[嘉靖]江陰縣志》《[萬曆]常州府志》均作"虔"。

而莫舉；力迴造化，或俄頃而可濟。豈非機會離合，固自有數，適當其時，不約自契？夫縣學之一門與路，所繫未爲甚重，必待明天子在上，而郡縣皆賢有司，則其成[1]不難如此。由是以推，聖人之建立有大於此者，又可知矣。占相者謂"出門無壅，利官[2]學者"，此陰陽家之説，慮不可得而知也。一[3]，熙寧名儒之子，觀其所莅者小，足以知其異日之所自效者，故樂爲之書。

大觀四年七月庚子，奉議郎、充常州州學教授林慮記。

紹興奉詔新建軍學記[4]

紹興五年秋八月，知江陰軍事王棠建請於朝曰："軍故縣治，有學實廢，餘十五年，士無所於業。今升縣復軍，法得視列郡，應立學官、教授員。軍有閑田以畝計若干，官籍[5]其租，士廪是充。士之少若長，願補學官弟子，其員二百有四十。敢冒以聞。"詔可。於是遂所請。[6]

初，軍額之復也，師旅方興，學爲營屯，糞壤荆蓁，久益傾壞。王侯下車，謁先聖先師，惕然改容。顧從事陳剛中曰："政有後先，將孰是先？"下令調工役，改治學宫，簿正祭器。乃仲秋上丁，躬修釋奠，備物稱儀，禮成不愆。蓋自復軍於今七八年，士莫第者。及

---

① "成"字，《[嘉靖]江陰縣志》《[萬曆]常州府志》均無。

② "官"，《[弘治]江陰縣志》作"宦"。

③ "一"，《[弘治]江陰縣志》作"壹"。

④ 《[弘治]江陰縣志》卷二《學校》同，《常郡八邑藝文志》卷二上題作"紹興奉詔新建江陰軍學記"。

⑤ "籍"，《[弘治]江陰縣志》《[嘉靖]江陰縣志》《[萬曆]常州府志》均同，《[成化]重修毗陵志》卷三十三《詞翰一》作"藉"。

⑥ 此句《[嘉靖]江陰縣志》、《[萬曆]常州府志》卷十八《文翰三》、《常郡八邑藝文志》均作"於是以左儒林郎范雩充軍學教授，一如所請"。

是前祭一日，士之被選春官，累凡四人，而報書適至。士喜且力，不令兹勸。未幾，講堂穹宏，兩序端直，舍次靖[①]深，庖湢潔具。一錢不以費縣官，不以擾民[②]，學則大備。侯乃從有請也，上嘉予之。命下至軍，士子歡呼[③]。其從事陳君前曰："《禮》：'天子命之教，國以學[④]'，請以'命教'名堂，可乎？"皆曰："善。"侯又取[⑤]《春秋》三傳，讎校板刻，列置學宫，而范君之教益孚。士始知以牒訴詣吏，直猶耻也。

粤明年五月，從事陳君擢丞太府，因太史張侯九成條具本末，以[⑥]屬其同舍郎胡珵，請[⑦]紀厥事，珵辭焉。更六晦朔，晏請益堅[⑧]，乃爲著其大略，而且[⑨]告之曰："蓋[⑩]江陰初縣毗陵郡，毗陵[⑪]，古延陵也。季子墓距縣治西三十里，列在祀典，廟食一方，而本朝文正

① "靖"，《[弘治]江陰縣志》《[嘉靖]江陰縣志》《[成化]重修毗陵志》均同，《[萬曆]常州府志》作"靚"。

② "一錢不以費縣官，不以擾民"，《[弘治]江陰縣志》《[嘉靖]江陰縣志》等諸縣志、《[萬曆]常州府志》均無。

③ "侯乃從有請也……士子歡呼"，《[弘治]江陰縣志》《[嘉靖]江陰縣志》等諸縣志、《[萬曆]常州府志》均無。

④ "國以學"三字，《[嘉靖]江陰縣志》作"然後爲學"。

⑤ "取"字原闕，據《[萬曆]常州府志》《[成化]重修毗陵志》補。

⑥ "可乎？……條具本末，以"，《[弘治]江陰縣志》《[嘉靖]江陰縣志》等諸縣志、《[萬曆]常州府志》均無。

⑦ "請"字，《[弘治]江陰縣志》《[嘉靖]江陰縣志》《[萬曆]常州府志》均無。

⑧ "珵辭焉……晏請益堅"，《[弘治]江陰縣志》《[嘉靖]江陰縣志》等諸縣志、《[萬曆]常州府志》均無。

⑨ "且"字，《[弘治]江陰縣志》《[嘉靖]江陰縣志》《[萬曆]常州府志》均無。

⑩ "蓋"字，《[嘉靖]江陰縣志》《[萬曆]常州府志》均無。

⑪ "初縣毗陵郡，毗陵"七字，《[弘治]江陰縣志》《[嘉靖]江陰縣志》等諸縣志、《[萬曆]常州府志》均無。

范公[1]慶曆間嘗爲記文宣王廟，大賢儒宗[2]，千歲相望，遺風固可想也。學官弟子員[3]，朝夕肄[4]業其中，克究師友淵源所自，如射者有鵠，如御者有榮[5]，勿貽前聞人羞，則爲無負。矧軍興以來，公私告匱，朝廷爲之損[6]田租，命師儒，一切靡所愛惜，所望於學官弟子宜柰何？嗚呼！克咸自勉爾矣。抑予聞之，魯僖公作頖[7]宫而淮夷服，故其《詩》曰：'矯矯虎臣，在泮[8]獻馘。不告於訩，在泮[9]獻功。'今兹邊陲未寧，相與戮力王室，將在郡國東諸侯，則[10]獻馘獻功，修頖宫故事，職也。長江之陰，萬室之封，軍無小，足以爲政。信能治其賦役，明其獄訟，訓其桀黠而師其賢人，母[11]遽薄此蕞爾壘者。鄭人鄉校始議子産，後且更誦其遺愛。侯[12]第徐觀之。"

---

① "文正范公"，《[成化]重修毗陵志》作"范公文正"。

② "而本朝文正范公……大賢儒宗"，《[弘治]江陰縣志》《[嘉靖]江陰縣志》等諸縣志、《[萬曆]常州府志》均無。

③ "員"字，《[嘉靖]江陰縣志》《[萬曆]常州府志》均無。

④ "肄"，原作"隸"，據《[弘治]江陰縣志》《[嘉靖]江陰縣志》《[萬曆]常州府志》改。

⑤ "榮"，《[成化]重修毗陵志》作"策"。"如射者有鵠，如御者有榮"，《[弘治]江陰縣志》《[嘉靖]江陰縣志》等諸縣志、《[萬曆]常州府志》均無。

⑥ "損"，《[成化]重修毗陵志》同，《[弘治]江陰縣志》《[嘉靖]江陰縣志》《[萬曆]常州府志》均作"捐"。

⑦ "頖"，《[嘉靖]江陰縣志》《[萬曆]常州府志》均同，《[成化]重修毗陵志》作"泮"。

⑧⑨ "泮"，《[成化]重修毗陵志》作"頖"。

⑩ "宫而淮夷服……東諸侯，則"，《[弘治]江陰縣志》《[嘉靖]江陰縣志》等諸縣志、《[萬曆]常州府志》均無。

⑪ "母"，《[萬曆]常州府志》同，此處"母"字當通"毋"，《[弘治]江陰縣志》《[嘉靖]江陰縣志》均作"毋"。

⑫ "侯"字，《[弘治]江陰縣志》《[嘉靖]江陰縣志》《[萬曆]常州府志》均無。

六年十月丁酉，左承[①]事郎、秘書省正字兼史館校勘兼[②]充行宫留守司主管機宜文字胡珵[③]記并書。[④]

紹興奉詔修學記

唐柳宗元移書太學諸生，謂："説者咸曰：'太學生聚爲朋曹，侮老慢賢，有惰窳敗業而利口食者，有崇飾惡言而肆鬥訟者，有陵傲長上而誶罵[⑤]有司者，其退然自克、特[⑥]殊於衆人者無幾耳。'"於戲！大[⑦]學，賢士所關，其親覆載之仁爲甚厚，其依日月之光爲甚邇，其被雲漢之章爲甚飾，而習氣如許，獨蒙惡聲，則下至郡國，宜若何？時惟通患，古今一揆，學者[⑧]不負士而士負學，士不興學而學興士。故有累於學者，士也，非學也；而有益於士者，學也，非士也。

炎正中微，上登大寶，拯溺救焚，日[⑨]不暇給，猶[⑩]留神於學[⑪]。

---

① "承"，原作"丞"，據《［弘治］江陰縣志》改。

② "兼"字，《［成化］重修毗陵志》無。

③ "珵"，《［弘治］江陰縣志》作"理"。

④ 此句《［嘉靖］江陰縣志》《［萬曆］常州府志》均無。

⑤ "誶罵"，《河東先生集》卷三十四《書》同，《［弘治］江陰縣志》卷九《名宦・學職》作"誶侮"，《［弘治］江陰縣志》卷二《學校》、《［嘉靖］江陰縣志》卷七《學校記第五》、《［萬曆］常州府志》卷十八《文翰三》均作"詐僞"。

⑥ "特"，原作"持"，據《［弘治］江陰縣志》《河東先生集》改。

⑦ "大"，《［弘治］江陰縣志》《［嘉靖］江陰縣志》《［萬曆］常州府志》均作"太"。

⑧ "者"字，《［弘治］江陰縣志》《［嘉靖］江陰縣志》《［萬曆］常州府志》均無。

⑨ "日"，《［弘治］江陰縣志》同，《［嘉靖］江陰縣志》《［萬曆］常州府志》均作"諸"。

⑩ "猶"，《［弘治］江陰縣志》同，《［嘉靖］江陰縣志》《［萬曆］常州府志》均作"獨"。

⑪ "於學"，《［弘治］江陰縣志》同，《［嘉靖］江陰縣志》《［萬曆］常州府志》均作"教化"。

粵二年，詔天下郡國學以他官攝者，皆置正員[①]。時江陰猶爲縣，其冬升縣復軍。後七年，知軍王侯棠即舊縣學革而新之，始請於朝，得置學官員，與列郡等。語在胡理記。又七年，知軍富公元衡分符，適更歲，體國艱難，急民休戚，治源政本，綱舉目張。吉月，必偕郡吏欽謁於先聖之庭。顧嘆學宇嘗爲秋闈戰藝所藺轢傷夷，訖事無省，因陋就簡，日益不治，有意又新之。會君相膠漆，講好修睦，薦有言語，閩包戈虎，合意文治，乃詔諸路州學，委守臣修葺，具次第驛聞。公目與心叶，欣然頓首奉詔。旗鸞戾止，延見學子，遍咨所宜，歷考廊廡，周及四維。出緡錢五十萬，屬其護軍[②]，指授規畫，鳩工庀器，速其會日，即解場以掄材，傭閑民以服役。户不知横索，吏不得肆奸。時却雁鶩行，親臨勸勉，別異中程，以俊遺酒。人樂赴功，鼛[③]鼓弗勝。門施綮[④]戟，殿列軒檻[⑤]，潔室以振衣，高廩以聚粮。扃三《傳》以謹其拿，合諸史以護其旁，此前日之所無而今創建者也。整竈於庖，增齋於廊，致繪畫之壁於前，隱貯儲之庫於後，蔽隱者焕然，下窄者昂然[⑥]，此前日之所有而今因葺者也。外内森嚴，黝赤炳燿，山峙仞立，翬飛翼布。經始於孟夏月朔，而告成於其晦。事不增損，以圖實聞。漻雖不敏，誤當領袖，無吐詞，懼泯成

① "員"，《[弘治]江陰縣志》同，《[嘉靖]江陰縣志》《[萬曆]常州府志》均作"官"。

② "軍"，《[弘治]江陰縣志》作"兵"。

③ "鼛"，《[弘治]江陰縣志》作"鼕"。

④ "綮"，《[弘治]江陰縣志》《[嘉靖]江陰縣志》《[萬曆]常州府志》均作"棨"。

⑤ "檻"，《[弘治]江陰縣志》同，《[嘉靖]江陰縣志》作"搵"，《[萬曆]常州府志》作"榅"。

⑥ "蔽隱者焕然，下窄者昂然"，《[弘治]江陰縣志》作"濛鴻者焕焉，下窄者昂焉"。

績，乃招學子於堂而鐫之。

天下之事，慮始而躬其勞爲難，樂成而享其利爲易，思其難以處其易，則亦無愧[1]爾。邦之學子，藏於斯，修於斯，游息於斯，能書柳子語以銘座右：老者欽之，賢者尊之；精勤事業而不耻惡食，慎出話言而不成凶訟；推先於長上，致嚴於有司；益堅素履，無因物遷，則上不負明良會神之誠意，下不負賢侯奉詔之深忠。頗哀綿薄[2]，使得飽食塞責，終更而去。甚休！甚休！若其退然自克，持[3]殊於衆人，紆青拖紫，語功立名，如錐之出囊中而劍之倚天外，則區區他日尚蕲寓目焉！

左從政郎[4]、充軍學教授鄭漻記并書[5]。

乾道修學記[6]

富庶而後教，治之序也。教一日不立於天下，則争鬥之獄[7]繁，僭[8]侈之風熾，欲富庶，得乎？故教者，又富庶之本也。在昔之

---

① 《[弘治]江陰縣志》"愧"之後有"乎"字。

② "頗哀綿薄"，《[弘治]江陰縣志》卷二《學校》作"某頗家綿薄"，卷九《名宦》作"漻頗家綿薄"。

③ "持"，《[弘治]江陰縣志》《河東先生集》均作"特"。

④ "左"，原作"在"，據《[弘治]江陰縣志》卷九改。《[弘治]江陰縣志》卷九《名宦》"從政郎"之前有"嗚呼！群聖賢文學關教化者塞宇宙，漻無所取而獨取宗元之數語，豈以爲宗元之言賢於群聖賢之言邪？嗚呼！漻之志亦可悲矣"句。

⑤ "并書"二字，《[弘治]江陰縣志》卷二《學校》無。

⑥ 《[崇禎]江陰縣志》卷五《藝文》題作"乾道修學記略"。

⑦ "獄"，《[弘治]江陰縣志》卷二《學校》同，《[嘉靖]江陰縣志》《[崇禎]江陰縣志》均作"訟"。

⑧ "僭"，《[弘治]江陰縣志》《[嘉靖]江陰縣志》均作"僣"。

所爲治天下，志[①]於教而已。六府三事，無非教也；皇極九疇，無非教也。歷代之所因革損益，禮樂刑政，法度班列，制之可考於經者，無非教也。學者，教之本也，教行於是而已。方治盛時，商農工賈，莫不有士君子之行，漸磨使然也。一家仁，一國興仁。塾立而教達於家矣，庠立而教達於黨矣，序立而教達於遂矣，學立而教達於國矣。凡國之政之大者，必於學乎舉焉，示教之有所本也，教成則無餘事矣，是謂"治出於一"。世衰，先王[②]之治具日廢，長人者各以其意爲治，治術益龐。州縣之間，財賦獄訟，簿書期會，迫遽若水火，早[③]晏以趣辨[④]，幸[⑤]自脱，何暇問所謂教化事哉？或乃摟虚文以自高，下車延見諸生，致禮敬焉，學宫敝則新之，學廩闕則豐之，曰："吾治尚教，非俗吏爲也。"泮[⑥]宫修而《魯頌》興，今何家耶[⑦]？築者則有云矣，曰："吁嗟乎！柰何舍穡事而役，是不急也。"然則教之耶，抑厲之耶[⑧]？

徐侯[⑨]爲江陰期年，大新江陰之學。而江陰之人歌舞之，則異矣。其言曰："異時斧斤不絶於學宫，材窳而工監[⑩]，閑[⑪]不十數歲

① "志"，《[弘治]江陰縣志》《[嘉靖]江陰縣志》均作"本"。

② "王"，原作"生"，據《[弘治]江陰縣志》改。

③ "早"，《[弘治]江陰縣志》《[嘉靖]江陰縣志》均作"蚤"。

④ "辨"，《[弘治]江陰縣志》《[嘉靖]江陰縣志》均作"辦"。

⑤ "幸"，原作"奉"，據《[弘治]江陰縣志》《[嘉靖]江陰縣志》改。

⑥ "泮"，《[弘治]江陰縣志》作"頖"。

⑦ "或乃……今何家耶"，《[弘治]江陰縣志》同，《[嘉靖]江陰縣志》作"間有知先務矣，委於恤民，則又曰"。

⑧ "然則教之耶，抑厲之耶"，《[弘治]江陰縣志》同，《[嘉靖]江陰縣志》作"然則學曷從而理也"。

⑨ 《[嘉靖]江陰縣志》"侯"之後有"蔵"字。

⑩ "監"，《[弘治]江陰縣志》《[嘉靖]江陰縣志》均作"濫"。

⑪ "閑"，《[弘治]江陰縣志》《[嘉靖]江陰縣志》均作"間"。

輒敗。今材良而工緻，若葺私廬，度可百年計也。”侯之事於學，蓋發於中心之確然者。方是時，公私譙譙，朝夕之資不相及。侯撙約斂柅[①]，細大有章，銖積寸累，克舉是役，而民不知。侯之能，於是絶人遠矣。[②]

予居湖，去江陰三百里，頗聞侯政美，猶未盡是也。侯至，詢民之疾苦既周，疏奏天子，以“所領郡田疇洿下，溝瀆久淤不治，夏暑雨輒泥，爲害九年於今，民用艱食。天子哀憐，勘[③]民秋入之租，既蠲矣。税若役若絹與紬之買，諸民凡夏之當輸有司者，民無以輸，願盡貸勿輸，不然民且之[④]去。謹昧死請”。報可。往歲，它郡有故不輸帛者，分配旁郡，江陰增以匹計者四千餘，歲襲弗革。侯并以爲請，歸[⑤]其故。有司持之曰：“賦入之經也。”侯力請不已，上爲蠲八之三。命下之日，呼聲動阡陌。流逋日歸，草萊[⑥]日闢，歲以大穰，家有蓋藏，里無訟鬥。古之所謂“富之、庶之、教之”，出治有序，致治有本，爲斯人長利[⑦]者，若侯之爲，非邪？學之建爲不虚矣。且教自身出者也。初，天子命侯爲饒州守，侯家吴，懼勤親於遠也，請於朝，易旁小州以便養。君子謂侯於是孝於親矣。孝者，教之本也。然則凡侯之所以治江陰，朝夕接吏與民，率屬、賓士，形於顰笑，施於號令，皆教事也。《詩》曰：“穆穆魯侯，敬明其德。”又曰：“濟濟多士，克廣德心。”上下莫不一於德，教之大成也。請歌是

① “柅”，《[弘治]江陰縣志》《[嘉靖]江陰縣志》均同，《[崇禎]江陰縣志》卷五《藝文》作“抳”。

② 此之下《[嘉靖]江陰縣志》《[崇禎]江陰縣志》均無。

③ “勘”，《[弘治]江陰縣志》卷九《名宦》作“斯”。

④ “之”，《[弘治]江陰縣志》作“亡”。

⑤ 《[弘治]江陰縣志》“歸”之前有“請”字。

⑥ “萊”，原作“菜”，據《[弘治]江陰縣志》改。

⑦ “利”，《[弘治]江陰縣志》作“吏”。

詩，以補江陰之頌①。侯名葳②，字子禮，歷陽人。

乾道丙戌歲季冬乙亥，吴興莫伯鎔③記并書④。

紹熙修學記

治人之道，必自明倫始。昔孟軻氏深究厥理，初見梁王，再見齊王，則正色言之曰："謹庠序之教，申之以孝弟之義。"及答滕公爲國之問，則又正色言之曰："學則三代共之，皆所以明人倫也。"曰"庠"、曰"序"、曰"教⑤"，雖命名不同，而設教則一。繼周而有天下，崇儒重道之君，尊敬其言，如親受正色之訓，此黌舍之所以普洽於四方，而此邦禮義之宫所由設也。

澄江間爲毗陵附邑，暨軍額復初，而學隨以興。高宗皇帝從郡太守王侯棠之請，建學官，開養士員。至尊壽皇聖帝克守家法，益崇大化。今上皇帝得於心傳，有加無已。若漢儒所言"立太學以教於國，設庠序以化於邑，教化行而習俗美"者，端在今日。而此邦之士，奮厲振躍，達焉者爲公相、爲法從，自余⑥以序而進，以期無負皇家作成人才之意。歲益久矣，蓋自紹興之三祀，得請於朝，越二年，而學始告成，距今尚章赤奮若，適周一甲子，且復進焉。歲月有進而未已，棟宇因仍而勿葺，爲郡守者則謂之何？

詹侯徽之下車之初，已啓是意，謂："君子將營宫室，宗廟爲

---

① "予居湖……以補江陰之頌"，《[弘治]江陰縣志》卷二《學校》無。

② "葳"，原作"藏"，據《[弘治]江陰縣志》改。

③ "鎔"，《[弘治]江陰縣志》《[嘉靖]江陰縣志》均作"鎔"。

④ "并書"二字，《[弘治]江陰縣志》無。

⑤ "教"，疑當作"校"，見《孟子注疏》解經卷第五上："庠者養也，校者教也，序者射也。夏曰'校'，殷曰'序'，周曰'庠'，學則三代共之，皆所以明人倫也。"

⑥ "余"，疑當作"餘"。

先。”乃鳩工度材，一新殿宇，崇焕光華。越明年，則三門克修，出入惟謹。入門而左，凡職事、諸生之列於西廡者，咸飾焉。過是而東，凡職事、諸生之列於左序者，咸飾焉。增光顯設，罔不聳觀。

軍學教授鄭應申嘉與諸生均被宏蔭，思有以報之，乃儼然造門，顧謂秉曰：“邦侯之於庠序之教，其不苟也如此。欲記其歲月，以爲無窮之觀，願有請也。”秉奉祠里居，敢以疾辭。教授固請，辭不獲命，乃相與命焉。整襟肅容，瞻望周匝，廟貌嚴重，如翬斯飛，曰：“此昔日之所考也。”層門疊開，高下具宜，曰：“此前日之所葺也。”夾以兩廊，翕然并興，曰：“此今日之所繕也。”吁！是固足以記矣。然邦侯之爲政久而倦，謹終如始，以續厥成，率皆類此，是可嘉也。

抑嘗聞之：“漸民以仁，摩民以義，節民以禮，故其刑罰甚輕而禁不犯。”皆自學校而致然。士群居，相與講明於道義，以尋繹其本原，俾五常之教坦然明白，其於學也，誠非小補。側聞囹圄空虚，婁形於兩獄之奏，寧不由庠序之化有以先之？故曰：“人倫明於上，小民親於下。”以是而書，庶無愧三聖人崇儒重道之意。

朝散大夫、集英殿修撰、提舉江州太平興國宫、江陰縣開國男、食邑三百户、賜紫金魚袋耿秉記。

淳熙新建貢院記

江陰自僞唐升建軍額，皇朝因之，其間廢置雖不一，然終不可廢。自翠華南渡，遂隱然爲淛西望郡。三年大比①，士之試於有司者幾千人。試無其所，則寓於迎福僧舍。僧舍不能容，邦人至率私

① “三年大比”，《[成化]重修毗陵志》卷三十三《詞翰一》同，《[弘治]江陰縣志》卷二《學校》、《[嘉靖]江陰縣志》卷七《學校記第五》均作“賓興之歲”。

錢增創廊廡。卑陋褊迫，試者病焉。

淳熙庚子，四明樓侯自樞密院編修官來守是邦。適當大比之歲，視傾屋毁墉，愀然弗怡，既[1]欲卜爽塏之地而一新之。會歲饑，弗果。明年洊[2]饑，又不果。又明年，大熟，治成政定，可以爲也，而侯秩滿當更。自常情觀之，姑幸脱去，豈復爲士子經遠計哉？侯曰："吾嘗計之矣。浮屠之籍於官者，其材可度也，羡金之儲於帑者，其工可募也，其可諱勞以累後人耶？"於是相城東北隅，得秀氣磅礴之地，坐[3]席帽峰，而秦[4]望、君山拱揖於其前。卜之既吉，遂以其年八月庚申經始，而十月甲子落成。重門叠廡，堂室庖湢，莫不具備[5]，合[6]七十楹。顯敞宏麗，翬飛雲矗。毋耗於公，母[7]勤於民，從容措領[8]，不七旬而訖工。

於是學士大夫請文於邲以記。邲，里人也，其敢以弗文爲辭[9]？邲嘗謂，科舉之法，鄉舉里選之遺意也。公卿之賢子弟，國之秀民，不繇是以進，則人不以爲貴，故天下共趨之。今之州郡，寧

① "既"，《［弘治］江陰縣志》《［成化］重修毗陵志》均作"規"。

② "洊"，《［成化］重修毗陵志》作"薦"。

③ "坐"，《［成化］重修毗陵志》同，《［弘治］江陰縣志》《［嘉靖］江陰縣志》均作"負倚"。

④ "秦"，原作"東"，據《［弘治］江陰縣志》《［嘉靖］江陰縣志》《［成化］重修毗陵志》改。

⑤ "重門叠廡，堂室庖湢，莫不具備"，《［弘治］江陰縣志》作"門廡堂室，庖湢莫備具"，《［嘉靖］江陰縣志》作"門廡堂室，庖湢備具"。

⑥ "合"，《［成化］重修毗陵志》同，《［弘治］江陰縣志》《［嘉靖］江陰縣志》均作"各"。

⑦ 此處"母"字當通"毋"。

⑧ "措領"，《［弘治］江陰縣志》卷九《名宦》、《［成化］重修毗陵志》均作"指顧"。

⑨ "辭"字原闕，據《［成化］重修毗陵志》補。

竭土木於游觀之所，以爲騁[①]懷之地，而試士之廬，則指爲迂緩而不屑經意。至於取具臨時，風雨不芘，所以待士者輕，亦何以責士之自重哉？江陰本毗陵一邑，貢士之額九人，媢嫉者或以爲過。紹興己卯[②]歲，混試毗陵，而江陰預貢者乃十二人，拔其尤而爲舉首者，亦江陰人也。人始歆艶而立言："蓋得江山之助，故其人秀而多文；有淮楚之風，故其人愿而循理。"今遂爲多士之地。侯能輯費於節用之餘，創意[③]於及時[④]之際，使較藝者有帡幪之地，人莫見其經營，而特見其成。既成矣，而侯去，始知侯之德不可忘也。侯以經術决科，以儒雅飾吏事[⑤]，孳孳愛人，故雖饑而不害，又能加惠學者如是，是可書也已。侯名鍔，字巨山。

淳熙九年十一月朔，朝議大夫、試中書舍人兼太子右庶子、句容縣開國男、食邑三百户、賜紫金魚袋葛邲記。

暨陽吴季子廟碑記[⑥]

"嗚呼[⑦]有吴延陵君子之墓。"孔聖所書。常州，古延陵也，吴季子所封之地。至西漢爲毗陵，又至東晋爲晋陵，宋、齊因之。隋平陳，廢晋陵爲常州，唐因之。或曰："晋陵郡自晋武帝太康二年分曲阿爲延陵，至隋徙治丹徒，唐武德三年徙延陵還治故縣，今潤之

---

① "爲騁"，原作"騁爲"，據《[成化]重修毗陵志》改。

② "己卯"，《[弘治]江陰縣志》卷二《學校》、《[嘉靖]江陰縣志》、《[成化]重修毗陵志》均作"乙卯"。

③ "意"，《[成化]重修毗陵志》作"役"。

④ "時"，《[成化]重修毗陵志》作"熟"。

⑤ "事"字，《[弘治]江陰縣志》《[成化]重修毗陵志》均無。

⑥ 《[嘉靖]江陰縣志》卷八《秩祀記第六》題作"季子廟記"；《常郡八邑藝文志》卷二作"延陵季子廟記"。

⑦ "嗚呼"，本書卷第九《碑刻》作"烏乎"。

延陵鎮是也。"杜佑謂[1]:"曲阿延陵有季子廟[2],非古之延陵,古之延陵在今晉陵縣。"其説明矣。而孔子所書季子墓碑,歲久蓋堙[3]没,開元中,明皇敕殷仲容摹刻之。大曆十四年,潤州刺史蕭定重刻石延陵廟中。於是俗習徒見潤之延陵季子廟,而不知常實古延陵,而季子所封也。

崇寧元年,余[4]以罪謫守是州,因考《太史公書》、歷代地志、《通典》、圖經,得其詳矣。又得其所謂"季子墓,在晉陵縣北七十里申浦之西",又曰"暨陽鄉"。而暨陽隸今之江陰縣,乃屬令趙士溡訪之,得大塚於暨陽門外三十里申浦之側[5],旁有季子廟,與《史記》、地志、《通典》、圖經合。於是表識其墓,謹樵牧耕鑿之禁。又摹取孔子所書十字,刻碑墓上,設像祠之。學中以時率屬[6]吏士諸生拜焉,所以示邦人貴有德也。又備論歷世廢興與俗習之變易,刻之碑下,後有君子得以覽觀焉。[7]

明年四月十五日,降授奉議郎、知常州軍州兼管内勸農事、飛騎尉、賜紫金魚袋朱彦記。

紹熙[8]重修社壇記

郡守,古諸侯也。有民人社稷,則當知所重而不可忽。蓋天子

---

① "謂",《[嘉靖]江陰縣志》作"爲"。

② "廟",《[弘治]江陰縣志》卷六《古迹》作"厢"。

③ "堙",《[弘治]江陰縣志》《[嘉靖]江陰縣志》均作"湮"。

④ "余",《[嘉靖]江陰縣志》作"愚"。

⑤ "側",原作"測",據《輿地紀勝》卷九《江陰軍》、《[弘治]江陰縣志》、《[嘉靖]江陰縣志》改。

⑥ "屬"字,《[成化]重修毗陵志》卷三十三《詞翰一》無。

⑦ 此下《[嘉靖]江陰縣志》無。

⑧ "紹熙",《[嘉靖]江陰縣志》卷八《秩祀記第六》作"紹興"。

社壝方五丈，取諸土數，諸侯則半之。社東而稷西，俱以北面爲尊。祭之日，三獻皆南向於北牖[①]下，答[②]陰之義也。又必周以垣墻，外闢正門。植木以表其處，爲主以象其神，風師雨師，皆附於社，本仿唐制。然風師，箕也，壇宜列於東；雨師，畢也，與雷師同壇，則宜列[③]於西。其所從來亦遠矣。

江陰社稷之壝，在軍之西南，地平且正，真土穀之神所依焉者。而歲久荒圮，頹垣斷塹，樵牧所易，門顧南向[④]，殊乖面勢[⑤]之宜。舍事[⑥]頗遠於壇、儻罍洗列於前禜[⑦]，則進不便於登陟[⑧]。故每祭，則往往旋幄籧篨，以列獻次。其壇校以古尺，不及土數之半，而又磚甓斷缺，法所當修。春秋祈報，研婁[⑨]嘗惕焉。内動其心，以爲怠忽。若此奉牲以告，神其吐之乎？水旱相仍，未必不由於此。久欲改作，而軍帑空匱，以故未暇。

由是節費銖累，度能辦此，遂擇穀旦，稍展其壝，以從古制，而陶甓[⑩]易之一新。立石壇上，以爲其主。從[⑪]屋稍南，壯其規模，以便祭事。牆仞重整，門改北嚮，而爲路於東垣之外，西轉順入。焚

---

① “牖”，《[弘治]江陰縣志》同，《[嘉靖]江陰縣志》作“牖”。

② “答”，《[弘治]江陰縣志》《[嘉靖]江陰縣志》均作“合”。

③ “列”字，《[嘉靖]江陰縣志》無。

④ “向”，《[弘治]江陰縣志》作“入”。

⑤ “勢”，本書卷第一《城社》、《[弘治]江陰縣志》《[嘉靖]江陰縣志》均作“埶”。

⑥ “事”，原作“是”，據《[弘治]江陰縣志》《[嘉靖]江陰縣志》改。

⑦ “禜”，《[弘治]江陰縣志》《[嘉靖]江陰縣志》均作“榮”。

⑧ “陟”，原作“涉”，據《[弘治]江陰縣志》《[嘉靖]江陰縣志》改。

⑨ “婁”，《[弘治]江陰縣志》同，《[嘉靖]江陰縣志》作“屢”。

⑩ “甓”，本書卷第一《城社》作“瓬”，《[弘治]江陰縣志》《[嘉靖]江陰縣志》均作“甎”。

⑪ “從”，《[弘治]江陰縣志》《[嘉靖]江陰縣志》均作“徙”。

幣有所，待贊有屋①。復取土之所宜，環植以松。興工於紹熙辛亥正月己未，粤二月甲申②用③成。④ 土木工匠之費，一毫無擾於民。是歲春祀，躬帥僚吏，有事於此。四顧山川，頓若改觀。神其顧歆而庶無旱乾水溢之盭乎？

研解印伊邇，幸於是舉，僅克有成，以不失所重，深欲後人知研改作之意，故命簽⑤幕述以爲記，而刻石以立於廡。朝奉郎、權知江陰軍兼管内勸農事、賜緋魚袋陳研記，宣教郎、推⑥簽書江陰軍判官廳公事姚舜陟撰、書。

天聖創修由里山龍王堂⑦

聖宋乾興初祀，皇上繼照之始，命太學博士范公⑧出治澄江。下車求瘼，革易苛弊，未期年而風俗丕變，百城相望，咸服能政。

越明年，太歲甲子，自仲春不雨，至於五月，稼焦南畝，雲密西郊，嗷嗷⑨居民，未遑啓⑩處。公繇是形勤瘁之色，軫旱映⑪之灾，潔焚禱之誠，盡禳禬之術，逮逾十旬，絶無靈貺。遂詢訪耆舊，云："由里山白龍洞，往俗相傳，旱則請禱。"公乃令珪，亟往除道，先日告

① "屋"，本書卷第一《城社》、《[弘治]江陰縣志》均作"室"。
② "甲申"，《[弘治]江陰縣志》同，《[嘉靖]江陰縣志》作"甲子"。
③ "用"，《[弘治]江陰縣志》同，本書卷第一《城社》作"告"。
④ 此下《[嘉靖]江陰縣志》無。
⑤ "簽"，《[弘治]江陰縣志》作"僉"。下同。
⑥ "推"字，《[弘治]江陰縣志》無。
⑦ 《[弘治]江陰縣志》卷二《民間義祠》題作"天聖創建由里山龍堂記"。
⑧ "公"，《[弘治]江陰縣志》、《[嘉靖]江陰縣志》卷八《秩祀記第六》均作"宗古公"。
⑨ "嗷嗷"，《[弘治]江陰縣志》《[嘉靖]江陰縣志》均作"慠慠"。
⑩ "啓"，《[弘治]江陰縣志》同，《[嘉靖]江陰縣志》作"寧"。
⑪ "映"，疑當作"暵"。

期。是月十有三日，至誠齋潔，中夜而往，未曙而至止，陳祝祭於山隈之舊壇。既畢，率僚屬耆艾躬陟山巔，罔憚艱險，加焚奠於洞户之上，默與神契："三日雨足，當有原[①]報。"洎乎茜旆回旋，油雲紛郁。是夕，雷電大震，霈然達曙[②]，浹洽千里。翌日，龍見於西南隅，蜿蜒層霄，拽尾如練，群民[③]仰止，悚駭神異。自是祁祁之勢，經旬未歇，芃芃之苗，卒歲有望。咸曰："殊乎！見絳之郊，空貽譏於蔡墨；窺好之牖，徒喪魄於葉公。觀應變之迹有聞，侔濟物之道遠矣。"

噫！得隱見變化之道，乘陰陽慘舒之氣，上極乎天、下沉於淵者，謂之"神龍"；樹禮義刑政之本，澄奢僭澆醨之源，上致乎君、下安乎民者，謂之"賢牧"。二者所以司生民之大柄。是故非龍之至神，不能納公之精禱，挫僭陽而成甘霔；非公之至誠，不能感龍之靈應，變旱歲而爲豐年。苟人神胥悦，則答之如影響。

逮乎[④]澄霽之日，公恪薦牲牷，祭於壇墠。復陟危頂，以奠祀事，所以加厚報之意也。遂觀稼而歸，有京坻之望，乃謂僚吏曰："斯雨所以泰吾民之甚矣，非建祠則未足答龍之休。爰卜舊壇之址，構爲新堂之基。瓴甓塗塈，必擇精潔；棟宇繪象，必加嚴肅。夫民者，神之祭主；神者，民之依護。水旱之灾，實堯湯之聖有矣，祭祀之法，雖周孔之才尚矣，而况於黔首乎？來者觀之，勿謂我怪於事而佞於神哉！將欲教斯民虞水旱而禱豐穰也。"珪首奉指呼，目睹靈異，俾屬蕪辭，紀叙實迹。

---

① "原"，疑當作"厚"，下文有"所以加厚報之意也"句。

② "曙"，原作"曙"，據《［弘治］江陰縣志》《［嘉靖］江陰縣志》改。

③ "民"字，《［弘治］江陰縣志》《［嘉靖］江陰縣志》均無，《［弘治］江陰縣志》有注"缺一字"。

④ "乎"字，《［弘治］江陰縣志》同，《［嘉靖］江陰縣志》無。

時天聖二年十月九日記，登仕郎、試秘書省校書郎、守江陰縣尉陳珪，朝散大夫、國子博士、知軍兼管内勸農事、上騎都尉范宗古記。

紹興重修由里山龍廟記[1]

龍於萬靈中爲物最神而殊異，天飛淵潛，利澤攸繫。大江以南，編民好禨祥，山腰林腹之間，靈湫宅龍，往往而有。或壇而不廟，或廟而不嚴，其隨意俎豆，亦肖麗而歲不絶。故水則禱晴，旱則請雨，恃以死生，奚翅命重？

去江陰軍治僅[2]十里，盤行[3]長阪，突兀而成山，雅號“由里”，俗相郵傳而不知其所謂。巔有龍淵，流衍及麓，窪坳蓄渟，清泠湛日，汲焉不竭[4]。除壇在旁，常爲水旱請禱地。天聖甲子，太守國博范侯宗古始於廟而繪之，荅况施也。語在邑尉陳珪記。後一百十有八載，今太守宗丞富公剖符之明年，遭時亢陽，惴惴閔雨，背秋冬，涉春夏，溝澮無濡，風日有損，舟膠於河，麥萎於隴。耕夫、饁婦，野於閑而室於泣，如逼水火，緩必焦没，環千里之内，黎庶無人色。

公仁著於心本[5]，憂浮於面顔，梵宫神祠，靡不宗舉，應雖感誠，猶靳霑足。乃四月壬申，小隊破曉出郊，偕其副往，躬藏[6]事於廟，酌醴置辭，淚迸栝案。缾淵水以歸，旌旗先驅，小[7]吏、耆老、道

① 《[弘治]江陰縣志》卷二《壇祠》題作“紹興重修龍堂記”。

② “僅”，《[弘治]江陰縣志》作“儉”。

③ “行”，《[弘治]江陰縣志》作“紆”。

④ “清泠湛日，汲焉不竭”，《[弘治]江陰縣志》作“清泠謀自，吸焉不竭”。

⑤ “本”，《[弘治]江陰縣志》作“目”。

⑥ “藏”，疑當作“蕆”，按《玉籙資度宿啟儀》有“建壇蕆事”。

⑦ “小”，《[弘治]江陰縣志》作“少”。

釋郊迎，置於壽聖院法筵中。日未下昃，陰雲四垂，雨毛掠面，通夕[①]鬱蒸若。翼日癸酉，霏霏祁祁，日光不漏，入夜滂濞，檐[②]溜如淙琤落澗。越三日，一求如初，入夜亦如初，赤地荷潤，眢井涌泉，魃虐鳥驕，景休迹息，千里忻[③]然，起死人而肉白骨。越六日庚辰，遣吏復水。公德之，興言曰："龍哉龍哉，爲靈亦昭哉！顧廟貌漫[④]漶，寒陵暑爍，樵傖牧孺，戲侮於其間，非所以妥神靈而揭民虔也。"乃揮公帑餘錢五萬，屬吏一新。閲月廟成，吏告訖工。易繪爲像，不侈不嗇，輪奂丹雘，遐矚增明，環山面埶，草[⑤]木知威，繄神其克享於無窮。是役也，費不傷於公，歛不及於下，動頤咄嗟，而使民永有告病求福之所。則公之爲政，可謂敏[⑥]於急人而悃愊無華矣。

滲也，掌教泮林，歆艷奇政[⑦]。雖怪與神，孔子所不語，而舞雩祭禜，載在《禮經》，兹庸可墨墨？爰索本剽而繫以詩，使斯民得歲時合賦，以侑祀焉。其詩曰：

龍德蟠際，在蟲莫知。實尸雨霖，鞭雷摇幟。蠢蠢生齒，腹饑謀食。四時罔避，力穡蓺稷。耕深擾疾，人不勝天。雲烝霧滃，賴龍以全。兹山由里名澄江，嵛崘崒嵂龍之汪。飛液逾坎堪濫觴，荆霏挹啖逾柘[⑧]漿。焦土[⑨]石裂暍欲僵，捧罌膏流收豐穰。天[⑩]漏資

---

① "夕"，《[弘治]江陰縣志》作"昔"。
② "檐"，原作"簷"，據《[弘治]江陰縣志》改。
③ 《[弘治]江陰縣志》"忻"之前有"欣"字。
④ "漫"，《[弘治]江陰縣志》作"曼"。
⑤ "草"，《[弘治]江陰縣志》作"水"。
⑥ "敏"，《[弘治]江陰縣志》作"敢"。
⑦ "政"，《[弘治]江陰縣志》作"叚"。
⑧ "柘"，《[弘治]江陰縣志》作"蔗"。
⑨ "土"，《[弘治]江陰縣志》作"上"。
⑩ "天"，原作"夭"，據《[弘治]江陰縣志》《[嘉靖]江陰縣志》改。

車翻手强，掃氛駮翳開扶桑。鄭公慶餘森珪璋，使君成民神且康。報功新廟益熾昌，龍兮無專白雲鄉。

紹興壬戌五月望，左從士[1]郎、充軍學教授玉山鄭漻撰、書。

紹興重修由里山龍王廟

深山大澤，龍實居之。在漢，則郡國湫淵領於祠官，而天田之祀位於壬辰。壬爲水，辰爲龍，就其類也。三農之事，雨澤是資。龍升而雲從，雲行而雨施，其爲吾[2]民之利博矣。故龍之所在，旱必禱焉。左太冲爲[3]"蟠龍潛於沮澤，應鳴鼓而興雨"，諒其言乎！

江陰據北江上游，洪濤怒瀾，極目無際，蓋神龍之所行[4]窟宅。逾江而南未十里間，有山曰"由里"。林木紛敷，岡阜相屬。是山之巔有白龍洞，而靈壇峙乎其下，昔人即是而禜[5]焉。

今郡守宗丞富公莅政之明年，自春不雨，以至於夏。麥已秀而未實，稻欲生而未蓺，漕舟絶流，公私告病，閔閔然民惟歲之憂。公兢惕滋甚，見於言色，日與其僚并走群祀。公躬率之，庶僚莫不精意以從。嘉雨[6]集矣，猶未均浹。耆舊以由里龍祠來告，公祇服祀事，無憚險遠，中夕而往，黎明止於祠下。牲酒既陳，鼗鐘遞奏，薦祼降登，禮無違者，精誠交孚，神用顧饗。爰稽舊聞，酌彼泉源，設次於郡之禪居，朝夕禱請，不懈益嚴。油雲朝隮，時雨[7]驟降，土膏

① "士"，《[弘治]江陰縣志》作"仕"。
② "吾"，《[嘉靖]江陰縣志》卷八《秩祀記第六》作"吴"。
③ "爲"，《[弘治]江陰縣志》《[嘉靖]江陰縣志》均作"謂"。
④ "行"字，《[弘治]江陰縣志》無。
⑤ "禜"，《[弘治]江陰縣志》《[嘉靖]江陰縣志》均作"禜"。
⑥ "雨"，《[弘治]江陰縣志》《[嘉靖]江陰縣志》均作"晛"。
⑦ "雨"，原作"而"，據《[弘治]江陰縣志》改。

其動,可耕可稼。公亟命其僚,報祭於庭,耆[1]艾縱觀,歡謡載路。

先是,廟屋傾圮,遺址僅存,上雨旁風,莫之帡覆。於是命工庀徒,建祠宇,設貌像,嚴嚴翼翼,不日而成。邦人謂公“静正以持身,忠恕以待物。所以施之政事者,纖悉周盡。而又齋祓其心、接於幽遐者如此其至。治民事神,可謂備善矣”。

壹嘗聞之,顏師古謂“龍之所居,山川隈曲,往往有之,穢濁諠汙,皆所不容”。而唐天復中,臨溪守宰祈雨於龍湫,雲雷倏興,雨雹立至,官吏蒙濕而歸,蓋龍之爲靈也昭昭矣。葺其墻屋,新其壇墠,神於此憑依,則祥應薦臻,雨暘以時,氛祲熄滅,肅亢陽之驕,爲有秋之利,奚旱之可虞?

壹僑寓是邦,恭睹靈迹,謹叙其大概,使後之人知龍之有德於民,無怠修祀,以承公之志云。

紹興壬戌初夏,兩浙漕屬余壹[2]記,左宣教郎、知江陰軍[3]事富元衡重建。

井亭記

古者,井田之制行天下,民之所以相生養之道,其法備具。至於鄉鄰族黨,其民則出入相友,守相助、疾相扶,雖衣服器用亦相供也。及井田壞而阡陌之利興,天下之民由是不相爲矣。浸於後世,先王之法制,大者廢滅盡矣,或存而稍用者,又非古制。鄉鄰族黨,人人[4]各争其利,奪而并之,未足以厭其欲,何暇及於人哉?維其通津梁、治井道以爲利者,則庶乎與人共之也。

---

① “耆”,《[弘治]江陰縣志》作“耋”。

② “余壹”,《[嘉靖]江陰縣志》作“俞壹”。

③ “軍”之後原有“士”字,據《[弘治]江陰縣志》删。

④ “人”,《[弘治]江陰縣志》卷三《河渠》作“之”。

江陰乾明院僧宗壽得民錢七十萬，自院之門甓其道，以達於市。道之左，鑿大井，面縱廣丈，深倍而什焉。閭巷之夫，讙然相喜，共其利，所以然也。

嗚呼！一井之用，於先王法制蓋至小者，爲之於一鄉而一鄉賴之，况施其大者於天下，則其爲利可勝言哉？若宗壽者，乃能倡民而爲之，與夫極土木之麗而無所事於民，其義則有間矣。井成而作亭，求予文爲記，予所以樂爲之書。

嘉祐六年八月十五日，將仕郎、試秘書省校書郎、守温州司法參軍曹確記。

大觀黄田港閘記

暨陽城北一里許，有港曰"黄田"，世傳以爲楚黄歇之所開以溉田，而後人以是名之者也。北引大江，横貫城中，南至[①]於郭，逶迤曼衍，截蔡涇，過茶鎮，至五瀉堰，凡七十五里而距二浙之漕渠。其播爲支派，若瓜蔓蚿音弦足，東暨無錫，西交晋陵，繚繞從衡，又不知其幾里。而溉田頃以萬計，皆資潮汐爲膏腴。苟莫制其盈虚，則乍滿乍除，雖有機械，不能運之於無所渟滀。故昔人即港口置上閘，以啓北江之潮，又即蔡涇爲下閘，以節制旁浦之水。於是，雨不時至，無涸絶焦枯之憂；霖霪弗節，無羨溢漂墊之患。而昔之茇[②]收其中，或終古舄鹵者，皆稻粱沃野。而富商大賈，長梲巨舶，夷蠙海錯、魚鹽果布之屬，輻輳於城中。故居民富饒，井邑繁盛，臺門雉堞，與列郡等。而今之縣令，蓋嘗守以二千石矣。其流詠詩人，見

① "至"，《[弘治]江陰縣志》作"出"。

② "茇"，《[弘治]江陰縣志》作"茭"。

於荆國王[①]文公與朱明之昌叔賡唱，頗以春申溝港爲可疏，而大誇珠犀、魚蟹之富。昌叔寄荆公憶江陰[②]詩云："太伯人民堪教育，春申溝港可疏通。"荆公酬云："黄田港北[③]水如天，萬里風檣看賈船。海外珠犀常入市，人間魚蟹不論錢。"乃知黄田港爲歇之所開[④]要津，而閘之創置，則歲久失傳，不可考而知已。

方戰國時，四公子之徒，争屈己下士，以相傾奪。春申君食客三千，其上客皆躡珠履。歇既獻淮北十二縣於楚考烈王，而請封江東，因城故吴墟以自爲都邑。而無錫今有黄城春申祠，江陰今有申浦季札墓，按《輿地志》《吴越春秋》《太平寰宇記》及《史記・吴太伯世家》《前後漢、晋書・地里[⑤]、郡國志》注雜載，吴太伯初城梅里平墟，自太伯及王僚都之。今無錫縣西[⑥]四十里有太伯城。闔廬、王僚於此始築都吴郡，今蘇州是。又去無錫十二里，有歇之所築黄城。去黄城三里歷山下，有春申君祠[⑦]，春申君於江陰西浦置田，爲上下邑[⑧]，今謂之申浦，有季札家[⑨]廟在焉。則無錫蓋其所城之墟，江陰乃其封境之内，而港閘之制，殆當日豪侈之所取資者，且功施於秦漢之前而逮今，百姓[⑩]長饗其利，長民者不可不知也。

而比年以來，港浸反壞，而閘亦破毁如漏卮，故旱乾水溢，農人

---

① "王"，原作"玉"。按王安石曾封"荆国公"，謚"文"，世稱"王文公"。
② 《[洪武]常州府志》卷十六題作"憶江陰呈介甫"。
③ "北"，《[洪武]常州府志》卷十六作"口"。
④ "歇之所開"四字，《[弘治]江陰縣志》無。
⑤ "里"，疑當作"理"。
⑥ "西"，《[弘治]江陰縣志》作"東南"。
⑦ "春申君祠"四字原闕，據《[弘治]江陰縣志》補。
⑧ "邑"，《[弘治]江陰縣志》作"屯"。
⑨ "家"，《[弘治]江陰縣志》作"冢"。
⑩ "百姓"二字，《[弘治]江陰縣志》無。

疲於畎畝，商旅困於舟航，而粟帛之奉朝廷、租賦之輸州縣者，往往終日不行。尋常郡縣之吏，多苟且歲月，無實爲民之心，而監司復靳一時疏道[①]繕完之費，而不知財賦之所由出。故雖功利炳乎因[②]前，猶持議數年不決，可爲長太息也。夫雨卑[③]而除道，水涸而成梁，此殆事之末者。然三代之時，必謹之爲政治之法，而子産以乘輿濟人於溱洧，謂之"不知爲政"，况溝洫陂防之不治，而民有藏耜、野有奥草，宜乎百姓深以爲病而望其閘者，且嗤郡邑徒區區以水旱爲念，而政事之不修如此，以爲行道羞，久矣。

大觀戊子，大晟府典樂徐侯申翰臣來守毗陵。厥既下車，郡已談笑而治矣。不逾年，視五邑之境，幅員數千里，如在諸堂。且披按江陰之圖籍，而利害之將興除也。會令尹徐君充、邑丞于君滂、主簿徐君震、縣尉韓君立之踵至，遂相與訪知縣民之瘼無大港閘者，而水利實亟[④]之職。乃特禀於徐侯，大悦曰："此予志也。"亟[⑤]乃退而詳究籌畫之。雖已取成於心，而有俟時者。會歲事稍登，人樂自效，得錢三百萬以市材命工。聞於部使者，部使者雖喜丞之勇爲，而慮經度之未盡，乃檄郡倅張侯元衡覆視，且詢之民，謀之再，而訪之士大夫，審矣。遂以庚寅季冬，下[⑥]上閘之良址，於舊基之北[⑦]百步外爲之，而成於明年政和改元之正月。人人知暫勞之爲永逸，皆樂事而勸功，增畢而倍薄。其板築剛實，規制宏壯。反觀舊址，若坐巍阜視培塿焉。乃作亭乎其左，以謹司開闔之節，立廟

① "道"，《[弘治]江陰縣志》作"導"。
② "因"，《[弘治]江陰縣志》作"目"。
③ "卑"，《[弘治]江陰縣志》作"畢"。
④⑤ "亟"，《[弘治]江陰縣志》作"丞"。
⑥ "下"，本書卷第六《閘》作"卜"。
⑦ "北"，《[弘治]江陰縣志》作"址"。

乎其右，以妥安神祇之靈。且使出没於驚瀾怒濤之間而望吾閘而濟焉者，得亭以少休，而收去斡[1]之魂，得廟以恭謁，而申更生之禱也。三者備矣，乃更浚上下流之積沙，去支港之游土。復以餘材，作新下閘。昔人之所經營，於是乎盡。而闔境之民可支數十年，食魚與稻，亡凶歲憂。漕輸者亦省半而功倍矣。

郡侯題[2]之，爲大書其榜，且酌酒勞丞而謂之曰："利源之出，管乎是矣。不可使鄰邑弗獲其施也。"俾復西導申、利二港，注之晉陵、武進。而兩邑之人，因相與戮力，接疏下流，以達州[3]城之北，使灌浸周於郡境。而風檣萬里、順流而縱者，朝江海而夕毗陵也。於是商賈歌於川途，居民賀於里巷，而耕夫耘叟，歡忻鼓舞，願置刻於康衢。而丞以郡侯之命，屬予以記。予喟然曰："昔西門豹不能引漳水，而民歌史起；韓不知用鄭國，而秦取其功。亘古以來，固有利澤可以及物、而人鮮克舉興，夫高明寥廓之士不得少施其效者，何可勝言？今子之功雖賢於西門生遠甚，儻郡侯不能任予[4]，而部使者不能聽予[5]，則予[6]不猶鄭國之在韓也耶？豈唯是哉，向使通守、邑大夫不協力向公，而梗以異議，必沮壞於冥冥之中，而子亦奚功之成？"丞曰："然。"乃并叙其美而鑱諸石，且欲後之爲政者知港閘之惠如此，母[7]荒忽前人之功，而爲行道之所笑。是亦古人所以不用財賄，而廣施德於無窮也。

辛卯四月十五日，朝奉大夫、充顯謨閣待制蔣静記，朝請大夫、

---

① "斡"，疑當作"幹"，按《欒城後集》卷十八《表狀疏十九首》有"收去幹之魂"。

② "題"，《[弘治]江陰縣志》作"韙"。

③ "州"，《[洪武]常州府志》卷三《渠堰》作"利"。

④⑤⑥ "予"，疑當作"子"，按下文"而子亦奚功之成"。下同。

⑦ 此處"母"字當通"毋"。

知常州徐申立石，常州江陰縣丞丁湧[①]建。

政和河港堰閘記

惟江陰實昔暨州，今地廣民稠，爲毗陵五邑之冠。壤四高中下，而旱乾水溢比旁縣爲鮮，嘗竊怪之。已而披按地圖：大江橫其北，太湖處其東南，而挹北江之潮汐，灑[②]具區之泛濫，爲河港以十數，港之中又有港焉。派而爲溝洫，衆而爲畎遂，若身之血脉，失其節宣，則病或乘之。此天禧之崔屯田立、嘉祐之楊都官士彦所以汲汲於橫河、市墩、令節、蔡港，以爲下車政治之先。而書諸國史，形於褒詔，記之楊蟠之文，民到於今稱焉。

蓋導江水而南被、其最巨者，由黄田港閘距五卸[③]堰，爲漕渠。之[④]東有河曰"市墩"，又其東曰"新河"。新河受令節港之水，市墩承蔡港之下流，皆北引大江，南匯[⑤]代洪港，而震澤之餘波暨焉。猶或滯[⑥]而不周，崔乃西起漕渠，中絶蔡港，而東至令節[⑦]，鑿橫江[⑧]以貫之。於是從衡絡繹，與百瀆相爲經緯。而田之窪者仰，旱者澤，瘠者腴，而介於江湖之間，暨陽尤爲沃野。此士彦所以一理前人之迹，而百姓重饗其利也。

由楊距今，五十餘年，橫河故道，湮没略辦，市墩、新河、代洪港

---

① "丁湧"，上文作"于湧"。
② "灑"，《[弘治]江陰縣志》作"釃"。
③ "卸"，疑當作"瀉"，《[弘治]江陰縣志》亦作"卸"。
④ 《[弘治]江陰縣志》"之"之前有"而漕渠"三字。
⑤ "匯"，《[弘治]江陰縣志》作"匿"。
⑥ "滯"，《[嘉靖]江陰縣志》卷九《河防記第七》作"治"。
⑦ "令節"，原作"今則"，據《[弘治]江陰縣志》改。
⑧ "橫江"，《[弘治]江陰縣志》作"河"。

悉又反壞。而具區之水由無錫而入者，既不得泄，北河[①]之潮由令節、蔡港、黄田閘而注者，又遏而不逝。於是白鹿、化成等十鄉之田，頻苦旱澇，而比歲六年之間，秋賦之捐者五。朝廷信賞必罰，於民功尤重，以承流宣化之官，然或苟且歲月，雖欲獻議，而部使者沮不得爲。而生財之道、裕民之術，所以不能仰副朝廷寄委之意者，郡邑外臺之罪也。

政和甲午，邑[②]丞楚通仕執柔患之，乃行視水道，謂："利害之當興除[③]，莫先崔侯之所[④]與楊守之所嘗盡力者。然當創[⑤]閘馬師、青市二橋之旁，而仍堰邑東門之外，以南泄震[⑥]澤，北節大江，視二水之盈虚而爲之啓閉，則善無[⑦]以加。"經畫既定，乃度地計工，圖其狀以陳，而郡侯、部使者遣官覆視。久之，閲歲復澇，乃始得請。遂因農隙且闕食者，取資於官，時貸以常平錢穀，得夫一萬四千七百六十七。延袤深廣，計夫授步，二河一港，同日皆作。丞躬至其所，察其媮惰，激賞勸工者，而食利之家争出私錢以佐閘費。於是市墩、新河、代洪港環亘七十里，新[⑧]流逶迤，兩閘宏壯。其溉民田以頃而數者四千六十。作始乙未冬十一月辛巳，而畢工十二月庚戌。

① "河"，《[弘治]江陰縣志》作"江"。

② "邑"，《[弘治]江陰縣志》作"縣"。

③ 《[嘉靖]江陰縣志》"除"之後有"者"字；"興除者"，《[弘治]江陰縣志》作"興者"。

④ 《[弘治]江陰縣志》《[嘉靖]江陰縣志》"所"之後均有"鑿"字。

⑤ "創"字原闕，據《[弘治]江陰縣志》《[嘉靖]江陰縣志》補。

⑥ "泄震"二字原闕，據《[弘治]江陰縣志》《[嘉靖]江陰縣志》補。

⑦ "無"字原闕，據《[弘治]江陰縣志》補。

⑧ "新"，《[弘治]江陰縣志》作"所"。

卜以明年三月己巳，將濬横田[①]河。會知縣事王承奉有來，遂相與戮力。自邑之回塘堰，出建寅門，東至石牌港，凡二十三里，皆令之所董。由[②]石牌以達令節，凡二十六里，則丞之所部。合四十九里之所溉，共[③]爲田二千三百一十三頃。不逾月工就，而東門之堰亦完。總三河一港而計之，田之保[④]其澤者凡六千五百七十三頃有畸。而昔之負載[⑤]於道路，今操筏而運之，一夫可以敵百折。商販之趍闠市徑，且免於江濤，而縣征滋以致遠。故雖積工亡慮四十萬，而民亦不以多辭；散緡斛[⑥]亡慮二萬一[⑦]千三百，而官不以費嗇。乃知令、丞此舉，不爲無補於公私，與夫職爲民官而恬不以民爲念者，不可同日而語矣。

始丞之議是役，或謂："歲方歉，民未可以輕擾。"而丞以歲歉之患，政繇水利之不修。苟佚道使民，其將勞而不怨。至是，邑人果以令、丞功利之實，相與礱石以待書。余謂："十目所視，不待記而可知，而崔、楊偉績苟蕪没而無考，則或泯。"於是[⑧]，乃濡筆而識之，俾鑱石以示遠云。

政和六年歲次丙申四月望日，朝散大夫、新除試大司成蔣静記。

---

① "田"字，《[弘治]江陰縣志》無。

② "由"，原作"田"，據《[弘治]江陰縣志》《[嘉靖]江陰縣志》改。

③ "共"，《[弘治]江陰縣志》作"又"。

④ "保"，《[嘉靖]江陰縣志》作"沾"。

⑤ "載"，《[弘治]江陰縣志》卷三《河渠》、《[嘉靖]江陰縣志》均同，《[弘治]江陰縣志》卷九《名宦・守令》作"戴"。

⑥ "斛"，《[弘治]江陰縣志》作"料"。

⑦ "一"，《[弘治]江陰縣志》作"二"。

⑧ "而崔、楊偉績……於是"，《[弘治]江陰縣志》作"而崔、楊偉績不蕪没而無考，則或在於是"。

乾道治水記

上即位之六[①]年，歲在丙戌，詔遣轉運副使姜公詵按視浙西四郡水利，與守臣條具以聞。遂以八月次于江陰，知軍事徐公蔵相與研究利病，延見父老，審訂其説，曰："江陰，古暨陽，郡北臨大江，地勢洿下，潮汐往來，浮沙停淖，港瀆善溢[②]。夏秋淫雨，浙西數郡，百川并委，瀕港七鄉，并湖三山，低卬之田，混爲一區，尋丈而增，膚寸而落。十年之間，没水[③]者一百六十七[④]萬餘畝，歲蠲秋苗以一二萬計，公私病焉。故申港、利港皆宜治。蔡涇之閘，西通夏港，大江之潮由之以上下，東連漕渠，五瀉之水因之以盈縮。摧廢既久，亦宜治。"乃并銜上奏，有旨："以丁亥歲興申港[⑤]二役，己丑歲浚利港，輟爲御之資以充經費。"於是相高下，定遠邇，别艱易，計丈尺，按民籍而賦工，分職任而置吏，視貲産以定多寡之數，校功程以均錢穀之給。茇舍所次，樵蘇所從，器用所須，畚鍤所出，悉有成筭。越孟春正月[⑥]日，率徒興工[⑦]，兩役并舉，軺車隼旟，聯轡于邁，撫勉存問，衆説忘勞。迨仲春二十三日訖工。起三河口以西，折北抵江，地與毗陵犬牙相錯，分治其在吾境者二十九里，深九尺，廣六丈，下流之廣幾倍焉，用工三十六萬有奇。閘之故基，距河差遠，兩

---

① "六"，疑當作"次"，按乾道二年爲丙戌年。
② "溢"，《[弘治]江陰縣志》作"淤"。
③ "水"，《[弘治]江陰縣志》作"休"。
④ "一百六十七"，本書卷第六《閘》作"一百六十"。
⑤ "申港"之後疑闕"蔡涇"二字。
⑥ "月"字，《[弘治]江陰縣志》無。
⑦ "率徒興工"，《[弘治]江陰縣志》作"鳩徒僝工"。

翼迫蹙，波流悍急[①]，易以[②]頹壞。乃移基并東，直柢漕渠，斥而大之，易木以石，屹然對峙。長各十有三丈四尺，高一丈八尺，洪之闊二丈三尺。岸之西北，匯爲渦[③]矗，分殺水怒。竹[④]木鐵石之工萬有九百，費錢以緡計者[⑤]三萬二千三百有奇，米以石計者，一萬一千四百有奇，而二利興焉。出陂澤爲平疇，變沮洳爲膏壤，七鄉歲入，增十餘萬石。毗陵諸邑固[⑥]當溉[⑦]，凡浙西之田陰獲利者，又不知其幾千萬頃也。蓋自嘉祐六年，朝廷遣都水監簿相視河渠，郡守都官郎中楊士彦建議開導蔡涇[⑧]等六河，下[⑨]及申、利二港。厥後水利不講，且逾百禩，而蔡涇閘壞，已二十年矣，至是工役始[⑩]興。徐公曰："動大衆，建大利，幸聖君矜吾民，財用許出於官。而郡止一邑，調度不支，且柰何重費大農？吾[⑪]再歲於此，擿奸欺，汰浮冗，銖積寸累[⑫]，凡得緡錢一十萬，非以備乏[⑬]絶，將焉用？建閘浚港，既以是充。"且謂："利港在毗陵之利多，宜以屬之，而江陰所宜

① "急"，《[弘治]江陰縣志》作"怠"。
② "以"，本書卷第六《閘》作"於"。
③ "渦"，《[弘治]江陰縣志》作"過"。
④ "竹"，《[弘治]江陰縣志》作"土"。
⑤ "者"字，本書卷第六《閘》無。
⑥ 原"固"作小字，疑後補。
⑦ "溉"，《[弘治]江陰縣志》作"倍徙"。
⑧ "蔡涇"，《[弘治]江陰縣志》作"擦柱"。
⑨ "下"，原作"不"，據《[弘治]江陰縣志》改。
⑩ "始"，《[弘治]江陰縣志》作"洊"。
⑪ "吾"，《[弘治]江陰縣志》作"乎"。
⑫ "寸累"二字原闕，據《[弘治]江陰縣志》補。
⑬ "乏"，《[弘治]江陰縣志》《[嘉靖]江陰縣志》作"之"。

增浚漕渠，下通黄田，以防汎溢[①]、絶壅滯。”預請于朝，得[②]所贏錢六萬八千六百緡，命郡從事王淙掌之，以備它日工役之費。報[③]可。

聞者太息，咸謂：“上不耗國用，下不歛民財。是舉也，善之善矣！”於戲！聖主厲精宵旰，勤卹民隱，有利若害，必興必除。惟時莅官之良，體國愛人，發於至誠，無有一毫彊勉不得已之意。吏民信服，大小競勸。五旬而畢，不愆於素。四境之内，寂若弗知。率是以往，則凡興事造業，蓋將舉無遺策而動必有成。上之德澤，其有不下究者哉？姑叙顛末，俾來者有考云。

三年七月既望，左迪功郎、軍學教授章洽記。

淳熙重開長壽河記

淳熙改元甲午秋，本路提舉陳公峴攬轡抵軍，申諭聖意，務興水利，俾州縣長吏勸率豪右，疏鑿諸河，以備水旱。始自長壽、昭聞、寶池三鄉有河一帶，南從新河口，北届稷山橋下，連接大江，綿亘二十有七里，又從二河口西抵運河二十餘里，其河支分派别，灌溉甚廣。曩者宣和間，里人修職郎吴公鐸開浚之後，經五十餘年，日益湮塞，潮流壅閼，無水旱之備。乾道九年癸巳，軍學生謝燁有請於軍，遂敦勸信州貴溪知縣吴公博士[④]，繼先父修職之志，以率其業。適瓜期俯及，不克厥終。太守嚴公焕奉承提舉宣諭聖君之意，專委簽判趙公善賫、知縣貝公欽世，協心經畫，民始聞之，從者半。於是多方勸誘，乃謝燁率將仕郎吴端弼爲唱，遂無異議。淳熙

① “溢”，《[弘治]江陰縣志》作“濫”。

② “得”，《[弘治]江陰縣志》作“儲”。

③ “報”，原作“振”，據《[弘治]江陰縣志》改。

④ “士”，疑當作“古”。

二年，歲在乙未月正人日，翕然從役。開積土二十九萬四千餘丈，計七萬四千餘工，不費公家一銖一粒，逾月落成。提舉核實，聞知於朝，第功行賞，或減磨勘，或進官一列，以勸後人。適五六月間，雖遭霪潦，易於開决，不至巨浸。又七八月間，旱既太甚，潮流來往，資以灌溉，其利博哉！暨利港諸河，別具始末。

今謝燁止因長壽三鄉之役，欲勸將來頻修水利，勿致湮塞，以爲子孫無窮之計，姑以此求紀歲月，於是乎書。

迪功郎、江陰軍軍學教授戴①履記。

尉司新建弓手寨記

江陰軍舊兩尉，蓋控扼之地，不得不然。東尉既省，事并而專，其責愈重。弓兵常置二百人，覩②旁邑爲多，養之亦加厚，所以銷奸宄③、安善良，爲江壖之保障也。

始予得尉兹邑，或曰阻江而盗多，予甚憂之。既至而考弓兵之籍，多闕不補，詢武藝之教，亦復久廢。乃多方招募，勞④葺射亭，謹閲習法，而至者常先後不齊。察其故，則遠者居數里外，稍近者二三里，而家於尉曹之旁者纔數人。予喟然嘆曰："此曹之設，本以備不虞爾。群焉而居，猶懼弗及，散而不聚，如緩急何？"欲擇便地爲營，役大用艱，莫闓⑤其端。乃請於常平使者羅公，求頃歲傭錢

---

① "戴"，原作"載"，據本書卷第三《官廨》改。

② "覩"，《[弘治]江陰縣志》卷五《兵衛》、《[嘉靖]江陰縣志》卷十《兵衛記第八》均同，《絜齋集》卷九《記》作"視"。

③ "宄"，原作"究"，據《[弘治]江陰縣志》《[嘉靖]江陰縣志》改。

④ "勞"，《[弘治]江陰縣志》作"營"。

⑤ "闓"，《[弘治]江陰縣志》《[嘉靖]江陰縣志》均作"闔"；《絜齋集》作"開"。

之未給者千七百餘緡，與夫在官之田爲之基，公忻然從之。田散而不屬，以易私田，廣三十畝，鄰於閲習之場，爽塏寬平，卜云其吉[①]，鳩工化[②]材，考極相方矣。會御史吴公力言弓兵利害，宜拘之營，以革散處之弊，上施行之。太守侯公奉命唯謹，乃輟郡計，錢以緡、米以石者皆[③]二百，木三百章，以佐其費。羅公行部，至而觀焉[④]，給錢三十萬，以竟其役。

蓋經始於丁未之中[⑤]春，而告具於是年之季冬。凡爲屋百七十六間，而棲身[⑥]有宇，宿甲有房，勸功有亭。凡授屋，人處其一，有功者加半或倍之，董役而有勞者三之，未有室者兩人同之。於是向之散處如外者合而爲一，等級給[⑦]相承，上下有列。而又穿渠瀦水，足以備灾，斫石爲梁，無或病涉。里中好宜[⑧]數家，復以地假我，乃翦榛莽，闢通途，而營壘備矣。

凡役之興，謀之而無阻，豈惟[⑨]謀之無阻，而又有助焉，尤其難也。是役也，諸所興爲，悉仿軍營制度，而瓦木竹葦之直，皆豫給之。事克有濟，而於民無擾，得非沮之者微而助焉者衆歟？然猶有懼焉，蓋自古業無細巨，其能傳諸久遠者，皆作者經營於前，而繼者維持於後也。予，鄙人也。罷精憊思而不敢告勞，以備不虞，姑盡吾心焉。若夫因其緒業，加之潤色，使居其中者常聚而不散，聞其

① “吉”，《[弘治]江陰縣志》作“告”。
② “化”，《[弘治]江陰縣志》《[嘉靖]江陰縣志》均作“庀”。
③ “皆”字，《[弘治]江陰縣志》無。
④ 《[弘治]江陰縣志》“焉”之後有“復”字。
⑤ “中”，《[弘治]江陰縣志》《[嘉靖]江陰縣志》均作“仲”。
⑥ “身”，《[弘治]江陰縣志》《[嘉靖]江陰縣志》均作“神”。
⑦ “等級給”，《[弘治]江陰縣志》《[嘉靖]江陰縣志》均作“等級”。
⑧ “宜”，《[弘治]江陰縣志》作“誼”。
⑨ “豈惟”，《[弘治]江陰縣志》作“爲”。

風者畏懌[1]而不敢發,得無望於後人乎?兹予所以爲之記也。

淳熙十五年□[2]月既望日,四明袁燮[3]記,東陽康又虎書。

紹興新建君山浮遠堂記[4]

紹興二十年正月,江陰趙侯智夫[5]至郡逾月矣,以書走旁邑,告常所往來者曰:"惟[6]奉命試郡乎此,父兄朋舊苟有以告我,無憚道路。"余發書喜甚,即日自[7]陽羡具舟,陪諸客謁麾下。侯爲陳醮豆,道平生驩,且條畫所以爲郡,語纚纚[8]可聽。蓋事無細大,斬斬皆有綱紀。後二日,請辭曰:"余無以告侯矣。不敢以久溷館人。"侯掩耳不余聽也。翌日又辭,益相挽留如初,然熟視色辭,若有所懷未吐也,因謂曰:"豈有以命我耶?"笑曰:"然哉!蕞爾邑介于數大郡之間,疆洫井閭與凡貢輸之人,不能當他郡之十二三。唯嚮山背江,風物殊勝,他郡或無有也。常[9]試與子踵君山而望焉。"

① "懌",《[弘治]江陰縣志》作"憚"。

② 此處原闕。

③ "燮"字原闕,據《[弘治]江陰縣志》《[嘉靖]江陰縣志》補。

④ 《[嘉靖]江陰縣志》卷三《提封記第二下》、《輿地紀勝》卷九、《方輿勝覽》卷五均題作"君山浮遠堂記",《常郡八邑藝文志》卷二上題作"江陰君山浮遠堂記"。

⑤ "夫",《[弘治]江陰縣志》卷六《山川》、《[嘉靖]江陰縣志》、《常郡八邑藝文志》均作"大"。

⑥ 《常郡八邑藝文志》"惟"之後有"某"字。

⑦ "自"字,《[弘治]江陰縣志》闕。

⑧ "纚纚",《[弘治]江陰縣志》《[嘉靖]江陰縣志》作"灑灑"。

⑨ "常",《[弘治]江陰縣志》《[嘉靖]江陰縣志》《常郡八邑藝文志》均作"嘗"。

行郡城而北纔里所①,至君山,相與登絶頂。又謂余曰:"郡奉朝廷恤民之令,凡土木之工、病苦閭里者,一毫不忍爲。邇者撤浮屠氏之廢廬,輦其材付主寺事者,使新斯堂於山之顛。"闢户而南,峰巒起伏,東西聯亘,嵐烟暖翠,蕩漾几席。侯曰:"此未爲偉觀也。"乃凭闌②而北,淮艑海舶,十百相銜,長③江接天,不可涯涘,觀者爲之改容眩目焉。且江自④京口而東,距海爲不遠,地浸傾下,又東二百里而後至此,江流益縈回演迤,無甚怒極湍之埶⑤。每風平浪止,淵渟鑒静,晴碧湛然。而一堂之上,西望京口,東屬於海,豈以目力爲限際?蓋愈望而愈無窮也。客有誦東坡⑥"江遠欲浮天"之詩者,侯曰:"是可以名吾堂矣。"謂余其遂記之。

瞻⑦乎!江山之勝,非名人達士焕飾表見之,亦不能自勝也。樵夫牧叟生長游處其間,不知江山之爲江山也。僧廬道院往往占江山之形勝,而其徒知江山爲江山者幾何人?騷人墨客與羈旅憔悴之士,間能携笻躡屐,把酒賦詩,取適俄頃,亦何能發江山之勝概,使聞者願來而至者忘歸乎?郡侯縣大夫力固足以辨此,然汩没文墨間,知江山之爲勝者又幾人?能從容了公家事,知江山不害爲吏者,益可數也。至於新棟宇臺觀,極一時登覽之雄,以暇日從賓

① "所",《[嘉靖]江陰縣志》《常郡八邑藝文志》均作"許"。

② "蘭",《[弘治]江陰縣志》《[嘉靖]江陰縣志》《常郡八邑藝文志》均同,《[成化]重修毗陵志》卷三十三《詞翰一》作"欄"。

③ "長",《[弘治]江陰縣志》作"是"。

④ "自",原作"東",據《[嘉靖]江陰縣志》改。

⑤ "埶",《常郡八邑藝文志》作"勢"。

⑥ "坡",原作"波",據《[弘治]江陰縣志》《[嘉靖]江陰縣志》《常郡八邑藝文志》改。

⑦ "瞻",《[弘治]江陰縣志》《[嘉靖]江陰縣志》《常郡八邑藝文志》均作"嗟"。

客倘佯醉詠其間，當於前輩勝流中求爾。曩時斯山之顛，黄茅白葦，樵者之所裴回[1]，敗屋一二椽，過者懼壓焉，不敢少伫立其下。今侯到郡屬耳，不勤民力，不索公帑之藏，使千古江山之勝自我焕發，是可書也。將移是而施諸有大於爲郡者，剷夫易庳陋苟簡之習，爲高明偉傑之觀，皆當如斯堂矣。

侯天枝之秀，蚤歲以儒學登進士第。嘗賜對便殿，擢丞奉常，已而出佐三近郡，有能[2]聲，行光顯矣。

五月丙子朔，江都仲并記，紹熙甲寅七月己未朔，郡守吴興施邁屬天台李淳父書。

廣陵先生《游壽寧寺》詩壽寧後改名光寺

寥蕭枝上風，蜩螿以秋告。黯霮道傍樹，緑蔭涼一本作良可冒。况承積陰餘，急雨蕩晴昊[3]。初凉逞新威，宿暑懲舊躁。漫漫出門路，踽踽可誰造？江聲汹西奔，海遠劇東到。中間[4]可行望，洗滌去塵抱。宛[5]於林阜間，古屋架晴燥。蚊虻稍歛收，軒户可淹傲。胡爲子獨游[6]，不可携所好。踟躕伫歸步，風竹冷相勞。

先生姓王氏，字逢源，説之外大父。是詩蓋當時所作也。説得官二浙，因至邑訪遺文舊迹，書而刻之君山。

靖康初元六月二十六日，錢塘吴説。

---

① “裴回”，《常郡八邑藝文志》作“徘徊”。《[弘治]江陰縣志》《[嘉靖]江陰縣志》《常郡八邑藝文志》此二字後均有“而”字。

② “能”字，《常郡八邑藝文志》無。

③ “昊”，原作“吴”，據《[嘉靖]江陰縣志》改。

④ “間”，《[嘉靖]江陰縣志》作“門”。

⑤ “宛”，《[嘉靖]江陰縣志》作“况”。

⑥ “胡爲子獨游”，《[嘉靖]江陰縣志》、《常州府志》卷十五《文章》均作“惜乎予得游”。

天聖泛海觀音記[①]

菩薩於天聖元年五月中，泛大海至於江陰。有客舟邂逅菩薩於中流，隨船放光而行，舟師以篙枝混[②]，如是者三，放光不已。相次至江岸小石灣，住彼不去。是夜，現白衣人托夢於邑人吴信云："緣化右臂。"信曰："臂實[③]難捨，餘可奉從。"白衣人曰："此邑雜賣李氏家有香檀，可以作臂。"信候天明，驚異尋訪。有市人相傳江岸有觀音泛海而來，其長及丈。信往視之，果見菩薩，仍無右臂。於是信宣言于衆曰："菩薩托夢，以求此臂，我今發心，圓滿功德。"後果得檀木於李氏家，長五尺許，乃能成就。自是，邑人迎請歸壽聖奉安，廣興供養，祈禱屢獲感應。

宣和甲辰二月二十二日，孝竭被旨按兵，同常倅王松抵是邑，暫憩壽聖，遂獲瞻禮。時長老秘源持菩薩示迹，請記本末，庶幾見聞，發心歸嚮。夫大士應願滿[④]心，令諸有情，獲安樂地，隨緣赴感，現六神通，以妙智力，使彼衆生，觀其音聲，而得解脱，應得度者，即現其身[⑤]。此亦瀕江近海，大士度人應世悲願之一也。王孝竭稽首爲記，以書事實。贊曰：

大士願力，如彼慈雲。隨聲救苦，普濟群倫。泛彼滄海，來斯江津。楊枝净水，洗三業根。示現脱臂，於彼邑人。與庶與士[⑥]，作果作因。三塗八難，平等冤親。於一念際，合覺背塵。頓能穎

---

① 《[嘉靖]江陰縣志》卷十九《外記第十三》題作"壽聖院泛海觀音記"。
② "混"，《[嘉靖]江陰縣志》作"退"。
③ "實"，《[嘉靖]江陰縣志》作"實"。
④ "滿"，《[嘉靖]江陰縣志》作"蒲"。
⑤ "身"，《[嘉靖]江陰縣志》作"功"。
⑥ "與庶與士"，《[嘉靖]江陰縣志》作"與士與廣"。

脱，了達見聞。信彼大士，百億分身。在微塵刹，轉妙法輪。巍巍堂堂，人天所尊。

紹興重建報恩光孝禪寺記

如來般涅槃後，遺法在僧，遺言在經，遺相在像，所以安奉之者在伽藍。伽藍不立，三者曷寄哉？

今夫男穀女絲，必有縣官之賦，行商坐賈，必有關市之徵，而伏臘之外，所餘不能以十三。白簡黑簿之説興，而三弊傾於黄冠，荆鬼越禨之俗熾，而六畜盡於尸祝，則三之中又靡其二焉。嗚呼！民之生理亦窄矣。佛氏之宫，雖人心所樂施，然養生送死迫之，亦未必有指囷輸粟、殫楮揮金者，而況肯如須達長者布金買衹陀之林園乎？肯如引正王鑿山創龍猛之精舍乎？是必裒衆施，叢衆財，分積銖累，玩歲愒日，則庶乎可成也。

江陰軍報恩光孝禪寺，宅君山之麓，大江汹涌於其旁，而龍魚蛟蜃悲嘯出没之，呼吸萬里，水天相連，可謂壞[①]奇之觀。唐天祐中始建寺，錫號"永壽"。至本朝淳化三祼，改額"壽寧"。後軍守有請，欲以爲徽宗皇帝追福之地，乃賜今額。先是宣和間，祝融回禄挻炎，而寺屋掃地不存。住山海印禪師德文病之，與其徒商曰："瓦礫之場，欲使復崇宫殿，甚難事也。唯齋董[②]植行，不蘄於人，而人自嚮即焉，則可矣。"未幾，四方雲衲，屬袂接武，皆樂爲師用。轉化多人，使修堅法，坐致金穀充牣。於是斬木伐石，鳩工僝徒，猶涉二十年而後就。

余嘗杖策而游兹山，見其堂廡沉沉，寢殿言言，庫寮庖庾，皆巧

① "壞"，疑當作"環"。

② "董"，疑當作"薰"。

便壯麗,然後知師之道可以服衆而攝世財,師之才可以役人而集衆事。乃捐己錢,市經五千四百十八卷,龕之別室,使上士悟而忘筌,中人誦而植福,亦饒益有情之大者也。師曰:“寺應有記,檀越不靳金錢以流通三藏,理宜不没,公盍并書之以示後?”余曰:“水海中建立百千萬億佛刹,與禪師所建孰多?一微塵中藏大經卷,量與三千大千世界齊等,與弟子所施孰大?師爲我言之,我當爲師計[①]。”師曰:“真師住鮀[②]源,自識急[③]忠塔樣;李渤明藏教,慣看歸宗拳頭。若能如是解,是爲真佛子。”

紹興辛巳仲秋八月八日,左朝請大夫、提舉台州崇道觀、賜紫金魚袋葛立方記并書。

報恩光孝寺新沙記

自浮屠氏入中國,千有餘歲,道盛徒衆[④],天下名山勝地,盡爲所有。大刹千楹,衆至數百人,魚鼓之聲鏜然,圓頂方袍,雁行麇[⑤]至,趺坐展鉢,不問所從來,充足飽滿而後去。其米鹽細碎,用物衆多,與巨室等。爲住持者,責在一身,非道行禪學足以服人,智慮才幹足以集事,未能[⑥]勝其任。兼是二者,吾於長老洽公見之。

① “計”,疑當作“記”。

② “鮀”,疑當作“躭”,按《景德傳燈録》卷第十三《前南陽慧忠國師法嗣》有“吉州躭源山有真應禪師”句。

③ “急”,疑當作“慧”,《景德傳燈録》卷第十三有《前南陽慧忠國師法嗣》篇。

④ “衆”,《永樂大典》卷五七七〇《沙》作“縣”。

⑤ “麇”,《永樂大典》作“糜”,疑當作“麋”。

⑥ “能”,《永樂大典》作“易”。

乾道元年，洽公來主[①]寺事。宗風既振，擅[②]施雲萃，興利補壞，庶務畢舉。唯是樵爨，日市荒[③]郊，時遇乏絶，人苦旰食，思所以爲長久之計。會實池鄉有沙漲出江中，乃請[④]於官，願準申[⑤]令，撥以入寺。郡既從之，衆大歡喜。合辭來告，欲紀其事，勒之堅珉，傳示不朽。客有過而諗曰："利之所在，人爲賁育。數十年後，漲沙日廣，土毛日增，得無有[⑥]動心于斯者？小人嚚[⑦]訟侵攘，士大夫倚恃豪奪[⑧]，師有遠慮，嘗及是哉？洽公忻[⑨]然應之曰："我佛以不貪化人，使之樂施，錢財珍寶，肢節手足，一無所吝。若反侵漁以利僧衆[⑩]，是不仁之甚者，即我教中，得輕垢罪。矧寺以'報恩光孝'名，是惟徽廟薦嚴香火道場，臣[⑪]子者尚忍争乎？法不可行，義不容犯，雖歷千萬年，其何慮之有？"余聞其説而善之，謂其合於事[⑫]理而當於人心，乃爲之書。

三年閏月既望，左從事郎、充[⑬]江陰軍軍學教授章洽記并書。

---

① "主"，《永樂大典》作"住"。
② "擅"，《永樂大典》作"檀"。
③ "荒"，《永樂大典》作"于"。
④ "請"，《永樂大典》作"清"。
⑤ "申"，《永樂大典》作"甲"。
⑥ "有"字，《永樂大典》無。
⑦ "嚚"，疑當作"囂"。
⑧ "倚恃豪奪"，《永樂大典》作"依執豪敚"。
⑨ "忻"，《永樂大典》作"輾"。
⑩ "若反侵漁以利僧衆"，《永樂大典》作"若反侵之以飢僧衆"。
⑪ 《永樂大典》"臣"之前有"爲"字。
⑫ "事"，《永樂大典》作"天"。
⑬ "充"，原作"克"，據《永樂大典》改。

紹興新建定山禪寺輪藏記

長江之陰，定山之麓，距古道場逾五百年，有大比丘，其名覺元，重建法幢，寺以興□[①]。惟此比丘，具慈忍力，志願深廣，能以身血，大作佛事，不與丹墨五色雜合，血無□書寫經典，周游十方，侍善知識，年且四十，來歸定山。有大檀那太原王涣，剪除荆榛，肇營棟宇，飲食卧具，以安處之。

是比丘者，倡率其徒惠儔、道悦、妙智、道光、道雲、彦珂、梵芝、道思、智昇、□□、志圓凡十二人，相與刺血，寫四大部，所謂《般若》《華嚴》《寶積》《涅槃》，爲卷八百四十有三，越五十旬而寫之□□。字畫端勁，如出一手。

時王涣者，目睹斯時，踊躍懷喜，入□□其母，出力爲衆建法寶藏。兩輪八方，棲匭其中，諸天□□俯仰旋繞，金碧焕爛，以爲莊嚴。居士胡理，家於晋陵，身服儒冠，志存佛事，與是比丘，從曩劫來，有大緣契。雲居峰頂，一見如舊。何意今者，契闊九載，□□定山，成就本願，而坐道場，念兹經典，數百萬言。時□□居士，於其中間，劣有少分，功德隨喜。如持滴水，隕於大海。廣狹吐納，雖不同量，而此一滴，本圓明性，歷劫不消。則我父母所生身血，與此經典，永傳無窮，菩提林中，長爲種子。與是比丘十二人者，盡未來際，長爲善友。出没往反，度無量衆。

□有南岳楚雲上人寫《法華經》，十指乾而終七軸，藏諸名山，誓同彌勒，貫休詩章，贊嘆希有，况乃成績，巍巍如是。又此道場，法嚮禪師，當貞觀中，以四聖果，絶江相地，肇啓精藍。後五百年，是比丘出，曠代復興，山川增輝，非偶然者。

① 此處原闕。下同。

居士稽首，重説偈言："我聞兩足尊，全身傳半偈。不愛己軀命，爲重求大法。云何驕慢者，心不生希有。是故普賢説，剥皮與折骨。刺血以爲墨，寫經如須彌。爲尊重法故，應作如是事。良哉大比丘，願心殊特[①]。奉身依佛敕，捨血爲佛事。純一血無非□[②]五彩。所寫衆經典，字乃以萬計。手畫諸佛像，軀以尋赤計。餘學彖衆塔，其數十百計。化彼净行者，總十有二人，異體同一心，虔寫四大部。百有二十指，二十四眼根。鼻端與舌端，及耳及其臆。遍取六根血，究彼六根義。各陳其心畫，端勁儼若一。八百四十三，卷袠頓成就。心華所發明，爛如金光聚。是身本不净，一念成净用。是身速壞相，一念證無壞。我計其所刺，不知幾千百。量彼所用血，不知幾升斗。視身如牆壁，不以傷爲懼。忍刺如食蜜，不以慘爲懼。取血如泉源，不以涸爲懼。寫經如饑渴，不以多爲懼。是身已無我，無痛痛覺故。是身已無病，法乳充滿故。是身諸佛等，流出諸法故。是身衆生等，代受衆惱故。是身法悲幢，建立希有故。是身法慈航，度凡有情故。惟此身血者，變化通神怪。爲碧或爲燐，怪有如是事。況以真實心，寫布真實語。建置大寶藏，同轉大法輪。雷動而風行，響震十方空。永鎮於大江，龍天共迴嚮。"

左承事郎[③]、秘書省正字兼史館校勘胡珵撰書，紹興六年夏四月甲子，菩薩戒弟子、右迪功郎王涣立石。

---

① 此句疑闕一字。

② 此處疑闕多字。

③ "郎"，原作"即"，據上下文改。

大唐常州江陰縣興建寺碑銘并序[1]

佛道化而無私，天道運而無積，無私[2]以廣濟，無積固乃應時。此上二者，同德而異名，寂寞幽玄，衆妙之門，考其煦育，一也。今斯夫[3]場，大極生死，百姓日用，於此何益？有矣夫！俾衆情知去惡而就善，去禍而求[4]福。唯上智與下愚不移，抑各有所利，大略不然者，則曷以載育庶物，度彼烝民，令殊路而同歸，如百川朝宗，咸會於海？夫其佛法流傳，肇於漢代，瑞符聖夢，善副天心，自西徂東，繇是崇立。士庶各館，皇王異尊，靡不庶幾，歸信者什一。遂令睹者生善，悟理達宗，察性是空，反本知卒。若然者，則真諦之源廣濟矣。佛及菩薩，共説群教，言雖多，事從一，萬法攸歸，物物自備。苟舉一隅，諸不書也。

初京師首創"白馬"，殆吴越大興佛寺。昔近畿洛，皆天子及公卿捨業聿修精舍。令[5]江陰縣興建寺者，則梁大同元年二月四日渤海太守費公衡之所建。衡，則黄門侍郎昇之子，肇興西漢，衣冠承嗣，迨今德望，向[6]不湮微。捨其别業，載葺伽藍。春園桃李，耳[7]乃易爲禪林；俗館居廬，是以崇乎月殿。佛法從儀，沙門傳教，金鐘玉磬，兩韻蕭踈；檐蔔旃檀，二香郁馥。殿中石佛，泛海而來，莫知年代。寺僧咸相謂曰："先古宿德，請歸此寺。歲[8]炎旱，以焚

---

① "序"，原作"字"，據《全唐文》卷七百四十一改。
② 《全唐文》此處注："闕一字。"
③ "夫"，《全唐文》作"佛"。
④ "求"，《全唐文》作"就"。
⑤ "令"，《全唐文》作"今"。
⑥ "向"，《全唐文》作"尚"。
⑦ "耳"，《全唐文》作"爾"。
⑧ 《全唐文》"歲"之後有"忽"字。

香致敬，甘澤必至。邑人僉依，靈效斯在。"其地昔有鳳巢於樹，乃載於圖書；伍相延湖，固彰於版籍。後負郭邑，南接雲山，左控姑蘇之雄，右據毗陵之勝。殖貨臻凑，人風蘭穆。十室之家，殆于諸族，皆有忠信。或迹爲倣載，樂業隱逸，及其幽居閑暇，高遁園林，諒魯連之士矣。仁義束[①]身、詩書檢行者，而亦有諸。今此鄉閭，永依佛寺，擔警葷羶，遂躋歸敬。先屬中道陵夷，緇徒寢微，前上座僧請惠晉、都維那僧請林山嗣以紹隆常住[②]，未遑勒石。

今寺主文獻上人及太守[③]苗裔數人，兼諸檀越君子等，共議樹碑，文其往事，靡不僉從其願。文獻上人乃法門喉襟，遠近瞻敬，鈐[④]鍵寺事，條貫僧徒，文道外通，戒行内藴，生肇豈易，休遠略同。上座靈玩上人，秉節彌堅，冰霜潔操，運心戮力，紀綱恢弘。未隸[⑤]寺時，早曾葺理常住，贖田數頃，繼香積厨。暨寶曆元年，於寺西隅造法華院，捨園地以充基址，兼奬勸庶緣，共爲功德。今將工郢向畢，梓材呈[⑥]文，遂得寺域周旋，甚當樞要，始自一簣，今侔九層。佛哉斯善者。夫都維那季文，戒行貞廉，胡能有類，仁德忠信，善道孔昭，與三綱等經之營之，咸贊供[⑦]業。寺舊有宿德法雲、靈慎、法屬、清晏等導其初，今已歸寂。嗟乎[⑧]道林賓徒，遞相湮沉，雖捨報身於此方，故乃甄升於上界。今之道友導其後，克開厥功，載興載

① "束"，原作"速"，據《全唐文》改。

② 此句《全唐文》作"前上座僧請靈寺主僧惠晉都維那僧請林山嗣以續紹隆常住"。

③ 《全唐文》"守"之後有"之"字。

④ "鈐"，疑當作"鈐"。

⑤ "隸"，《全唐文》作"疑"。

⑥ "呈"，《全唐文》作"成"。

⑦ "供"，《全唐文》作"洪"。

⑧ "乎"，《全唐文》作"夫"。

茸，廣爲福善，伏用資我皇家而已於[①]。郡守韋公縝，剛毅公廉，仁明愛人。縉[②]紳之徒，其從如水。頻由台鼎，方領此郡。用弗擾政，慰安罷民。先張刑法以威之，次施道德以育之，視百姓如同子小[③]，剿凶絶豪，護持大梵。縣宰張公伯達，煦仁風以撫俗，屈牛刀而佐時。鳥鵲黿魚，各得其化。繩彼姧猾，衛此佛法。丞任，主簿崔，尉劉、褚、許，并以遠代簪纓，馳芳不泯，洪才綺靡，譽彰仙籍。僉曰："斯美者歟！"

予[④]自洛師而迴，寺僧慮先古之業湮微，見命爲銘，紀繕今昔之事，其言也直。然後躬詣精舍，觀其置寺處。雖無崇巒峭嶺、石路雲溪，乃有湖島亘前，諒具區之巨浸，阡陌起側，侔京畿之廣途；修松茂竹，葉[⑤]四氣以氤氳[⑥]，穹阜迴崗，連群境而壯觀。不然者，焉能感瑞像泛溟海以招來，靈鳳望烟林而巢處？大叶楨[⑦]祥，不其盛歟！劫石將燼，夫何鎮於千古。今憑故事於豐碑，豈不相爲悠久。銘曰：

邈哉寶刹，洞矣玄門。道尊天地，德重乾坤。俾未悟者，來知真源。愚智萬種，破惑一言。洛及吴都，歸心已于。公卿捨業，競造精廬。士庶崇信，迴向如趍。一乘[⑧]化世，三車引途。偉哉梁代，善有其人。費氏别館，建斯福因。禪林永茂，松柏長春。雁塔

① "於"，《全唐文》作"于"。
② "縉"，《全唐文》作"搢"。
③ "子小"，《全唐文》作"小子"。
④ "予"，《全唐文》作"余"。
⑤ "葉"，《全唐文》作"叶"。
⑥ "氤氲"，《全唐文》作"絪縕"。
⑦ "楨"，《全唐文》作"貞"。
⑧ "乘"，《全唐文》作"葉"。

凌漢，鉷鐘報晨。臺殿雲連，鴛鴦瓦翠。道途[1]鈐[2]鍵，運心克志。闢開厥功，迴廊周備。載興載葺，是崇是置。世途隳矣，福場久斯。石盡劫[3]改，山漂海移。於焉靡志，夫何記其？衆議礱石，樹兹豐碑。

大和二年戊申歲二月八日，主寺僧文獻置[4]，進士魯郡郁群老撰。

招隱院新建鐘樓

且以太上玄元，虚無闡化，文宣聖父，儉約興宗，雖鼎分枝衍，爰歸寂滅。我竺乾大覺，天地之師，啓甘露之教門，演真空之妙行，衋[5]兹化界，逖度群生，儼瑞相於離宮，壯皇王之境土。厥後隋朝嗣主，文帝登軒，頒示畿城，大營香剎[6]。時冀[7]陽銜斯國澤，聿創蓮宫，繇是矣。林王蠲其舍宅，越檀信樹爾藍墻，額懸招隱之名，位壓澄江之土，迄於唐代，四百年間，縱值廢興，此不壞矣。

時有沙門惠明，欲隆梵閣，乃創鳴鐘。且惠明飲水滄蘗，非[8]奉真仙，道德冠於五乘，學乃[9]通於三教，務兹嚴飾，勉力逾年，遂感畢方貢木，表震甸之良材；少昊遺金，耀兑宫之美德。即命澄川般匠，建爾層樓，爰憑桂莞洪爐，陶鎔梵響。矧有焚修院三僧令思及住院緇流，捨財請衆。亭亭修竹，度歲孤青；皎皎雲蟾，終年潔白。共興蓮社，同助化緣。復次郶勸首徐可樞、耿承諭、徐玢遠邇檀

① “途”，《全唐文》作“徒”。
② “鈐”，《全唐文》同，疑當作“鈐”。
③ 《全唐文》作“創”。
④ “置”，《全唐文》作“創”。
⑤ “衋”，原作“大葴”兩字，據《全唐文》改。
⑥ “剎”，原作“利”，據《全唐文》改。
⑦ “冀”，《全唐文》同，疑當作“暨”。
⑧ “非”，《全唐文》作“丱”。
⑨ “乃”，《全唐文》作“力”。

越等,早悟塵機,俱親妙道。剋世上有爲之寳,置禪關無壞之因,咸賫縉資,可題志銘爾。陶鎔既闋,斤斧又停,韻而扣起天聞,屹屹而從地踴。鴛鴦疊翼,上覆層檐,蝃蝀分軀,不擎於柱①。洪鐘一挂,警塵夢於千秋;翠閣圓成,鎮秖園於萬古。弘道狎居槐市,素乏嘉猷,况乎釋道幽遐,理核難究。深愧漦涓弱水,争起波瀾?實慙腐草微光,焉能代燭?幸蒙請命,不敢拒乎,輒序勝因,列於箴記。銘曰:

大覺真如,紺目修眉②。逾城得道,曩劫懷慈。化胡化越,以法以詞。人間天上,惟佛爲師。矧乎香刹③,隋皇創樹。法皷恒鳴,慈雲式布。地踊祥蓮,天垂甘露。帝祚同昌,金園永固。爰有緇公,狎禪之宗。三乘④得趣,十地門通。謍之妙閣,創之洪鐘。儼兹勝善,顯爾殊功。院已裝嚴,四百餘年。額挂招隱,位壓澄川。焚修釋子,繼嗣相傳。利於成事,可久存焉。

保大⑤十一載,歲次癸丑仲夏月建立,譙國丁弘道撰。

明教院重建釋迦殿

洪惟大雄氏之作也,本西方之聖人。今天下之達道,以言乎覺,警群生而無昧;以言乎真,統萬法而常寂。作者述者,不其偉歟!若夫像法之文,皷舞乎天下之動;壯麗之制,擬議乎域中之大。故净宫寳室,有殿之名焉。

江陰軍明教院者,作於六朝而重署於皇宋也。歲月滋久,堂構斯壞,不有良者,兹何以興?大族謝氏,家世有嚴,鄉黨推厚,天地

① “不擎於柱”,《全唐文》作“下擎千柱”。
② “紺目修眉”四字原闕,據《全唐文》補。
③ “香刹”二字原闕,據《全唐文》補。
④ “乘”,《全唐文》作“垂”。
⑤ “保大”,原作“徐大”,據《全唐文》改。

之利，謹於先疇，禮義之風，著乎中闔，而雅爲佛寺，興厥茂功。出金二百萬，建造大殿一所，塑釋迦佛并侍像并九軀，又募同信之人，增百萬以畢其事。金碧上輝，龍像中儼，巍乎神山之冠海，爛乎朝露之挹日，人天之觀，良盛於斯。

夫象以崇教，教以詮理，教存則大覺之路可求，理到則正真之性自得。斯人之作，豈徒然哉？事佛者良有取於兹也。

時天聖三年七月十一日，承事郎、守右司諫、充秘閣校理、知睦州兼管内勸農事、騎都尉、賜緋魚袋、借紫范仲淹撰。

悟空院新鑄鐘記

夫鐘者，古樂之器也。器之與聲，爲律之準，是故先王之制鐘也，大不出鈞，重不過石[①]，律吕度量由是生焉，八音五聲由是和焉。故曰："鐘者，聚也。"於律則聚其氣，於樂則聚其聲，揔而言之，曰："樂治心。"又曰"聖人作樂，和民心。"較其旨歸，鐘上於樂也，豈非以"和聲""治心"之爲本歟？

大雄氏之鐘也，非鈞石[②]之制，非律度之和，其量唯大，其聲唯遠。建梵刹，闢精宇，風聚徒衆，必懸鐘以扣之，豈止伺晨昏而期飲饍乎？固將發明佛事者哉！夫佛之旨，豈非以"治心""正覺"之爲教矣？扣是鐘也，豈非俠[③]其徒侣治自心而未爲正覺乎？

或曰："鐘之時義大矣哉！願聞其旨。"予曰："謂因開玄悟入，衆生之性本同；見聞覺知，菩提之心靡異。領斯旨者，則謂之迷。苟迷途之未復者，將扣是鐘警之。儻聞是鐘，信是法，於一念頃而

① "石"字原闕，據《國語》卷三補。

② "石"字原闕，據上文補。

③ "俠"，疑當作"使"。

登正覺，未爲難哉！設若辨聲教於文字，惑名相於聲色，趍真捨僞，弃有即無，趍捨尚乖，紛競未已。如此，則雖扣是鐘，喻斯旨，而欲三昧現前，其可得乎？”

悟空院者，按《圖經》，即梁吴林捨宅以建焉。始號“招隱院”，聖宋太平興國中，改賜今額。去繁□[1]一舍地，聚緇徒百餘衆，棟宇備其壯麗，居處獲其静勝，巋然紺殿，咸備莊嚴，鏗爾洪鐘，尚闕鼓鑄，則有植福僧可巖齊据者，好爲利益，興大因緣，同議斯鐘，是爲殊勝。而欲心既發，化導遂行，首則發願僧可巖，次則有施信士葛詳，各捨錢三十萬以助之。然後散募衆緣，咸悉響應。時值國家榷銅法甚嚴，巖乃遐造神畿，懇求計省，輸資内府，給銅便司，鼓枻載歸，誓果志願。乃擇良工，揆日鎔範。自始營意，至於畢工，總費錢一百萬。以天聖始號太歲癸亥十一月辛卯朔二十二日壬子鐘成，妙圓無比，衆目瞻嘆。揭於簨簴，撞之以挺[2]，舂容其聲，舒徐其韻。我鐘既扣，我欲斯發。欲聞是鐘者，惰者勤，躁者息，慠者恭，貪者足，愚者發其慧，智者返其照，衆生離其苦，鬼神贊其善，四時得以代謝，萬物得以盛衰，此鐘之聲不可得而革；陵谷得以移，桑田得以變，此鐘之用不可得而泯。小大來扣，發清越以無窮，幽顯同符，助響答而不已。巖公知僕，吏隱冗官，棲心祖道，欲刊翠琰，固托斯文。居士陳珪[3]稽首赞嘆，乃爲銘曰：

萬化含生，孕育一氣；萬法興行，齊歸一致。片月流影，照百千水；希聲善應，攝百千耳。我鐘既鑄，同斯妙旨。漚幻浮沉，百慮俱深。緣妄起見，希真惑心。聲色既礙，差别既侵。唯一大事，爲不

---

① 此處原闕。

② “挺”，疑當作“梃”。

③ “珪”，原作“桂”，據本文文末署名及本書卷第九《碑刻》改。

堪任。我鐘既扣，俾同妙音。大扣春容，無始無終。小扣清越，非異非同。肅懈警惰，破昏滌蒙。發六根慧，知萬法空。懲忿窒欲，響應空谷。不行而至，不疾而速。我聲本圓[①]，爾覺本足。吾謂聞鐘之利，俱未若鑄鐘之福。

天聖六年戊辰四月望日，登仕郎、試秘書省校書郎、江陰縣尉陳珪撰。

克齋記

吴嚴侯爲暨陽，民化其仁，不言而治，名其[②]居"克齋"。郡人丘密[③]曰："善乎！夫子之名夫[④]齋也，其知之矣乎？夫十百千萬所以爲多也，形於少也；充牣逼積所以爲有也，形於無也。彼其初何有哉？不幸有以相形，而多少有無不勝其異，於是乎争鬥敚攘之禍興焉。彼物交物且若是，獨柰何立我以形物乎？夫子其知之矣。嘗試觀諸[⑤]天地之間，生物之類多矣，在陽則舒，在陰則慘。凡物皆然，而吾亦然。然後[⑥]無一物非吾之同氣也。且吾一身四肢百骸亦若不同，疴癢一體附著[⑦]，舉身病之，不俟告語，則亦同氣而已。及其不仁也，左廢而右攫，不恤[⑧]也，而人則廢矣。由是觀之，凡物扎[⑨]瘥夭閼，而吾不以動其心，吾得爲人乎？仁者，人也。其亦

① "圓"，原作"圖"，據上下文改。
② 《[嘉靖]江陰縣志》卷一《建置記第一》"其"之後有"燕"字。
③ "密"，原作"崇"，據《[嘉靖]江陰縣志》改。
④ "夫"字，《[嘉靖]江陰縣志》、《常郡八邑藝文志》卷二上均無。
⑤ "諸"字，《[嘉靖]江陰縣志》無。
⑥ 《[嘉靖]江陰縣志》"諸"之後有"知彼"二字。
⑦ "附著"二字，《[嘉靖]江陰縣志》無。
⑧ "不恤"，《[嘉靖]江陰縣志》作"不相卹"。
⑨ "扎"，《[嘉靖]江陰縣志》同，《常郡八邑藝文志》作"札"。

不仁甚矣，獨柰何物物而我我乎？故仁者力去有我而反諸天理，則其於物也，若亡意然，而吾仁與天同功。聖人告顔子以‘克己’，而夫子揭之以‘三省其身’者，意儻在是乎？非耶！且‘克’云者，勝之也。勝而曰‘克’，明夫在我者，勝之難也。不仁於物者有矣，孰不欲仁[①]其身？乾溪之役，寇難迫於前，僨亡隨其後，楚子圍至饋不食、寢不寐，然卒莫勝其欲而寧亡其身。且何獨圍然，後之踵之者比比也，則信乎其難也！則信乎其難也！聖人獨以告顔子，不以及餘子也，惟其難哉！夫子之致力於斯久矣，其必審於難易之辨，尚告[②]哉！”

侯莞爾而笑曰：“噫！子亦多言矣。子知夫饑食而渴飲乎？知夫不饑而食、不渴而飲乎？夫不饑而食、不渴而飲，則吾不爲也。吾所謂‘克’者，其亦若是而已，焉知其它？子止矣。姑爲我并而説，書之左方。”

淳熙元年十一月七日記，嚴焕書。

以上《[洪武]常州府志》卷十八《文章》徵引《續修江陰志》

其中《報恩光孝寺新沙記》又見《永樂大典》卷五七七〇《沙》徵引《江陰志》

重建蔡涇閘記[③]

暨陽北通大江，其支港與河接者，多置水門提閼，視潮汐嬴縮，節宣其出入，爲旱潦不時之備。今黄田、蔡涇二港皆有之。

黄田之水自澄江門外貫於城中，出朝宗門十有五里而近，與蔡涇合，逶迤七十餘里至五瀉堰，以達於漕渠。然黄田爲港狹隘，巨艦艱入，蔡涇水道寬廣，荆蜀之舟自江入河者，率繇此而進。故蔡

① “仁”字原闕，據《[弘治]江陰縣志》補。

② “尚告”，《[弘治]江陰縣志》《[嘉靖]江陰縣志》均作“告我”。

③ 《[弘治]江陰縣志》卷三《河渠》題作“嘉定重建蔡涇閘記”，并注：“記稱戴溪也，僞也。溪文間見，無此比者。”

涇視黄田，抑又有綱連之利焉。二者莫知始置年月，計其所從來，久矣，中間極[①]壞而復修者，亦莫知其幾也。

乾道丙戌有旨，漕臣姜詵按行水利，始與守徐藏[②]修廢於蔡涇，去舊，益東徙[③]，斥而大之，易木以石。距今四十餘年。堤岸罅隙，波流嗽齧，土竭石虚，參差欲脱。已而基下之石横裂中斷，至不復可啓用[④]。潮汐往來，蕩無限制，沿江民田始告病矣。

開禧丙寅，葉延年守郡，士以是爲請。是時疆埸之事，暨陽爲防守要地，葉侯自大理寺簿推擇爲守，方講畫防江之策，未暇及也。間遣僚屬詢究利害，備得其實，徐且置之。會督視行府，調軍食有嚴，值歲涸，漕舟不通，遣官相視，欲浚五瀉河抵於蔡涇，俾漕循江以至京。葉侯言於行府曰："浚河易爾，蔡涇不即治，盡泄五瀉堰水，雖浚無益也。厥今基址，去河迫近下流，衝激易壞。自是而西一里有半，地名黄泥，水勢差緩，土色堅緻，非舊基沙土比。儻即此地改作，便。"行府以其事聞於朝，詔從之。官給錢六百萬，米三百石，其不足者，漕與郡均備之。

至是，防江之策亦既有端緒。乃鳩工於丁卯十月丁未，度材評價，市之旁郡，計庸畀直，不以擾民。越明年四月庚子訖事。計用工餘三萬四千，用錢以緡計者萬四千三百有奇，米以石計者七百有奇。自官給外，郡爲通融，不敢以累漕。計其深廣之數，視舊加多，兩翼增長者三之一。凡費悉減於舊。視其役者，知縣何處博，護戎何拱、丘涣。

葉侯以書來告成，求記顛末。溪，曩者假守兹土，因陋就簡，不

① "極"，《[弘治]江陰縣志》作"亟"。
② "藏"，疑當作"蒧"。
③ "徙"，原作"徒"，據《[弘治]江陰縣志》改。
④ "用"，《[弘治]江陰縣志》作"閉"。

能興起事功。亦嘗從事於是役矣，隨弊補治，僅求目前，意欲有所改作，俯首愧縮，不能也。去郡屬耳，葉侯能一新之，土堅材良，利可永久，顧不謂有功於治郡與？事無難易，苟有是心者，無不可爲，患在無其材爾。因侯有請，樂爲之書，非特以侈侯功，且以遂吾欲爲之意。雖自愧也，其爲吾暨陽之民喜之而又喜也。

是年改元嘉定七月望日，朝請郎、權尚書兵部侍郎兼同修國史實録院同修撰兼太子右庶子載[①]溪記，朝奉大夫、四川宣論使司参議官吴竽書，承議郎、權發遣江陰軍事葉延年立石。

嘉定重建黄田閘記

暨陽城之西北，黄田港出焉，江潮入焉，轉轉灌溉，所利甚博。置閘以節水之盈虚，舊矣，莫知其所始。改作於大觀庚寅，詳見於待制蔣公静之記。百餘年間，潮汐吞吐，激[②]射齧食[③]，闕裂踈漏，日就頽圮。啓閉以廢，既溢旋涸，公私俱病。

太學博士、昭武吴侯炎下車期年，剔弊剗蠹，百廢俱舉。又思所以利民者，莫此爲急。列上省部，命下庾司，使者户部郎官四明陽公熚慨然主之，捐所隸錢爲緡三千，米爲斛二百。於是鳩工聚材，以護戎玉牒趙君善懊、邑尉三山黄君德洪董其役。嘉定癸酉十月甲寅，始築壩以斷南北之流，越明年，正月辛未啓故址，二月戊戌施新功。底昔用板，朽腐殆盡。今易以石，深於舊四寸，下施松樁，實以石塈，對植金口二柱，柱間有限，限外横[④]置龍骨，縱布石版[⑤]，

① “載”，按本書卷第九《碑刻》疑當作“戴”。

② “激”字原闕，據《[弘治]江陰縣志》卷三《河渠》補。

③ “食”字原闕，據《[弘治]江陰縣志》補。

④ “横”字原闕，據《[弘治]江陰縣志》補。

⑤ “版”，《[弘治]江陰縣志》作“板”。

而聯之以鐵，中廣二丈有八寸，而外則遞增至於三丈三尺有奇，袤四丈有六尺。兩涯石岸高丈三尺有五寸者二十有二尺，其哆爲八字而深至於丈有六尺者各十有四尺。植木繼之，亦各爲尺二十有五，深廣稍加於前。閘屋三間，悉復舊制。計募夫匠萬六千有奇，郡足餘費，不擾而辨[①]。材良工精，可久弗壞。五月甲戌落成，繇是啓閉時，灌溉足，轉輸畢達，人蒙其利，踊躍交慶。

侯前嘗修橋梁、新廩庾，或請記其事，侯曰："常事也，何以記爲？"至是復請之，侯曰："噫！是閘之興，其役大，其利廣。不記，來者將安考？"乃屬門人、文學椽[②]豫章胡玢爲之記。玢不獲辭，敬録其實。黄君書并隸額。訪得舊碑，鞏置道院，而刻其碑陰。

嘉定開河記[③]

古暨爲今偏壘，實楚春[④]申君封邑，食客侈於四公子。至我本[⑤]朝，而"珠璣""魚蝌"之富，尚見於詩人之歌詠[⑥]。比年以來，乾溢相仍，民貧而郡[⑦]亦凋弊。夷考其故，蓋地勢中窊[⑧]旁卬[⑨]，所恃以爲利者，遠湖近江，達於渤澥[⑩]。導河自[⑪]城闉南出黄田，西距五

---

① 此處"辨"字當通"辦"。

② "椽"，疑當作"掾"。

③ 《［道光］江陰縣志》卷三《山川・河港》、《［光緒］江陰縣志》卷三《山川・河港》均題作"嘉定開運河記"。

④ "春"字原闕，據《［弘治］江陰縣志》卷三《河渠》補。

⑤ "本"字，《［弘治］江陰縣志》無。

⑥ "歌詠"，《［光緒］江陰縣志》作"詠歌"。

⑦ "郡"，《［弘治］江陰縣志》作"都"。

⑧ "窊"，《［弘治］江陰縣志》同，《［光緒］江陰縣志》作"窳"。

⑨ "卬"，原作"卯"，據《［弘治］江陰縣志》改，《［光緒］江陰縣志》作"仰"。

⑩ "澥"，《［弘治］江陰縣志》同，《［光緒］江陰縣志》作"海"。

⑪ "自"，《［弘治］江陰縣志》作"句"。

瀉，最大曰漕渠，其播爲支派，真若瓜蔓蛇足，可瀦可泄，不獨資農田灌溉之用，而江、淮、川、廣，風檣水柂[①]，皆於此焉寄經[②]，其利實遍於東南。今也歲久不治，積沙反壤[③]，綫流如陸，農耕[④]商販，官運家供，往來交滯。於是畎畝川澤之息，疑若地愛其寶，鱗次尾銜之舟，或不顧出於其塗。守地者非恝然不以動心，錮於力之弗逮，則勇爲之志沮矣。

嘉定己卯春，邢[⑤]侯燾[⑥]以扈丞出守，政足以召和而年屢豐，材[⑦]足以行志而事易舉。越明年，乃浚九里河以疏游土。會水澤腹堅，雨不時若，而漕河亦病於膠舟，旅於艖[⑧]者群謁庾臺[⑨]，而河議興焉。乃經乃度，乃分[⑩]乃理，爰即其所，酌從其宜。命縣令張君宗濤董其役，起自荼鎮之檫橋，極於青暘之屠墅，地以里計者，倍十而遥，役以鄉受者，纔四而足。面之闊[⑪]爲丈者八，底則五之，深如其底十之一。

時雪休[⑫]霜斂，愛景温如，濕不濡足，凛不粟膚，天從民欲，萬

① "柂"，《[弘治]江陰縣志》同，《[光緒]江陰縣志》作"柁"。

② "經"，《[弘治]江陰縣志》《[道光]江陰縣志》《[光緒]江陰縣志》均作"徑"。

③ "壤"，原作"壞"，據《[弘治]江陰縣志》《[道光]江陰縣志》《[光緒]江陰縣志》改。

④ "耕"，《[弘治]江陰縣志》同，《[光緒]江陰縣志》作"桑"。

⑤ "邢"，《[弘治]江陰縣志》作"邦"。

⑥ "燾"，原作"壽"，且後有"一"字，據《[弘治]江陰縣志》《[道光]江陰縣志》《[光緒]江陰縣志》改。

⑦ "材"，《[弘治]江陰縣志》同，《[光緒]江陰縣志》作"才"。

⑧ "於艖"，《[弘治]江陰縣志》同，《[光緒]江陰縣志》作"艖舶"。

⑨ "庾臺"，《[弘治]江陰縣志》同，《[光緒]江陰縣志》作"臺使"。

⑩ "分"，《[弘治]江陰縣志》同，《[光緒]江陰縣志》作"宣"。

⑪ "闊"，原作"閼"，據《[弘治]江陰縣志》改。

⑫ "雪休"，《[弘治]江陰縣志》作"風林"。

臿歡趍。太守率屬行視，目注指顧，舒疾逸勤，瞭然掌見。歡懲有差，一出而集。縈紆回折，若螭蟠蛟旋；夷曠淵渟，若縠縐練素[①]。征颿[②]交錯，若飛如馳。人心樂成，地勢改辟。并河之民，争請於郡。絶港斷潰，交流旁注。因其餘力[③]，又自榤橋而上，逆於朝宗門，陸續鳩工。城外内之河渠，頓還舊觀。

夫鋭於至而倦於去，此人情也；奮於有餘而尼於不足，此事勢也。今部使者趣還於前，郡太守振[④]政於後，乃能以人情之怠者爲勤，事勢之難者爲易。兹一役也，而二美俱[⑤]焉。然而，侯之心方慮乎潮汐，委輸易積難散，目前之利，不越數年，力役數興，利反爲病。乃括户籍之没於官者，專置司存，掌其歲入，弗以他用。每於農隙，歲一舉行，不以浚治理費民，期爲永久之利。

民德侯之深而惜其歸之不可留也，乞鑱諸石，以垂不朽。觀侯之爲郡，化凋爲饒，開山溪[⑥]以通道，植橋梁以利涉，治舍館以逆賓。下而園池器物之飾，亦焕然一新，蓋百廢具舉，而此其尤也。是役也，爲丁夫九千三百二十有七，始事於仲冬之晦，歲除而工畢。惟曉獲從寮吏，目睹盛舉，故樂慰邦人之意，姑志其歲月云。

朝奉郎、僉書江陰軍判官廳公事蔣惟曉撰，迪功郎、新處州州學教授楊端叔書，迪功郎、新衢州常山縣[⑦]主簿吴行可篆額。

---

① “素”，《[弘治]江陰縣志》同，《[光緒]江陰縣志》作“曳”。

② “颿”，《[弘治]江陰縣志》同，《[光緒]江陰縣志》作“帆”。

③ “力”，《[弘治]江陰縣志》作“辦”。

④ “振”，《[弘治]江陰縣志》作“報”。

⑤ “俱”，《[光緒]江陰縣志》作“具”。

⑥ “溪”，《[弘治]江陰縣志》作“蹊”。

⑦ “常山縣”，原作“常川山縣”，據《[弘治]江陰縣志》改。

紹定重修學記

國朝自慶曆三年，詔天下郡縣立學。江陰爲浙右小壘，宜以是年應詔立學。及按圖志，蓋自景祐三年文正范公作《宣聖廟記》，已誦言"大厦""高門""金石""俎豆"之盛，則知江陰先自有學，正不在慶曆應詔後也。

紹興初，正字①胡君珵作《新學記》，乃以范公《廟記》在慶曆間，殆未深考。惟江陰建學爲最久，故作成教養，非一日之力。人物儲英②，習俗陶粹，鴻儒巨公，頃皆③相望，有它郡所不能及。渡江以後，郡嘗一廢爲縣，旋復爲郡，故廟學得如舊制。漕河旁環，正合古"諸侯半水"之義。其前闢城爲門，因城爲樓，浮圖對峙，如文筆峰④，池渠⑤堤柳，映帶左右。蓋其籍高明，挹清淑，宅一郡之形勝者也。獨靈⑥星門，外迫泮橋，内連設戟，淺隘弗稱。稍南百步，直接通衢，僅以"升俊"名坊，而編氓翼居，囂雜特甚，自昔病之。

紹定改元⑦，龍溪顔侯耆仲來守是邦。知所先務，旗纛戾止，視此歉然。即與博士郭君庭堅紬繹營理，易升俊坊於中街之西，撤去民屋，拓爲平壤。遷靈⑧星門於坊之舊址，柱石壯偉，丹⑨堊鮮

① "字"，原作"宇"，據前文改。

② "英"，《[弘治]江陰縣志》卷二《學校》作"美"。

③ "頃皆"，疑當作"項背"。

④ "如文筆峰"，《[弘治]江陰縣志》作"如卓筆"。

⑤ "渠"，《[弘治]江陰縣志》作"蕖"。

⑥ "靈"，《[弘治]江陰縣志》同，《[嘉靖]江陰縣志》卷七《學校記第五》作"櫺"。

⑦ "改元"，《[弘治]江陰縣志》同，《[嘉靖]江陰縣志》作"元年"。

⑧ "靈"，《[弘治]江陰縣志》同，《[嘉靖]江陰縣志》作"櫺"。

⑨ "丹"，原作"舟"，據《[弘治]江陰縣志》《[嘉靖]江陰縣志》改。

明,門各甃涂,會歸於一,宸奎傑閣,泮宫城樓,華扁新題,照映霄漢,東西齋序,整飾[①]邃嚴。曾不閲時,黌宇改觀。

諸生以萬里曩嘗備數典教,請記其事。維顔侯以淳熙法從之孫,掇世科,躋班著。其爲郡也,政平訟理,千里如春。利興害除,百廢具舉。上自公堂,下[②]次及官舍,維城之闉,維津之梁,食貨征榷之所,營屯讞獄之地,頽者植之,壞者修之,卑者舉而高之,狹者張而廣之。度工累直,數以萬計,無非冰檗自律,節浮儲羡,以充其需,毫髮不取之民,故所至落成而民不知。此不足以言政之大,惟學校實關風教,故不容不書。雖然,侯之所以興學者,固可書矣,而諸生之所以承學者,當何如?繼自今袂履雲集,濟濟雍雍,出入是門,必思"誰能出不由户"之訓;步趍是路,必思"道若大路"之歸。登斯樓,則如瞻數仞之墻;臨斯池,則依然浴沂之詠。使德仁禮義鬱然成風,猶古闕里,庶無負於侯之意。諸生被侯之賜方深,而侯以升華月寺而去[③]。然則是記也,其遺愛之碣也歟?

紹定三年月日[④],奉議郎、行宗學諭方萬里謹記,汝迸書,宣教郎、行江陰軍江陰縣主管勸農公事高不儔篆額,迪功郎、江陰軍軍學教授郭庭堅立石。

治水續記

乾道治水顛末,已具教授章洽前記。然江陰縣科夫與夫敷給

---

① "飾",《[弘治]江陰縣志》同,《[嘉靖]江陰縣志》作"飭"。

② "下"字,《[弘治]江陰縣志》卷九《名宦·守令》、《[康熙]常州府志》卷二十一《名宦》均無。

③ 此句《[弘治]江陰縣志》卷二《學校》、《[嘉靖]江陰縣志》均作"而侯以擢去"。

④ "月日",《[弘治]江陰縣志》作"二月吉日"。

錢糧，第功推賞大節，略而弗載，今爲續記之。

本縣元措置人户田産物力錢六貫六百九十文，科夫一工，每工官給米三省升、錢五十足。若甲申年曾開運河，與免三分之一。後因河料有餘，例得均減。官籍其丈尺之數，且揭之通衢，自多至寡，鱗次選釘，吏不得高下其手。以十七鄉上三等户充河役，以第四等、第五等户修蔡涇閘，經畫有條，輕重適當，民樂趍之。

河成，姜漕奏計行在，進職龍圖閣①。知軍徐葳、僉判王淙，各減三年磨勘。知縣霍淳②孫、丞胡宦、簿趙伯晟、尉吴時顯、兩巡檢各以監視，并減二年磨勘。簿汪義和，減一年磨勘。得於故家所傳，可以爲則，故摭取以備前《志》之闕云。

滄灣亭記③

大江灌注天下幾半。其汗漫浩瀰，瀾翻怒激，壯者凌峰嶽，渺者吞海瀛，風烟雪月，雲陰霽朗之機，萬怪千奇，不可摶控。天下④之用，莫偉於斯。是皆魚龍所都，鳧雁所樂，漁郎騷者⑤之所得意，而行人過客之所甚悲。若非名藩巨鎮宅其湄，則亦蜚樓麗閣矗其會，遐景跌蕩，壯圖崔巍，凡所⑥湊奔，酬接靡暇。爲主⑦人者，必才

① “閣”，原作“門”，據《［弘治］江陰縣志》卷三《河渠》改。

② “淳”，《［弘治］江陰縣志》卷三《河渠》同，卷十三《職官年表》、《［嘉靖］江陰縣志》卷十二《官師表第十上》均作“馴”。

③ 《［嘉靖］江陰縣志》卷三《提封記第二下》題作“小石山滄灣亭記”。

④ “下”，《［弘治］江陰縣志》卷六《山川》、《［嘉靖］江陰縣志》均作“地”。

⑤ “者”，《［弘治］江陰縣志》作“老”。

⑥ “所”，《［弘治］江陰縣志》《［嘉靖］江陰縣志》均同，《［萬曆］常州府志》卷十八《文翰三》作“爲”。

⑦ “主”，《［萬曆］常州府志》同，《［弘治］江陰縣志》《［嘉靖］江陰縣志》均作“王”。

如司馬子[1]長、柳子厚、元次山、大蘇公，必詩如杜少陵、孟東野、皇甫冉、司空圖諸人，而又手摘斗牛，胸中可八九雲夢，英辞動金石，藻韻叶[2]陽春，然後可以了此。不然，則風牛馬不相及也。壹[3]江自古全待乎人，今知者幾何？愛者幾何？領略者又幾何？彈壓者又幾何？是可數也。

江陰闃江之曲，江自此入乎海，凡百景趣，則與前一耳。户掾[4]，郡之水曹，特能[5]括其景，泄其趣，是或有才足以處此者乎？予墅彈[6]，極千岩競秀，萬壑争流，草木董[7]蘢，雲興霞蔚，其[8]狀有非一日。户曹能日仝予酒，同[9]予筆研[10]，以[11]考高明之具，闢廣大之觀，意接情諧，若有得於斯者。然以[12]其心胸不凡，目力不俗，筆下不塵埃，則匠幽裁奥，何能灝是哉？書來再三，委載其事。予曾不得同彼酒，同彼筆硯，往往神馳而意騖[13]，又安能爲之淋漓傾倒哉？乃

① “子”，《[嘉靖]江陰縣志》作“之”。

② “叶”，《[弘治]江陰縣志》作“叵”。

③ “壹”，《[弘治]江陰縣志》《[嘉靖]江陰縣志》均作“一”。

④ “掾”，《[弘治]江陰縣志》同，《[嘉靖]江陰縣志》《[萬曆]常州府志》均作“椽”。

⑤ “能”字，《[萬曆]常州府志》無。

⑥ “予墅彈”，《[弘治]江陰縣志》《[嘉靖]江陰縣志》均作“予在墅殫”。

⑦ “董”，《[嘉靖]江陰縣志》《[萬曆]常州府志》均同，《[弘治]江陰縣志》作“蕫”。

⑧ “其”，《[弘治]江陰縣志》《[嘉靖]江陰縣志》均作“之”。

⑨ “同”，《[嘉靖]江陰縣志》作“風”。

⑩ “研”，《[弘治]江陰縣志》《[嘉靖]江陰縣志》均同，《[萬曆]常州府志》作“硯”。

⑪ 《[弘治]江陰縣志》《[嘉靖]江陰縣志》“以”之前均有“所”字。

⑫ “以”，《[弘治]江陰縣志》《[嘉靖]江陰縣志》均作“非”。

⑬ “騖”，《[嘉靖]江陰縣志》《[萬曆]常州府志》均同，《[弘治]江陰縣志》作“鶩”。

歌《江騷》答之，使歌者歌以[1]酒，其必有知户曹及予者。歌曰：

天不愛其神兮，有如斯江。江又不愛其神兮，日澎湃而夕奔淙。天地爲之混濛兮，風雲烟雨相從而[2]掀撞。鳧雁胡爲而輕狎兮，魚龍鼉蜃爲之怒[3]哤[4]。杳或沿其所趍兮，亦既雪浪而烟瀧。月濛濛[5]其鷺鶱[6]兮，風嫋嫋[7]其魚矼。誰樂契其深匯[8]兮，挈荃[9]户而疏蘭窗。滲[10]餘寒於墨硯兮，注春陽於瓊缸。眇一瞬而生雋兮，筆力爲之鼎扛。宛[11]江妃之狹[12]舞兮，律餘奏於空晵[13]。極千里其可屬兮，合一飛於輕艭。期與子其同醉兮，予心安得而不降？

户曹姓施名德懋，予嘗字曰“商[14]輔”，同[15]年著作郎兼右司郎

---

① 《[弘治]江陰縣志》《[嘉靖]江陰縣志》“以”之後均有“侑”。

② “而”，《[弘治]江陰縣志》《[嘉靖]江陰縣志》均作“兮”。

③ “怒”，《[弘治]江陰縣志》《[嘉靖]江陰縣志》《[萬曆]常州府志》均作“恕”。

④ “哤”，《[嘉靖]江陰縣志》《[萬曆]常州府志》均作“囉”。

⑤ “濛濛”，《[弘治]江陰縣志》作“朦朧”，《[嘉靖]江陰縣志》作“濛朧”。

⑥ “鶱”，《[弘治]江陰縣志》《[嘉靖]江陰縣志》均作“溆”。

⑦ “嫋嫋”，《[弘治]江陰縣志》同，《[嘉靖]江陰縣志》《[萬曆]常州府志》均作“溺溺”。

⑧ “匯”，《[萬曆]常州府志》作“涯”。

⑨ “荃”，《[弘治]江陰縣志》《[嘉靖]江陰縣志》《[萬曆]常州府志》均作“荃”。

⑩ “滲”，《[萬曆]常州府志》、《常郡八邑藝文志》卷二《宋記》均作“澡”。

⑪ “宛”，《[萬曆]常州府志》作“夗”，《常郡八邑藝文志》作“使”。

⑫ “狹”，《[弘治]江陰縣志》作“徠”，《[萬曆]常州府志》《常郡八邑藝文志》均作“來”。

⑬ “晵”，《[嘉靖]江陰縣志》《[萬曆]常州府志》均作“控”，《[弘治]江陰縣志》作“椌”。

⑭ “商”，疑當作“商”。

⑮ “同”，《[萬曆]常州府志》同，《[弘治]江陰縣志》《[嘉靖]江陰縣志》均作“仝”。

官諱累之子,皭乎雋秀而端挺者也。

紹定二年正月十一日,中奉大夫、知處州軍州事兼管内勸農使、賜紫金魚袋高似孫記并書。

江陰縣冰玉堂記[①]

晋江韋[②]氏《令[③]襄邑律己頌》曰:"乃冰其清,乃玉其白。"琅標瑩橤,凜凜若對。江陰宰林君采之,以表今堂,勵志也。古者,詩人善於此[④]德,其曰"如山如河",樂其有儀也;又曰"如圭如璧",美其淑且潤也;又曰"如金如錫",取其精堅也;又曰"如岡如陵",尚其深固也;又曰"如松栢之茂",言其秀而貞也。英□[⑤]晋頌,擬象純潔,超乎於《詩》三百之表,是謂善琢乎辭,達乎訓矣。

夫有山川,斯有人物;有人物,斯有風月;有風月,斯有句詠;有句詠,必有政事。血絡貫串,如出一機軸。江陰介乎濤渚之間,蘆荻蔽水,雁鶩所客[⑥],神魚樓蜃,出没變怪,漁榔琛舶,縹緲烟雨,霽雪之鄉,李成郭熙復生,莫克殫舄[⑦]。以邑輔郡,巋然一都。而林

---

① 《[弘治]江陰縣志》卷一《官治》、《[嘉靖]江陰縣志》卷一《建置記第一》均題作"冰玉堂記",《[嘉靖]江陰縣志》有注:"堂在縣治正衙,今廢。"

② "韋",《藝文類聚》卷五十《職官部六》作"偉"。

③ "令"字原闕,據《[弘治]江陰縣志》《[嘉靖]江陰縣志》《[萬曆]常州府志》補。

④ "此",疑當作"比"。

⑤ 此處原闕。

⑥ "客",《[弘治]江陰縣志》《[嘉靖]江陰縣志》均同,《[萬曆]常州府志》、《[道光]江陰縣志》卷十《藝文》、《常郡八邑藝文志》卷二《宋記》均作"容"。

⑦ "舄",《[弘治]江陰縣志》《[嘉靖]江陰縣志》《[萬曆]常州府志》《常郡八邑藝文志》均作"寫"。

君以才智風猷，載[1]剸而施行之，饑者盡飽，病者盡蘇，濟有新梁，囚有净榻，已足以偃[2]服若吏與民矣。而[3]又化榛莽作丹青，滌穢陋爲芳礎[4]，風亭月榭，釣渚弋林，各得其宜，處處詩酒。主人既甚得意，客又皆趍[5]而忘歸。一聆咳談，如與樂衛游；一舉豆觴，如與鮑壺接。塵不敢扇，衣寒且香。吁！敢問清乎清乎？徠斯堂者，孰不[6]且仙乎？環壁左右，則徵君吕公墨帖也，和靖林先生句圖也，豈不清之又清歟？東坡贊嘆和靖，以爲"吴儂生長湖山曲，呼吸湖光飲山緑。不論世外隱君子，傭奴販婦皆冰玉。"嗚呼！感人格物之機，其妙出於影響之捷，則頑夫廉，懦夫有立志，其有動於夷之清者，當如何哉？吾甚恨不能游君堂，飲君酒，姑述君志以答君請。

紹定己丑四月十三[7]日，中奉大夫、前知處州、賜紫金魚袋高似孫記，奉議[8]郎、特差知江陰軍江陰縣主管勸農公事林庚立。

以上《[洪武]常州府志》卷十八《文章》徵引《紹定續添》

---

① "載"，《[弘治]江陰縣志》《[嘉靖]江陰縣志》《[萬曆]常州府志》《常郡八邑藝文志》均作"裁"。

② "偃"，《[弘治]江陰縣志》《[嘉靖]江陰縣志》《[萬曆]常州府志》《常郡八邑藝文志》均作"匽"。

③ "而"字，《[弘治]江陰縣志》《[嘉靖]江陰縣志》《[萬曆]常州府志》《常郡八邑藝文志》均無。

④ "礎"，《[弘治]江陰縣志》《[嘉靖]江陰縣志》均作"楚"。

⑤ "趍"，《[弘治]江陰縣志》《[嘉靖]江陰縣志》《[萬曆]常州府志》《常郡八邑藝文志》均作"趣"。

⑥ 《[弘治]江陰縣志》《[嘉靖]江陰縣志》《[萬曆]常州府志》《常郡八邑藝文志》"不"之後均有"皭"字。

⑦ "十三"，《[弘治]江陰縣志》《[嘉靖]江陰縣志》《[萬曆]常州府志》《常郡八邑藝文志》均作"十二"。

⑧ "議"，原作"儀"，據《[弘治]江陰縣志》改。

續 編

卷第十三

江陰續志

形　勢

江防門

開慶己未，鄂渚以警聞，朝廷令飭備守。本軍分爲九隅，隅各有寨，異時編茅爲屋，架漏目前。陳提刑桃命九隅官，各創廳事三間，又委五十四團首，各創屋八間，柱石椽瓦，纖悉可久，築牆鑿濠，爲之外護，亦足以增重江城之勢云。

舟師

開慶己未，江閫準密劄，撥十巨艘隸江陰。每遇秋防，調水軍統領部諸軍，挾戎器往來江面，以壯銀山雪屋之勢。然雨淋日炙，檣楫傾摧。景定辛酉，申密院乞重修。蒙委官審實，計料爲費約十二萬緡有奇。郡守孫監簿謂朽弊徒費無益，乞發往許浦戎司拆造，密劄從之。

民船

籍隸鎮江府都大民船司，計二百七十餘舟，以甲、乙、丙、丁更番調遣。開慶己未，何侯田復團結七十有九舟，以備江防，然大半皆漁舟耳。

咸淳三年□月□日省劄

浙西提刑司申照會：掞非材司臬，職在諮諏，知無不言，所以報國。去冬巡歷到江陰軍，竊見本軍管下利港、蔡港[①]兩寨，關繫江防，規畫周密。尋行契勘，各寨屋係江陰軍起造，寨兵係鎮江府節制司差來屯戍，每月係淮東總領所給餉，主兵官係鎮江府給券，其來已久。但戍兵往來境上，軍民混雜，或有争競。本軍守土之臣與各寨無統攝，不敢過而問之，深有未便。所合具申，乞賜敷奏，應利港、蔡港差到在寨屯戍官兵，許令江陰軍兼同節制，其粮券仍舊。庶幾軍境之内兵民相安，不勝幸甚。伏候指揮。

照得：下流江面，係隸鎮節制，今浙西憲司所申利港、蔡港兩寨，係在江陰管下，軍民雜處，無以統攝，乞令江陰軍兼同節制，當與從行。其擺布江防，合仍隸鎮江節制司任責。奉御寶批知，已劄浙西提刑司：從所申事理施行。并劄鎮江節制司照應外。

咸淳三年□月□日省劄

殿前司申：準密劄節文，爲江陰軍申準密劄。據本軍申乞，置立將領，管幹游擊軍事務，任責閲習、鈐制。劄本軍，選差諳曉軍務官一員，指定保明，申所準指揮。照得：本軍斗大之壘，素無可備差使軍將，以憑選擇。乞從劄下殿、步兩司，或就近戎司，差撥兵將一員，前來管幹，仍兩年一替。

劄本司：契勘，可差將佐一員，具姓名，申樞密院。

右本司所準指揮：契勘得江陰軍置立游擊軍，須得歷練年深、諳曉戎務將佐之人，任責教閲、管幹。尋行下帳前都副撥發官、統

① “蔡港”兩字原無，據下文補。

制徐實等，從公選差，至守闕進勇副尉、護聖馬軍正將楊俊，曾充撥發壕寨等職事，履歷年深，諳曉教閱，堪充江陰軍教習游擊軍管幹。保明是實。

本司照得：楊俊係正將職事，若行差往彼處管幹，其本將一將人馬烟火事務，久無正官任責，廢馳未便。狀[1]乞朝廷指揮，將楊俊正行江陰軍游擊軍正將管幹，所有本人每月見請券食錢關子九貫、米九斗、正將供給錢關子四十貫，乞分擘券歷，并就江陰軍幫勘。其退下正將闕額，別行選人差填，伏候指揮。

已劄殿前司：所申事理施行，并劄楊俊照會外，劄本軍照應施行。

以上《[洪武]常州府志》卷八《兵防・形勢》徵引《江陰志[2]》

學　校

大成殿，紹定癸巳郡侯方宗論萬里重建。

龍眼井，寶祐丙辰教授徐元積所鑿。其意謂，學宫形勢以浮圖爲筆峰，以兩池爲研沼，欞星門内一街有卧龍之狀，宜開雙井以映左右。遂相地於池之南、門之北，凡甓甃之費，皆取辦於例卷回食錢。深碧洞然，如龍兩眼，所以期待士友者，至矣。每遇夏旱，清泠不祜[3]，一方之民汲於河者尤德之。

學門西街，自泮宫以西抵驛橋以東，南逼子城，北臨運河，路之卑濕特甚，每遇霖潦潮汐，民皆病之。寶祐丙辰，教授徐元積捐例卷回食錢甃砌，其長爲丈三十有一，高視昔增三尺有四，遂爲坦途矣。

---

① “狀”，疑當作“伏”。

② 以上内容疑引自“江陰續志”，故録入本卷。

③ “祜”，疑當作“枯”。

貢士莊，此邦前未之有也。初，教授徐元積撙浮粂羡，得瓶楮四千八百緡，準米百二十石，分送寶祐丙辰之赴省監者。又慮美意不續，復準前數積見鏹，俾後乎己未一舉，得以蒙成。景定壬戌，有廢其規約者，即[①]守孫監簿以崇儒爲先務，凡可以振德者，無所不用其至，遂更張而充廣之。適隣民有詞，乞獻屯省田於學，以規免官租。及搜剔學田遺利在民者，歲輸米五十石，三歲計之，可得米一百五十石，遂命學官令項樁積。每遇詔歲，立爲定式，以均送焉。自此，可傳之無窮矣。

史榷院嵩之、方宗諭萬里、形[②]正字凱、趙監丞汝請[③]、潘寺簿燮、陳監簿鑄、趙提舉崇侯續發下没官等田通前七千餘畝，高下地偏，易憂旱澇，豐耗相補，僅增米、豆五百石。衿佩日盛，用不足猶昔也，州縣胥方誅賦税焉。所謂月給百二十千省者，減爲十七界官會一千二百卅六貫，時直可六十千足，各[④]贍學錢。每支請，常以十之一爲吏費，拖壓餘年。而秘閣趙鑑[⑤]丞孟奎來，既撥侯、謝二吏没入田地一百二十餘畝，復因教授林千之之請，祝[⑥]它郡例，蠲免税賦。帖縣，删本學田地版籍，聞於朝省漕臺，公據牒書，具載石刻，且償足積欠贍學錢。自咸淳丁卯夏，於都税務所收錢内，日撥十八界官會七貫以給公厨。郡庫無頓改移撥之難，學校省俯仰支請之力，遂爲定例。咸淳丁卯添入。

① “即”，疑當作“郡”。
② “形”，本卷《郡守》作“邢”。
③ “請”，本卷《郡守》作“讀”。
④ “各”，疑當作“名”。
⑤ “鑑”，疑當作“監”。
⑥ “祝”，疑當作“視”。

修學。御書閣，成於趙侯彦适。餘五十年，上雨旁風，浸不可支[①]。趙侯孟奎捐己俸十八界官會一千六百貫、米二十石，命學校修焉。搌題之上，舊編蘆塗壂之，今拖[②]板覆箔，釘頭瓦縫，舉以法攷，新篝四周，門扉隱映，炳如也，翼如也。閣之下爲堂，扁以“時習後傳”。垣逼仄，垣外不毛之地，廣六十尺，長五十尺，教授林千之以爲請，趙侯慨然歸之於學。乃墾乃薙，增廣宫牆，直通官河，基址至是延袤疏達。明年，重建命教堂，巨楹隆棟，修梁重拱，洞户廣庭，文磚釦砌。舊欐楠之林[③]可存者存之，餘皆所架。講席巍巍然，攝齊而升，頓易舊觀矣。先是，廟學合一，凡入學者，必由先賢像前，殊失尊崇之義。乃設欄楯棍楔，非祭奠不開，别通步廡於後闥，以達諸齋，遂修兩廡。是役也，工取於傭，物用市賈，力專功倍，一如私家。凡縻錢二百一十五萬有奇，米一百一十石有奇，皆己俸己帑。會連歲大稔，廩士之餘，亦多佽助，邦人士肖侯像於堂之東偏，以示不忘。泮宫之前，故有觀臺臨池，泓澄清潤，每藕花盛發，彌望雲錦，柳堤中通，形勝視它郡甲。寶祐改元，教授趙汝沓作亭於池之左右，爲矜[④]佩燕息游之所，扁以“觀德”“詠仁”。今更名，左曰“光風”，右曰“霽月”，趙侯書之。堂前古杏，徑八尺，春夏緑陰如幄，沓[⑤]下有壇，亦前教授趙汝沓所甃。咸淳丁卯添入。

小學。自方愽[⑥]士萬里教育後，彬彬多成材，今建昌使君丘計

---

① “攴”，疑當作“支”。

② “拖”，本卷《軍學命教堂記》作“施”。

③ “林”，疑當作“材”。

④ “矜”，疑當作“衿”。

⑤ “沓”，疑當作“杏”。

⑥ “愽”，疑當作“博”。

院必大諸公，皆同時生員也。二三十年，意[①]廢不續，咸淳丙寅，復興此教。先是，教官禮聘老儒，任訓導責，公堂與前廡，親提其綱，以課爲試，隨所習命題。髫齔咸集，難疑答問，一如家塾之平易。取放不拘員數，凡氣象之醇、詞藻之茂者皆來之。旬第其勤怠，月較其能否，而進退焉。又出筆墨書册以寓激勵。趙寺丞孟奎至郡，既大舉義試，以來四方之士，逐一再與教官面試小學於雙檜堂。嶄然頭角者近一百五十人，自拱把而干霄，未易量也。

鄉飲酒。自史權院寯之舉行，垂四十年，郡計益不支，言禮教者或寡矣。趙寺丞孟奎慨然行之，費一出己帑，以教授林千之與樂評事霖、陳知縣必達、韓教授慶午，講明於貢闈。參紹定辛卯所行及其先公觀文之行於吴者，而折衷於免齋、壺山二黄氏之圖説，學校多士咸肆焉。元日舉行，儀文既閑，禮意尤浹，衣冠在列餘七百人，故老皆謂"增光於昔"。别有專録，板留郡頖，深衣冠巾、籩豆爵觶備具，後之好古崇教者，舉而措之可也。

書板。自王侯棠[②]興學，首以《春秋》三傳列置學宫，家傳人誦垂百年。雖它學不愧旁郡，而麟經尤長，文定丘公之掇高科有自來矣。其後，徐侯藏[③]刊書爲多，教授郭庭堅鋟小學之書，有功學者。趙侯孟奎取辰陽《聞見善善録》爲之比事，鐵[④]板家塾，因教授林千之之請歸之於學，凡百板。千之又刊《東家雜記》七十板，俾自孔氏者共觀焉。

以上《[洪武]常州府志》卷七《學校》徵引《江陰續志》

① "意"，疑當作"竟"。
② "棠"，疑當作小字。
③ "藏"，疑當作"蒧"。
④ "鐵"，疑當作"鑯"。

財　賦

寶祐修明田地數：在城，計積地一十六萬八千二百单八丈五尺三寸，樓店務地四千七百三十二丈一尺八寸，諸色地九千一百六十四丈二寸七分，私田地一千四百六十二畝三角三十八步三尺六寸三分。諸鄉，民田地一百三十六萬八千四百八十五畝一角四十三步外有青暘一鄉無總數，市鎮樓店務地計積地七萬二千五百四十二丈七尺八寸。

諸鄉田地等則：田有五等，上田十分，中田八分，下田六分；又九分爲次上田，四分爲次下田，此舊則也。寶祐經理，廢五等之則，創一概之論，令諸鄉以分數均苗額。其間上等十分者，受減分之利；次下四分者，被增分之害。田有肥磽而賦無輕重，可乎？

以上《［洪武］常州府志》卷四《財賦》徵引《江陰續志》

郡　守

庾懌，晋人，爲暨陽令。

王敬則，宋明帝時爲暨陽令。

沈瑀，梁武帝時，自暨陽令擢兼尚書右丞。

司馬筠，天監初暨陽令，清績，拜祠部官。[①]

張伯達，唐太和初爲江陰令，見《興建寺碑》。

趙和，和凝[②]《疑獄集》云：唐咸通中，趙和任江陰令，以片言[③]折獄著聲。楚州淮陰有農，爲西鄰不認贖契錢八百緡，州縣不能

① “司馬筠”條，《［弘治］江陰縣志》卷九《名宦》作“天監初爲暨陽令，有清績，入拜尚書祠部官”。

② “凝”，原作“嶷”，據《疑獄集》改。

③ “言”字，本書卷第十《題詠下》無。

決,越江來[①]訴,事乃明。

李嘉祐,唐時爲江陰令,有詩。

張藴,天祐中爲江陰令,見《拾遺》門。

張可琮,唐天祐中。

以上《[洪武]常州府志》卷十《宦迹》徵引《江陰續志》

趙汝唫,朝奉大夫,端平元年十一月到。史𡼏之,朝奉郎,端平二年八月到。邢凱,朝散郎,端平三年十二月到。

王杵[②],奉直大夫,嘉熙二年十二月到。尹焕,承議郎,嘉熙四年十一月到。

王克仁,修武郎、閤門宣贊舍人,淳祐元年八月到。趙汝讀,朝請郎,三年十二月到。趙希壁,奉議郎,四年九月到。陳鑄,朝請郎,五年九月到。

趙崇傒,承議郎,七年七月到。楊纘,朝散大夫、直敷文閣,八年五月到。陳允修,奉直大夫,九年四月到。汪之埜,朝請郎,十一年七月到。陳恊,朝請郎[③],十二年七月到。

潘夑,朝奉大夫,寶祐二年六月到。胡煃,奉議郎,四年七月到。吴璞,承議郎,六年七月到,九月除太府丞。何田,朝奉郎六年十月到,明年[④]四月除淮東倉。

王琮,奉議郎,開慶元年五月到。方國賓,修武郎,元年十一月到。

楊履之,武節郎,景定元年二月到。龔準,朝奉郎,二年二月

① “來”,本書卷第十《題詠下》作“南”。

② “杵”,《[弘治]江陰縣志》作“杆”。

③ “朝請郎”,《[弘治]江陰縣志》作“朝散郎”。

④ “明年”二字原闕,據《[弘治]江陰縣志》補。

到，十月除屯田郎。孫應鳳，承議郎，二年十二月到。李燻[①]，奉議郎，景定三年十二月十二日到。楊珏，朝奉大夫，景定四年六月初十日到。孫桂發，朝奉郎，景定四年十二月初八日到，以除[②]正丞、太子侍講除。沈昌大，朝散大夫，景定五年八月二十四日到。何逢吉，朝奉郎，景定五年十一月初三日到，以大理寺丞除知。

趙孟奎，奉議郎、直秘閣。咸淳元年七月十一日到，次年八月六日準省劄，奉聖旨除直寶章閣，仍任。當年十月二十六日準告，因該遇登寶位恩，特受承議郎。至咸淳三年四月二十五日准省劄，備奉聖旨，除太守[③]寺丞，續準省劄，備奉聖旨，候正官交割，離任。當年七月八日準告磨勘，轉授朝奉郎。

陳純仁。[④]

以上《[洪武]常州府志》卷十《宦迹》徵引《江陰志》

徐琳，從事郎，端平二年。

施從龍，從事郎，嘉熙二年。

蔣應炎，迪功郎，淳祐元年三月二十一日。趙崇墠，修職郎，淳祐四年四月十六日。陳將，迪功郎，淳祐七年六月十二日到。趙景緯，迪功郎，淳祐十年七月十五日到。趙汝沓，修職郎，淳祐十一年十一月初四日到。

徐元積，寶祐三年正月以迪功郎到任，至六年任滿，轉從事郎。趙孟嵦。李光大，六年十二月十五日以迪功郎到任，景定二年十二月滿。

---

① "燻"，《[弘治]江陰縣志》作"壎"。

② "除"字疑爲衍文。

③ "守"，疑當作"府"或"常"。

④ 任職時間原闕。

李應龍，迪功郎，景定二年十二月二十七日到，至咸淳元年二月二十五日滿。

林千之，迪功郎，咸淳元年二月到任，四年二月滿，奏舉關升從政郎。

趙必成。

以上《［洪武］常州府志》卷十《宦迹》徵引《江陰志》

官曹廢置

兵馬鈐轄

鄭良臣，嘉熙[①]八年，楊侯纘任内創。

劉晟，淳祐十二年正月初二日到。

薛瑜，寶祐二年正月初一日到，寶祐丙辰，潘侯以冗員奏免。

添差路分

李安國，淳祐十二年七月到，寶祐二年任滿，潘侯燮申奏省免。

周之道，景定元年三月楊侯履之申辟，景定二年，隨司解任。

杜偉節，景定三年浙西帥司辟。

峇鎮税官

舊差右選，淳祐[②]壬子，陳侯協改辟朱從事龍翔，奏寢不下，繼乞以"機察江面"係銜，特旨從之，自此遂屬左銓矣。

朱龍翔，淳祐[③]十二年到。

吴椿孫，寶祐三年到。

趙若瓓，景定三年四月到。

---

① "嘉熙"，原作"淳熙"，據本卷《郡守》"楊纘，朝散大夫、直敷文閣，（嘉熙）八年五月到"改。

② "淳祐"，原作"寶祐"，據本卷上文改，又按淳祐十二年爲壬子。

③ "淳祐"，原作"淳熙"，據上句改。

吴駟，寶祐六年到。

令節酒官、户部犒賞庫

文武通差。

市舶務

務昔面江，景定辛酉，郡侯龔郎中準撤而新之，東與君山對。初，節齋趙公提領財賦，嘗置專官拘確。寶祐乙卯，廢專官，以拘確之權歸本軍，抱國用所緡錢二十萬。景定庚申准省劄，復增五萬緡。

路　分

王謹禮

袁筌

陳榮

全忠孫

張景思

房應龍

鄭良臣

林一鳴

王士楚

范良臣

趙孟璵

吴世英

楊正蒙，景定元年十月初六日到任，三年十月满。

胡滬

張士衎

楊正蒙，咸淳元年五月初二日到任。

李□[1]

以上《[洪武]常州府志》卷十《宦迹》徵引《江陰續志》

年表

	僉判	添差僉判	知縣	知録	司理	司户	司法	主簿	縣尉
(紹定[2])六年	趙希理		黄紹庭						
端平元年					周大中		翟蓀	邵奕	吴剡
二年	顧孺履			王丙發		求循			
三年			莫烈						
嘉熙元年					趙孟修	趙希鄙			蔣拱
二年	趙汝倉[3] 李柄			李湘	趙時言[4]	歐振公 向士本[5]			
三年			趙師宫						
四年			郭庭堅		趙若雄	趙時櫭[6]			趙崇頊
淳祐元年	管播			胡焴		錢鏜	姚璪	趙必洋	
二年									
三年	林夢齡		陳勉						李天錫

① 名闕。
② "紹定"二字今加。
③ "趙汝倉",《[弘治]江陰縣志》《[嘉靖]江陰縣志》均作"趙汝瑲"。
④ "趙時言",《[弘治]江陰縣志》《[嘉靖]江陰縣志》均入"司法"列。
⑤ "向士本",《[弘治]江陰縣志》《[嘉靖]江陰縣志》均入"主簿"列。
⑥ "趙時櫭",《[弘治]江陰縣志》《[嘉靖]江陰縣志》均作"趙時榕"。

续表

	僉判	添差僉判	知縣	知録	司理	司户	司法	主簿	縣尉
四年			潘爕				趙謹夫		丁庭蘭①
五年	計朋龜			沈次湘		韓境			
六年	翟絜				史采之	趙與夋			
七年			吴琪				許穎洪		高興祖
八年	鄭南				朱誼	李焕文			
九年			許棨	颜汝勳					
十年							趙與遐		沈聞
十一年					劉埏	任伯駿			王應
十二年			吕有年	沈應年				章俊發	
寶祐元年									黄雷奮②
二年	趙圓卿		蔡艾孫③		周喜孫		林子譮		
三年	劉丁			張紹賢		婁應元			
四年	王子鎮						周甲	張大澤	趙孟逮④
五年			湯厚之	葉正	趙希佺				
六年						常晞尹			
開慶元年							沈仍	錢夢龍	顧迁
景定元年	史肖之		俞煜	朱大年	劉壽翁				
二年					史衍之	黄申		賈士英	
三年							趙諠夫		
四年			魯智孫	趙崇籌	⑤				

① “丁庭蘭”,《[弘治]江陰縣志》《[嘉靖]江陰縣志》均作“于庭蘭”。

② “黄雷奮”,《[弘治]江陰縣志》《[嘉靖]江陰縣志》均作“黄雪奮”。

③ “蔡艾孫”,《[弘治]江陰縣志》《[嘉靖]江陰縣志》均作“葉艾孫”。

④ “趙孟逮”,《[弘治]江陰縣志》《[嘉靖]江陰縣志》均作“趙孟建”。

⑤ 此格《[弘治]江陰縣志》《[嘉靖]江陰縣志》均有“黄翔龍”。

续表

	僉判	添差僉判	知縣	知録	司理	司户	司法	主簿	縣尉
五年	邵櫄		錢細			趙汝鈞			
咸淳元年				朱國英	唐天麟		倪升公		

	簽判	知縣	知録	縣丞	司理	司户	司法	主簿	東尉	西尉
咸淳二年	趙良珂			吴祝				趙孟竦	趙孟埛	邊雲遇
三年		朱國英				史振孫				
四年			徐汝諧		程應永		沈復之			
五年		齊覿								丁蟠
六年				趙與滄		趙孟廣		葉仁榮		王基
七年			陳紹商	許謙	章廉伯		戴程			
八年		李炎午								
九年		高純厚				趙與姚①			胡應青	
十年	李世修		張起予	邵(失名)	楊在		趙孟秫②			

以上《[洪武]常州府志》卷十《宦迹》徵引

科　名

端平二年吴叔吉榜:楊[3]舉字叔謙。陳惟新字德懋。趙師掌字周卿。特奏:高一鳴字伯震。吴津字寶[4]叔。

嘉熙二年周坦榜:趙大用字通甫。吕喆字明道。特奏:胡澄字清之。包翬字冲卿。

淳祐元年徐儼夫榜:杜應酉字開先。

---

① "趙與姚",《[弘治]江陰縣志》《[嘉靖]江陰縣志》均作"趙與珧"。

② "趙孟秫",《[弘治]江陰縣志》《[嘉靖]江陰縣志》均作"趙孟林"。

③ "楊",《[弘治]江陰縣志》卷十《官達·進士》作"湯"。

④ "寶",《[弘治]江陰縣志》作"登"。

四年劉[1]夢炎榜：王一鳴字希聲。湯焱字國華。特奏：湯奭字宗召。

七年張淵微榜：何攀字龍友，浣之子，仕至司理。特奏：孫杓字端友，仕至[2]縣丞。

十年方逢辰榜：高惟日字仲陽，仕至司法。

寶祐元年姚勉榜：陳定字希能，惟新之子，仕至廬州舒城知縣。闕聳[3]字民瞻，仕至節推。特奏：吴漢章字景雲。

四年文天祥榜：陳必達字希聖，乙科。惟新之子，定之兄，仕至朝請大夫，監行在左藏庫。特奏：杜應[4]。黄大同。

開慶元年周震炎榜：韓慶午字伯南。趙炎年字光遠，發之孫。袁天任字有大[5]。特奏：樂霖字民望。

景定三年方山京榜：特奏：陳穎字德秀。

咸淳元年阮登丙榜：趙彦佬[6]。特奏：何敏學字時甫。闞閎字叔遠。徐何字子聞。

三年陳文龍榜[7]：諸科，大法：樂霖字民望，仕至大理評事，鎮江府僉判。

四年陳文龍榜：靳驂之字德輿[8]。王[9]伯玉。趙若碏取應。特

① "劉"，《［弘治］江陰縣志》作"留"。
② "至"，《［弘治］江陰縣志》作"任"。
③ "闕聳"，《［弘治］江陰縣志》作"闞聳"。
④ "杜應"，《［弘治］江陰縣志》作"杜應龍"。
⑤ 《［弘治］江陰縣志》"大"之後有"終山陰令"四字。
⑥ "佬"，《［弘治］江陰縣志》《［嘉靖］江陰縣志》《［成化］重修毗陵志》均作"老"。
⑦ "陳文龍榜"四字，《［成化］重修毗陵志》"三年諸科"無。
⑧ "輿"，《［弘治］江陰縣志》作"興"。
⑨ "王"，《［弘治］江陰縣志》作"劉"。

奏：靳玉成。吴作肱字君舉。王定字平甫。何源字資深。奚世炎。余煜字景暉。

七年張鎮孫榜：徐元鳳字仲翔，何之子。

十年王龍澤榜：李騰茂字實甫。

以上《[洪武]常州府志》卷十二《人物·科目》徵引《江陰志》

端平二年十月省劄，從本軍所申，許明收郡用供軍米肆石[①]指揮係知軍史省門嶠之任内

江陰軍申：照對：本軍止管附郭一縣，元額管苗米肆萬餘石。緣田畝瀕江，高下相半，肥瘠不等，每年人户申訴灾傷田畝分數，無歲無之。又有坊[②]江逃閣之田，檢放除豁外，稔歲止合催叁萬餘石。本軍往年古例，户[③]户輸納苗米鈔面，正苗捌斗，收義倉捌升、耗米捌升、脚米四升，四項總爲計收一石，却於一石上明收從米五斗，又暗收斗面米五斗，共是二石。文思院斛方，納得正苗八斗。端平元年，恭準御筆指揮，減免斛面、折納之弊，繼蒙淛西提舉常平司行下，每正苗壹石，在上收義倉壹斗、運司耗伍升、雀鼠耗伍升、郡用供軍米貳斗，共米一石肆斗。却消入正苗壹石，豁除義倉、運司耗米之外，本軍净有郡用供軍米貳斗。既準上項指揮，本軍即合遵禀。蓋事有未便，不容緘默，未免冒昧申控。竊緣本軍舊係常州屬邑，因累廢累復，不曾申明朝廷支降，官兵俸糧、衣賜，皆是鑿空取辦。

照得本軍有管厢軍、禁軍、水軍、土軍、遞鋪兵士、牢城、作院、敢勇軍等，共壹千六百餘人，及見任寄居文武官、宗室、孤遺、歸朝、

① “石”，《[弘治]江陰縣志》作“斗”。

② “坊”，《[弘治]江陰縣志》卷四《貢賦》作“沿”。

③ “户”，《[弘治]江陰縣志》作“人”。

歸正、養濟人等，又有沿江渡口壹拾捌處監渡機察軍兵劵米及造甲工匠食米，編拘管人囚糧，并修造公廨，不時批支過往官兵劵米及非泛支遣，每月約計貳千捌佰餘石，一歲計之，共該米叁萬餘石。若只以所收郡用供軍米貳斗支用，如端平元年分秋苗檢放灾傷外，實合催貳萬捌千肆佰壹拾陸石玖斗肆合陸勺，在上止合收郡用供軍米伍千陸佰捌拾叁石叁斗，止可支遣兩月，其餘拾個月，并未有指擬。本軍已於去年十一月内，條陳欠闕米數、利害因依，具申朝廷，乞照数截留本軍合發端平元年分上供苗米以充[1]軍糧。如必不得已，則乞革去暗收名色等弊，明收從米八斗，義倉、運司耗、雀鼠耗米二斗。繼准省劄從申，行下本軍及淛西提舉司照會。本軍雖準劄指[2]揮，不敢專擅，遂再申取淛西提舉司指揮，續奉行下：仰本軍照省劄指[3]揮，詳酌施行。

前任知軍、朝奉趙大夫斟酌，於從米八斗上，兩次裁減米三斗，止[4]收從米五斗，揍充軍糧。八月十五日，歸之祗領郡事，仰體朝廷寬厚之意，又更饒減一斗，每石止明收從米四斗，并用文思院斛，人户自行概量。視提舉司立下則例，則僅多三[5]斗，比前政趙大夫申獲加八，斗面已減四斗，委爲中正可行。所有欠闕軍糧支遣，本軍仍自别作措置。已具申浙西提舉常平司照會，及遍榜鄉村曉示外。今准浙西提舉常平司檢舉行下，令每石止收從米二斗。本軍非不欲竭力勉遵約束，但本軍地狹民窶，財計有限，實與其他州郡可以通融措劃，事體不同。況倉廪赤立，此月軍糧，未有顆粒。況

① “充”字原闕，據《[弘治]江陰縣志》補。
② “指”，《[弘治]江陰縣志》作“旨”。
③ “指”，原有空闕，據《[弘治]江陰縣志》補。
④ “止”，原作“正”，據《[弘治]江陰縣志》改。
⑤ “三”，《[弘治]江陰縣志》作“貳”。

今歲舶舟絶少,官吏憂懼,束手無措。今開具端平元年分實支過米數,連粘在前,欲望矜憐,速賜檢照本軍已申事理:每正苗一石,許令本軍照已降省劄指揮,減免四斗,止收郡用供軍米四斗,并用文思院斛,人户自行概量。特賜劄下本軍及浙西提舉常平司照會,伏候指[①]揮。

已劄下浙西提舉司,從所申事理施行外,右劄付江陰軍照會施行,準此。端平二年十月□日押押押

淳祐七年正月提舉户部徐宗丞栻行下,許仍收郡用供軍米四斗公文係知軍陳監簿鑄[②]任内

提舉常平司據江陰軍申繳到録白省劄,本軍每正苗一石,在上收義倉一斗、運司耗米五升、雀鼠耗米五升、郡用米二斗,共米一石四斗當。蒙前政知軍、朝奉趙大夫申控朝廷,每石苗正明收從米八斗,義倉、耗米二斗。繼準從申行下,令本軍照省劄斟[③]酌施行當。蒙知軍史省門斟酌,於前政趙大夫所申加八斗面上,再行減損,每石止收郡用供軍米四斗,用文思院斛,交量等因依,申本司,乞照會。當司照得,近據江陰軍申,具到人户納苗一石,收郡用供軍米四斗,義倉一斗、運耗五升、雀鼠耗米五升,於人户鈔上照格書寫色額,至今别無增收斛面因依。奉台判,諸處申到,皆只是每石加四斗,義倉、供軍、運司耗、雀鼠耗在内,獨江陰所申係六加[④]。案呈,本司已具呈,再牒江陰軍:請[⑤]契勘,限在三日具保明狀申。今據

---

① "指",《[弘治]江陰縣志》作"旨"。

② "鑄",《[弘治]江陰縣志》作"陳鑄"。

③ "斟",原作"勘",據《[弘治]江陰縣志》改,下同。

④ "六加",《[弘治]江陰縣志》作"加六"。

⑤ "請",《[弘治]江陰縣志》作"諸"。

前項所申，承僉廳官擬[①]，昨[②]江陰軍申，所收斛面加耗米数，準使判：諸郡止收加四，獨本軍加六，牒下契勘。今本軍申：向以支遣不敷，曾申朝廷以加八之数。准省劄，今收郡用米四斗，若此則是加六。分明繳到省劄在前，欲從所申牒報。奉台判，照仍牒報，利便[③]。

以上《[洪武]常州府志》卷十《宦迹》徵引"景定續添"或"咸淳續添"[④]

屯苗截軍糧劄子

竊見朝廷舊年和糴，未嘗及於江陰，非獨私於江陰也，正以爲郡止小邑，所管僅十七鄉，地方磽瘠，民力困乏。民[⑤]以斗計租，每畝不及二三；縣以石計苗，每歲不過四萬。遇豐歲僅能自給，遇水旱則公私皇皇，此和糴獨不及於江陰也。開慶元年，朝旨一例行下諸郡和糴。前守臣王琮再三控告，隨蒙蠲免，經今數載矣。偶去年，發運司以浙西被水，行下派糴五萬石，百姓驚駭，多有逃亡，今年之夏，尚不及數。天子明見千里之外，盡從蠲放，令下之日，歡聲如雷。臣竊見兩浙州郡，其褊小雕敝，莫江陰若也。使其可以應糴，則嘉熙四年亦將取辦於此。公朝既免之於累年，發運司乃强之於今日，無怪民情之胥動也。况本軍抵無錫運河，其中有三十六里湮塞，舟楫不通。每歲發上供本色白米，科役民力，遵陸搬運，老弱困憊。若添此糴，是則役者將十萬丁夫矣，牧民者所不忍見也。伏望公朝念其壘小民貧，與他郡不同，照開慶年間指揮，特與永免，則

① "擬"，《[弘治]江陰縣志》作"提"。
② "昨"，《[弘治]江陰縣志》作"作"。
③ "利便"二字，《[弘治]江陰縣志》無。
④ 原書未注明所徵引文獻。
⑤ 原"民"作小字，疑後補。

百姓可以存活，小郡可以支吾，人心不摇，户口還集，控淮海，是所以爲保障之地也。

二曰減屯苗以招逃户。本軍地瘠瀕江，管田不多，内有四萬八千二百餘畝，係屯省田，管苗一萬二千七百五十五石。私田之苗，畝以二升八合爲率，屯田之苗，畝以二斗六升四合爲率，屯田蓋十倍於私田也。蓋向者軍興之時，籍此項荒瘠之田俾屯駐之兵，權行耕種，遂立此項租額，勒之耕莳。及收回屯田之後，勒民請佃。舊年職租、義倉、耗米、加從，一切蠲免，今則一概加從交量。舊年灾傷，只是本軍審實減放，申省照會，今則申櫝[1]数四，不蒙從申。纔是催科嚴急，則全家逃亡。比來苗税不登，户口雕落，亦此之由。朝廷矜念，特將屯田量與減豁，不惟免農寺催督之勞，亦免漕倉義、耗之供，千里幸甚！

三曰截軍糧以減斛面。臣竊見諸郡軍糧，皆於上供苗米截撥。江陰本毗陵支邑，升爲軍額，養兵之需，失於陳乞，遂於斛面取赢給之，甚非得已，以軍糧無所從出也，朝廷亦嘗聞而知之矣。臣到任以來，減人户糜費，戒斗級苛取，雖得民情少安，而軍糧則無所取給。近日嘗乞糴，郡勸論上户以應目下支散，而此一項錢又無從出。商旅以河道窒塞而罕至，舶舟以他場攔截而不通，枵然郡計，極其寥落。聖朝忠厚，仁及草木，有是軍則有是粮，不可一日闕食，肯使斗大之壘鑿空取辦哉？今本軍有禁軍，有厢軍，又有横江軍，每月合支軍粮，爲數甚夥。歲復一歲，民力既殫，郡計築底。司存凛凛，日以匱乏軍粮爲憂；人户皇皇，日以應副軍粮爲苦。江陰自來土薄民貧，豈不重困哉！所合控告朝廷，乞賜指揮，照諸郡例，於秋苗上供数内截撥軍糧若干，士飽而歌，民寬以裕，豈止一分之賜而已？

---

① “櫝”，疑當作“牘”。

知軍趙孟奎便民劄子

臣某一介舂愚，惟守樸忠，持身報主。昨者陛辭天闕，奉對威顔，玉音丁寧，首以千里民牧爲訓，大哉聖謨！臣祇服以還，無敢失墜。到郡之初，延見吏民，布宣德意，蚤夜孜孜，詢求民瘼，如恐不及。其間利病臣所得爲者，已悉見之施行；非臣職分所得爲者，一一裒聚，恭竢奏聞。竊見朝廷指揮，凡作郡半年以上，即合條便民事件。適當是時，臣敢喑默？謹録奏如后，乞賜天聽截[①]擇。

一曰分縣治。本軍雖曰小壘，地里曠遠，沿江一帶及對岸沙蕩，民居星散，土俗率多頑獷，全類淮鄉。每有期會，官司之令不行於都保，都保之令不行於田里，以抵拒爲得計，以不受追呼爲能事。只緣止有一縣，相去隔跨，雖鞭之長，不及馬腹。更有崇仁、長壽、白鹿、東西舜等鄉，地險民惡，離城郭尤遠，未嘗有輸王賦。每歲縣不得已，委官差使催督，亦不體悉，動是率衆趕散，謂之"打局"。前任都監包良，被其縱火逐出，去歲巡檢張維，被其群毆折支。皆緣頑民恃遠，不知有官司，致滋長凶惡。詢之父老，采之寓貴，僉議皆謂合於崇仁揚[②]舍鎮添置一縣，以便控御、催科。但置縣則有一縣官吏，便添俸給，本非易事。契勘本軍僅有三里之城，既有兵馬副都監一員，又有兵官五員：一曰兵馬司，則有牢城之責；一曰兵馬監押，則所以處宗室、右選之人；其余如駐泊、如添差，其冗者已三員。又有酒税官五員，如岺村則有本鎮烟火公事，如在城都酒税務，則有關征催[③]酤之職，其餘又有酒税官一、瞻[④]軍一、添差一，皆冗員

① "截"，疑當作"裁"。
② "揚"，疑當作"楊"。
③ "催"，疑當作"榷"。
④ "瞻"，疑當作"贍"。

也。坐縻廩稍，無補絲毫。欲乞朝廷盡行省罷冗官六員，增置縣官三員：内知縣一員，從本軍選辟一次，京、選通差；内簿、尉各一員，如未有部注，亦聽本軍申辟。如此施行，庶幾軍縣臂指運掉，體統聯屬，期會可以呼吸相應，一利也。沿江一帶，有民社，有令佐，官府崇嚴，氣勢團簇，盜賊窺伺波濤者，有所憚而不敢發，亦隱然之保障，二利也。頑獷之民，既有官司在近，可以鎮壓，無復操白梃抵拒之態，王賦必易催，三利也。省罷無用之官六，置有用之官三，計俸給之增損，所省甚多。蓋兵官率是大使臣，每一員之俸可以支京官三兩員。以此較之，又利外之利一也。惟朝廷不憚更張，爲永久計。如蒙俞允，臣雖一時有經營興作之勞，所不敢辭。

二曰置軍將。兵猶水也，水聚必有防，兵聚必有將。故地上有水，師；《易》取其義，其爻辭曰："弟子輿尸，凶。"言號令必責於主一，若弟子衆人尸之，則凶也。兵無衆寡，聚則易驕。近年置游擊一軍，所以重江防之備，張聲援於内而震威懷於外，其意不爲不深。本軍分屯之数近四百人，本不爲多，然大率皆是亡命惡少、配隸永鎮之徒，一時招集，聚爲一軍，最號難御。或在外販鬻求利，或出營生事鬥毆，時時有之。置軍之初，失於疏略，雖有軍分，而無將員，每令本州兵馬都監一人，權行總統，以故階級不甚整齊，紀律不甚振肅。循習漸久，玩愒易生。臣謂既置此軍，則不可不置此軍之将員，或正将，或準備将，或統領，或同統領，皆出自朝廷處分。特置二員，管幹軍務，凡是游擊一軍事，皆其任責，閲習教訓，使行伍肅、階級嚴，臨時用之，可以備患，不至養驕縻廩，爲郡之蠹也。事雖小小，而所係者大，其於杜漸防微，實爲切要之務。

三曰修運河。水行天地間，舟楫之利，人實賴之。一舟所載比人力所負，何止數十百倍？故都會之區，商旅所集，必水陸輻凑之地。江陰爲郡，居二浙之底，若自五瀉堰九十里間，水常通舟，則蘇、秀、常、潤之販鬻逐利者，亦稍稍來往。惟其地勢高仰，水易於泄。而青旸、崇村以北，則潮汐時至，淤泥填塞，率一歲失浚，則淺澀膠礙，小舟亦不通行。略有重載，岸閣累日，進退不可，人畏其滯，遂成窮僻斗絕之鄉。又此水名運河，實通行在，公田米般運及上供米綱，皆從此裝載，爲數不少。每歲自十月以後，寒潮不應，河道淤澀，率用人夫般擔三四十里外①，工費倍蓰，所以期會多違。數年間，亦嘗開浚，未幾又淤。郡計無餘，坐視而已。莫若樁管一項，以爲永久調遣工役之費。臣昨來到任之初，與權軍、僉判邵櫄交割軍資庫交承錢。除前政浮借外，實有二萬二千七百一十八貫十八界樁管見在。於内撥二萬貫，置庫曰“便民”，轉收息錢，專備修河之費。以三年計之，可以擬息六千貫，流轉不已，息復可以爲本，本復可以辦息，一番工役，取之有餘。交承本錢，元無虧動，以息充用，永遠有益。臣今一面施行，欲望朝廷主盟，備臣所請，頒降省劄，以爲後人遵守之地。河道一通，公私交便，江陰自此爲舟楫湊集之邦矣。

四曰儲軍粮。本軍所管禁軍、厢軍、横江水軍，并寨下土軍、遞鋪等，計一千五百餘人，每月支粮米二千二百餘石。此外又有游擊軍貼支米，計二百餘石。以一歲總計之，實支之数二萬六千餘石。又宗室、孤遺、歸順及見任官等俸米，不在其内。本軍遞年所催苗頭僅四萬餘石，除公田豁出三千一百餘石外，止催三萬六千餘石，并係上供綱解之額，不可侵移。從前不得已，取斛面以爲郡用，取郡用以爲軍粮，若使苗頭盡數拘催得上，亦只餘郡用米一萬餘石。合軍糧、宗室、官俸三項計之，已三萬餘石，尚少二萬石，未有地位準擬。況累政以來，版籍不存，才催至二萬石，已是升斗零細，收拾

① 原“外”作小字，疑後補。

不上。又有坍江入海、逃亡無催之户，正額尚且虧折，而郡用亦全不及数。故本軍倉敖，僅存空名，不曾有顆粒儲積。每遇支請，不獨軍人嗷嗷，宗室、官吏等，亦皆互相煎迫。本軍只得拖下，以俟後月。後月無支，或迤邐遂至半年，州郡幾不可立。臣去歲交割，正在青黄不接之際，監[①]前官久已稽欠之弊，不容即有闕支，百端那兑糴充，以至新苗起催。雖幸得按月無闕，然州郡費力殊甚。今方新歲，軍倉已竭，此去秋成，尚有數月之期，何以給之？脱巾呼道，往事可監[②]。臣昨見本軍前政知軍楊纘任内，嘗申請朝廷蒙給降度牒三十道，充糴軍糧米斛。欲望照前政所申，特賜給降度牒三十道或五十道，以捄倒垂之急。臣昨來到任之初，非不備見空乏，不敢遽爾乞，竭力支撑至此，委實東牽西拽，無復可措置，槃底之極，然後[③]敢瀝血忱呼籲。此項若緩實急，沿襲不已，後項有時缺事，其於曲突徙薪之謀，不爲無補。

五曰寬舶征。臣初見海舶置司抽解，必是海道要緊之衝、州縣鎮壓之所，氣勢號令，蠻商聽服，可以檢防銅鏹出界之弊，機察漏舶瞞税之奸。故福建則在泉南，二浙則在四明，其他小處如澉，則以歸舟戀家山，勢同回馬。如江陰則以大舟易於入港，便於偃帆，從前創立，不爲無説。近一二十年間，始創抽解場於上海。但江陰本毗陵一縣，所以建立軍治者，當來不無藉於海舶湊集之助，故市井熱鬧，郡計亦沾其餘潤。自失此利，商賈絶迹不來，通闤蕭疏已甚。其間時有汀、邵、興化糖、鐵、布客，回貨轉港到岸，往往畏憚收税之重，迤邐前去。朝廷既有敷額未除，又有游擊軍券錢取給於内，雖累準行下，令本軍招誘，但昨來又差到尚幹

①② “監”，疑當作“鑒”。

③ 原“後”作小字，疑後補。

徐夔孫添回買一項，商旅因之益望風相告，視此如阱，皆從半港使轉，百口招之不能來。近者又舶司行下，不許本軍招誘。夫招之猶恐其疑而未必至，況禁其招？則游擊軍券何所從出？臣今欲乞明降指揮，永遠即無回買，仍許本軍招誘。此不過南船回貨，些小遺利，游擊軍券錢，亦可藉是按月支給，通商[①]惠軍，兩得其便，亦本軍之急務也。

六曰均屯租。臣聞："物之不齊，爲物之情。"若輕重一概無辨，雖天地不能，況於人乎？本軍地瘠瀕江，管田不多，内有四萬八千二百餘畝係屯省田，管苗一萬二千七百五十石。私田之[②]苗，畝以二升八合爲率，屯田之苗，畝以二斗六升四合爲率。屯田蓋十倍於私田矣。曩緣軍興，藉此荒田俾屯駐之兵，權行耕種。及收回屯兵之後，勒民間請佃，遂有此項租額，不曾減放，每遇催科嚴急，則全家逃亡。前政知縣湯厚之始爲修明，但不察屯税本有上、中、下三則，乃盡律以一概。上等者與中等者一則失之輕，然猶曰民被其利；下等者與中等一則失之重，下户被其害者多矣。古語云："一人幸而免，必有一人不幸而受其弊。"此之謂也。緣此不均，愈不可催。今皆荒白，無人承佃，然亦不能不挂農寺欠籍。臣見此，再行修明，欲依上、中、下三則之舊，上等之爲中等，雖不可復升，而中等自還中等，下等自還下等。庶催科之際，民間無詞抵賍。欲乞依此見行，明降指揮，使下郡得以遵守奉行，亦除害興利之末畫也。

臣狂瞽，不識忌諱，所奏上件事，皆愽[③]采廣詢，晝思夜惟，期以上不負聖天子臨遣之意，下不負一郡求芻牧之責，非尋常應文塞故

① "商"，原作"啇"，據上下文改。

② 原"之"作小字，疑後補。

③ "愽"，疑當作"博"。

事者比。欲望聖慈，降付尚書省，斟酌而施行之，一方生靈之幸！冒犯天威，臣無任激切屏營，席藁待罪之至。謹録奏聞，伏候敕旨。

咸淳二年二月□日具位。

知軍趙孟奎減放屯苗米申省狀

照對：本軍止管一縣，苗額號管四萬餘石，除買爲公租外，去三分之一，内一分係是屯省田畝五萬八千三十七畝有零，内管屯苗一萬四千七十八石四斗七升。遞年以來，業主視爲棄物，佃户轉徙他鄉，以致屯田荒白，官賦虧陷。江陰之不可爲，此實一大弊。

近究顛末，方得其所以致病之由。蓋自南渡軍興以來，因地爲田，因田駐屯，是謂之"屯田"。兵寢而後，募民請佃，因田起租，是謂之"屯苗"。紹興經界之行，視地肥瘠，爲賦重輕，於是立爲五等之則，上等十分，每畝起苗三斗有餘，次上九分，中等八分，下等六分，次下四分，隨等折土。次下等者，每畝止輸一斗以上，二畝有半，纔準上等一畝。古例輸苗，却自用本軍斛子，每石止[1]收白米，折加耗加從，一切蠲免，本是優輕。兼江陰地勢高下不等，水旱灾傷，無歲無之。人户歲蒙朝廷蠲放，甚至有放及七分年分，人户皆樂耕屯田。中間因郡計匱乏，軍糧無所取辦，於是申奏朝廷，始於一石止許收二斗，後又增而爲起收四斗，又增而爲折收八斗。又有運司耗米與夫義倉、雀鼠耗，又暗收之數，皆不與焉。一石屯苗，却該一石以上送納，民始病矣。端平年間，朝廷例減斛面，易軍斛爲文思院斛，止許依私田苗加四起從供軍，加二爲義倉、運司等耗，民力於是乎少紓。逮至淳祐，版籍浸湮，賦額浸陷，歲荒并不該放。

① "止"，原作"上"，據上下文改。

官司不思所以去其致病之由，及於斛面上又取赢[1]焉，民力至是又復重困矣。寳祐修明，將以除弊愈暗，其弊尤滋。方且廢其五等之則，創爲一概之論，準諸鄉分數，以均苗額。雖其間上等十分者，獲受減分之利，然次下四分者，乃被增分之害。田有肥磽，賦無輕重，民户又添此不均之患。自兹以往，上等降而中等者間有輸，下等升而中等者類皆拖欠，所謂拖欠，亦非民户之恃頑也。蓋屯田之與私田，其鄉同，其都同，其保同，其圖又同，私田每畝不過起苗三升而已，而屯田乃十倍焉。此屯租所出，實不足以供屯苗之所需。官司但知屯苗管額之當催，不念屯租收数之無幾，此業主故以視爲棄物、佃户所以寧徙他鄉、屯苗所以虧陷也。今來催排，漸成端緒，考之圖册，見得屯省田多是荒白，不可不爲區處。将以再復五等之則，則歲月寖久，舊籍不得，無可稽考。若将申减额之請，又恐於綱解有損。再三思之，上不欲虧農寺綱解之元額，下又欲除人户重征之害，寧乞少損郡計，民易輸納，而於朝廷上供元額而無虧折，較之增額徒重，民不肯耕，賦無可輸，而本軍每歲[2]鑿空陪解，日復一日，郡愈不可爲，利害灼然。本軍今自三月以來，已將屯苗折價，比累任折價優減三分之一，民頗便之。本軍今自咸淳二年爲始，應屯田管苗一石者，止照古例納折白八斗，郡用供軍只量收二斗，并文思院斛，運司耗、雀鼠耗并常平義倉，却并仍舊。零苗準此。如是則民樂耕種，官易催輸，公私兩便。除已一面施行、勸募耕種外，所合具申朝廷，乞賜劄下本軍照應，永爲定則，以憑遵守，實爲千里無窮之幸！須至申者。

右謹具申尚書省，伏候指揮。

---

① 此處“赢”字當通“羸”。

② 原“歲”作小字，疑後補。

咸淳三年五月十七日奉議郎、直秘閣、權發遣江陰軍兼管内勸農事、節制屯田戍軍馬趙孟奎。

減放屯租指揮

户部狀申：准都省批下江陰軍申屯苗折價等事後，批送户部、司農寺點對申省，准此。

右本部尋連送行在司農寺，分明點對，具請實保明文狀，供申。去後，今據行在司農寺申：准[1]在尚書户部連送到都省批下，爲江陰軍申，照得：云云，同前，送寺點對回申，本寺尋連送兩浙轉運司，仰分明指定，具保明文狀申寺，以憑備申都省。去後，今據兩浙轉運司申：繳到臨安府鄭司法指定申：竊詳江陰軍申到事理，中間謂"上不虧農寺綱解之額，下又免人户重征之害"，如此則良法美意，盡在是矣。申寺，乞備申施行。本寺所合備申省部，備申都省施行。奉部官書注，備農寺點對，申都省，伏候指揮。

右劄付江陰軍，從所申事理施行，准此。

咸淳三年十月□日。

知軍趙孟奎添置丞、尉申省狀

照對：本軍雖係小壘，地里曠闊，止管一縣，官少事多，每有期會，呼吸不應。其中崇仁、長壽、白鹿、東西舜等鄉，地險民惡，離城郭尤遠，多睚賦輸。今年二月内，孟奎嘗循彝條，上便民六事，以"分縣治"爲首，詳陳利害，餘事未有不準朝省施行者，獨分縣一事，未得指揮。深恐創立縣治，事體重難，今不敢更執前説。若不更於中斟酌，作一區處，則終是費力，謹度便宜可行者。緣江陰縣無邑

① "准"之後疑闕"行"字。

佐，止有一簿一尉。縣事既繁，地又隔跨，一簿不足以輔催科，一尉不足以遍警捕。他郡聯數縣必備官，今一軍一縣，而縣官乃闕，宜乎縣不可爲，郡無所賴。前日乞於崇仁楊舍鎮添置一縣，事既難行，今止乞於崇仁楊舍添置一尉，通正尉爲東西尉，仍添置縣丞一員，庶可以爲縣事，脈絡相倚。并乞檢照前申，於兵馬都監、監押五員中，存留兵馬都監一員、監押一員，省罷駐泊、添差共三員；於酒税官，除茶村鎮烟火公事一員、都税務一員外，罷酒税官、贍軍官、添差官三員。其在任者始與存留，滿任日更作闕，其未上者，別行注授。所有添置丞、尉二員，時暫以從本軍選辟一次。省無用之官六，置有用之官二，所增者少，所省者多，既無冗員，又可辦事，實千里無窮之便。所合具申，欲望公朝特賜敷奏，從申施行，仍吏部照應。須至申聞者。

右謹具申尚書省，伏候指揮。

咸淳三年九月十九日發。

以上《[洪武]常州府志》卷十《宦迹》徵引《江陰續志》

軍　治

設廳，寶祐乙卯潘守燮重建，尤木石爲記。

常廳，嘉熙庚子王守杆重建。

僉廳，景定庚申楊守履之重建。

郡圃：

翠屏，郡城東北隅，潘守建。

眺遠，郡城東，潘守建。

環碧，舊名“茅亭”，潘守重修，易今名。

鎖春，宅堂後門北，胡守煃建，龔郎中準易名“展香”。

郤月觀，梅亭舊址，郡侯胡煃建，取何遜《揚州梅》詩“枝横郤月觀，花繞凌風臺"之句以命名。寬明華潔，甲于後圃。

雪谷，郤月觀之南，胡守煃建，龔郎中準易名"嘉實"。

雄覽，子城正北，郡守龔郎中建。宅一郡之高明，介兩峰之崒究，前臨月觀，後帶清流，中鑿方池，凡城市、山林之景，無不在目，真澄江偉觀也。

以上《[洪武]常州府志》卷八《古迹・官寺》徵引《江陰續志・郡治門》

官　廨

教授廳，郡侯方宗諭萬里重建，教授陳南一記。其略云：淩玉帶以益舊基，挹文筆以寫新意。橋外于門，甃足于砌，祠左廡右。廳而堂，室而奥。會友有軒，讀書有帷。翼翼嚴嚴，規制愈偉。時端平甲午春也。

知録廳，舊有堂曰"明清"。廳事之東，外瞰通衢。展屋三間，以規便坐，物情民隐，近在簾櫳，蓋趙斜時墂所創也。

司理廳，舊有堂曰"種德"。廳之後，新穿堂以便往來，扁曰"日勤"；堂之西爲便坐，以臨通衢，扁曰"察隱"。皆景定庚申劉司理壽翁建。

司户廳，即嘉定辛巳邢侯燾所建使星館也。後有亭曰"滄灣"，紹定己丑，施司户德懋建，高疏寮爲記。

以上《[洪武]常州府志》卷八《古迹・官寺》徵引《江陰續志》

營　寨

游擊軍寨

寶祐戊午冬，淮①省劄：檢會流民遷避江南，多有强壯，若行措

① "淮"，疑當作"準"。

置招收，委爲兩便。數内江陰軍招募二千人，如數不及，百姓并許招刺。每人日給緡錢三伯[①]、米三升。繼而應募者少，本軍遂于緡錢之外，增爲米四升，以誘其來。自是，至者雜遝。凡發往平江府聽節制之外，其屯駐本軍者，僅三百二十有九人。買民田於前湖廟之南，建寨屋三百二十五間以處之。然朝廷科降錢糧僅如前數，而本軍所增者不可復減，於是自爲那融以給焉。

以上《[洪武]常州府志》卷八《兵防・營寨》徵引《江陰續志》

亭　館

慈幼局，趙寺丞孟奎所立，侯自記其詳。以利城務官省廢圭租贍之，户曹庀其事，而提其綱以學廳，蓋循廣德諸郡例云。

以上《[洪武]常州府志》卷八《古迹・官寺》徵引《江陰續志》

山　阜

君阜爲澄江主峰，蓋秀氣之所聚也。然陶人比屋而居，陰陽家者流謂："掘鑿之久，於地靈人傑有關焉。"楊侯纘聞之，亟爲毁陶室，禁掘鑿焉，歸其地於學。山川炳靈，将有異人輩出。[②]

以上《[洪武]常州府志》卷五《山川・山》徵引《江陰續志》

河　渠

澄江，在常之無錫堰運河約九十里。自朝宗門而南，沙土漲塞者四十餘里，舟楫不通，蓋有年矣。景定壬戌間，繡使余檢詳、知縣孫監簿有請于朝，爲開浚計，仁人之用心，不約而同。自此漕運通

① "伯"，疑當作"佰"。

② 此條原爲"君山"條後注，小字，今作正文。

而商旅行，其利不亦博乎？

以上《［洪武］常州府志》卷五《山川・江》徵引《江陰續志》

祠　廟

梓潼帝君祠，淳祐丙午，迪齋吴少卿當可率鄉之好事者共爲之，在天慶觀東南隅。

以上《［洪武］常州府志》卷六《祠》徵引《江陰續志》

靈護廟，即城隍祠。淳祐辛丑，尹侯焕以驅蝗應禱，有請於朝，敕賜今額。

正佑廟，即張真君祠，舊在愛日門外。紹定癸巳，方侯萬里改卜於文定坊之左，即凈明觀之遺址也。

佑聖廟，景定壬戌，郡守孫監簿創于河南廟之西，復即廟之故址建雲堂，以館四方雲水之士。

以上《［洪武］常州府志》卷六《廟》徵引《江陰續志》

楊端叔君山塔院記

江陰，春申君黄歇湯沐邑。君事楚雖無大功烈，然賈長沙稱其“知明而忠信，寬厚而愛人”，則風流可想。其後秦滅六國，楚最無罪，故甘棠之思益在民不忘。郡有黄山、黄田港、申港，皆以君得名，而君山名尤著。山瞰大江，直郡治後，上有堂曰“浮遠”，前有塔拱揖，譙樓如屏障，如壁壘。而所謂塔者，表立絶頂，又如大將牙纛植焉。“浮遠”之名，蓋取東坡“江遠浮天”之句。紹興中，太守趙公建之。乾道中，太守徐公擇善書者扁之，群賢詩詠，具載圖志。紹熙甲寅，都督丘樞相、國子施先生覽景興懷，作意繕葺，梓人承命，跂翼翬飛，於是來者簿書之餘，皆寄丘壑之興。

寶慶元二，西浙司馬倉使顧瞻翠微，景與心會，慨然曰："有山如此，佳哉！疇克領此？"於是郡寓公十有四人，皆以内能仁院住持僧了慶薦，遂命專主塔院，毋與他寺相屬。慶淳質，被壞布衣，以瓦鐵食，辛苦營求，塔爲增壯。一日訪予，具道本末，且求文爲記，將先以贄新太守衛公。予曰："記非吾所長，吾有疑，姑以問子。吾郡之山，東南一帶，雄厚綿亘。君山不甚高，郡治何爲倚之？太守群賢何惓惓焉？"慶曰："子未聞陰陽家説乎？在《易》六爻，五陰一陽，則陽爲主，五陽一陰，則陰爲主。今衆山皆大，此山獨小，東南之綿亘者，此發其源，正郡主山也，表而出之，宜也。維是寂寞，人不樂居，吾老矣，其何堪之？"予携之登堂，指示之曰："導江自岷，東匯於兹，送目想之，萬里無極，是天之雄也。海潮以時，琛貢來航，示[1]有魚鹽，舶有珠犀，是天下之富也。子游戲焉，獨不可乎？華月委波，空水交明，積雪被崗，八表無塵，皆玄圃之夜光也，子縱觀之。松風戛摩，如奏笙簧，濤音舂撞，如鼓如鐘，皆六時之天樂也，子日聽之。是子集耳目之勝而有之也，子其勉矣。吾於世味未能忘也，使得此以居，亦將心廣而體胖。况子於壞布瓦鐵中作佛事乎？"慶笑曰："然。吾今相與問答，即記也。"顧爲侍者奉紙筆以進，乃爲之書。

寶慶丙戌夏至日，郡人從事郎、差充江南東路提點刑獄司幹辦公事楊端叔記。

端明尤焴寶祐乙卯重建設廳記

暨陽倚江枕淮，其地邇邊，故以邑升郡，賦額不改舊而調度繁，入不補出。守是邦者，窘供億如救頭然，諸所興爲皆廢，由是在在

① "示"，疑當作"市"。

頹圮，無複著手，而郡廳爲尤甚。

寶祐甲寅之仲夏，雲間潘侯燮來，始下車，喟然曰："郡治之正衙，乃延見士民之所、會集官吏之地，凡大燕饗、大教令、大賓客，皆於是乎在。榱棟朽橈而軒泊欹側，墻壁漫漶而丹雘黤黮，似危邦之陋風，殊非所以重侯藩觀聽也。"乃剔蠹撙浮，蓄材待事，即常賦之入，日取什一以儲之，數月浩乎沛然，則喜曰："吾有其資矣。"會郡人有以材木與官市者，巨榦昂霄，應需予直，伐置盈庭，適稱郢斧，又喜曰："吾有其具矣。"於是，涓辰選良，命戎鈐薛君瑜董其事，而侯躬督其間。經始於仲冬之庚戌，落成於次月之乙巳，民不知役，工不告勞。外廡之高增尺有七，而朽者壯，欹者直，漫漶黤黮者鮮明矣。蓋嘗考是廳之創始，其日月夐不可考。特重整於紹興之庚午，距今甲子一周强半，而頹壞非一日之積矣。異時，君阜之鑾緤輻凑，青暘之販舟未窒，中更幾材太守，非不欲撤而新之，俱困於貢輸而不果。侯能即無爲有，圖難以易，興百年之廢於兩旬之間，豈"變而通之，存乎其人"哉？昔衛文歌楚宫之作於車乘不多之時，魯僖復周公之宇於邦用猶儉之日，古人舉事不待優裕而後立者如此，良非後世之易及，而今見之。

先是，侯嘗宰是邦之屬邑，趨階睹奥，每太息斯地之未整。去之不七八年，一驄憩棠，不日輪奂，人固疑其有數，而吾則識其有志也。是邦密扆神京，地瀕衝要，非重其威而不可。侯能增麗譙之皷角，敞闉闍之樓觀，興養士閲兵之地，與夫倉廩庫務，靡不繕葺。聲明文物，固將與江山相雄。觀其隆内畿而消外侮，不亦偉乎！

予與侯素厚稔，知其才，而梓里適與暨陽鄰，每聞其政化之美。侯以予之知君也，寓書求文以記，於是乎書。寶祐三年歲次乙卯四月中澣記。

湯舉送徐廣文序

甲寅之冬，予自吴門奉憲檄慮囚苕霅間。鄉郡廣文徐君訪我於舟中，標致挺挺，有歲寒色。聽其言，鑿鑿無浮語，古君子也。越明年，鄉友來訪，類能道郡庠佳話。異時學計弗裕，職事若生員俸累數月不支，公厨至飯不足。君至未暖席，即解行橐代公支。舊比有所謂“回食錢”，例供校官泛支。吏援例來，君怒曰：“是何爲？至我别儲之。”居無何，呼吏曰：“靈星内多隙地，宜鑿雙井以便民。泮橋東西衢，雨甚至輒淖，是宜甃。是邦素號多士，程文類穎，拔堪膾炙，宜會倅[①]鋟梓。《感應篇》雖老氏語，蜀士李君有注，西山真公有跋，足以勉人爲善，爲風教助，宜亟命工。”吏以費請，君叱曰：“向所謂‘回食錢’，舊奚用？”指顧間，四事立辨[②]。予聞之，擊節嗟嘆。鄉友曰：“又有大於此者焉。學租蠹弊如蟻穴，君盡革去，具新籍，聞部使者，撙浮剔穴[③]，效他郡貢士莊，儲錢爲上禮部、上賢關者之助。隸後正[④]者，且預期樁積，俾此意續續勿壞。”予又擊節[⑤]嗟嘆。鄉友復曰：“又有大於此者焉。士有修能絶藝，輒爬羅搜抉，延遇以禮，片善寸長，以引以翼，稱道不絶口。有甚貧者，解衣捐廪無靳色，甚而周身有具，藏骨有地，老者必安之。乃若課試講説，必以法度之文爲準、義理之學爲的，所以淑人心、美士習者甚大。”郡博士，初品官耳，所就已如此可敬也已。雖然，未也，推是心以往，他日爲穹官顯職，立大規模，使善教放乎四海，如利斤破竹，健足登梯，飀

① 此處“倅”字當通“粹”。
② 此處“辨”字當通“辦”。
③ “穴”，疑當作“宂”。
④ 此處“正”字當通“政”。
⑤ “節”字原闕，據上文補。

風怒而黄鵠奮也，奚止如今日之所觀？君其懋之！

予辱契，於其行也，願出一語爲别。會友朋有請，書此以寓期徯之意云。寶祐戊午三月既望，暨陽湯舉序。

重建教授廳記

莅官有舍，隆其業也。矧校廳，範模之地，名教之宗，學校以尊、州邑以重乎！余紹定辛卯到官，顧瞻兹宇，榱折楝撓，凛凛就壓，殆長卿之四壁。子美之重茅，榛莽蕪穢，張仲蔚之門，蓬蒿然然。比年來者莫容，客貢士所。夷考壁記，紹興壬子，王侯棠建學，遂創焉。歲久則蠹，宜也。然所居必葺，豈乏若人？事以力屈，志弗願果，弃忘[①]亦宜也。雖然，機會之離合有時，學政之廢修有數，故有曠世莫就、一日畢集者。使平居之人豈能之哉？蓋今距昔，百年之運，時之更、歲之變也，植仆立僵，意其有待乎？

壬辰冬，太守宗諭方公萬里果來，居無何，諗余曰："吾典教墜也，曩似不然，今胡遽至此？盍新之？"飲水自持，約浮衆羨。明年秋，大治夫子廟，肇先賢祠。冬，是役舉焉。不廣墜，不廛民，不科吏，發帑飭材，弗愛其力。浚玉帶以益舊基，挹文筆以寫新意。橋外於門，甃足於砌。旁夾以吏舍，祠左廡右。廳而堂，堂而奥。會友有軒，讀書有帷，蔬茹有圃。翼翼嚴嚴，規制愈偉，中調度如家，故之所有必具，其無也乃今有之。垣以丈者二百一十有奇。端平改元夏首畢工，梓人法悉指授。余亦得盡心焉耳。吁！公，造物者攸屬與？不然，壬子而後，何獨公見之？舉兹以旃，未易量也。余因謂是邦，古暨陽，亘長淮，泝大江，君皁肙贔嵂崒，鍾靈人傑，沐風遺化無恙也。郡於國初，邑於崇寧，復於建炎。未幾，王侯棠并請

① "忘"，疑當作"志"。

於天子命教。俞音既頒，石湖范先生父雩首選，文昌從橐，鼎鼎講席。逮公之來，師友淵源萃衍矣。今又以惠諸生者惠一州，修起學宫，與古循吏等，厥有旨哉！爾多士歲當賓興，勵乃行，精乃業，乘百年之旺氣，攄胸臆之緪緼，發經綸開濟之軔。公之是舉，抑大有功於吾道也。公名萬里，字子萬，舊富春，世儒級，今居吴中。

是歲夏五，文林郎、江陰軍軍學教授陳南一記，奉議郎、知江陰軍江陰縣主管勸農公事黄紹庭書，宣教郎、籤書江陰軍判官廳公事趙希瑾題蓋。

軍學命教堂記

命教堂者，知軍、寶章、寺丞趙侯孟奎之所作也。堂昉於此乎？前此矣。前此則曷爲作乎？此王侯棠實作之。歷五十三閏，嘗再葺，苟焉而已。侯一旦新之，其言侯所作，宜也。孰名之？王侯時博士范雩也。《禮》："天子命之教，然後爲學"，蓋有欲爲學以教其民而弗獲者。我朝慶曆、熙寧之盛，學校之官遂遍天下。江陰自邑升軍，建學於是始，故謹而志之也。

古之教者，家有塾，黨有庠，遂有序，國有學。釋奠於斯，祭菜於斯，養老乞言於斯，鄉人飲酒於斯，化民成俗，常必繇之。一大夫不説學而君子憂焉，其憂之何？憂無以教而國無與立也。後世簿書期會不報以爲大故，視夫冠章甫而衣縫掖、口詩書而身禮樂者，往往以迂闊姍笑之，謂是無益于富强之事。顧瞻斯地，不得已始存焉爾，甚者或并廢焉。是以學校廢而詩人譏之，諸侯廢其學而墜天子之命也。然則言政必曰先教，言利必曰與民，言當世必曰唐虞三代。聽訟雖日勤，而禮士重農之意罙篤，鋤奸雖甚果，而卹貧慈幼之心匪懈。若斯堂，則俗吏視爲無與吾事者，方孜孜汲汲，以爲奉天子命莫先焉，於是而後，侯爲不可及也。堂之楹二十有四，得大木爲梁，撤前楹二而執[①]益宏。其工易，其材良，其棟隆，施[②]板覆箔於椽上而瓦之，以支百年，固可也。費一出己俸，不足則繼以己帑。凡縻[③]錢二百一十五萬有奇、粟一百一十碩有奇。既成，自書其顔，且志曰："范雩名，王棠始建。"其言"始建"，專辭也，不以己而掩前人之美也。於是而後，侯爲不可及也。

先是，修御書閣，繼葺兩廡，斥宫墻之隙地，元日大集耆老與寓公邦人，舍采於先聖先師，行鄉飲酒，摭前言往行，序而鑱其板，歸之學官。又大書晏子言禮以遺博士。鄉飲者何？教敬也。歸板者何？聞一善言，見一善行，無非教也。教以敬，教以言行之善，亦足矣。晏子何以書？大晏子之言也。何大乎晏子之言？昔子思子曰："天命之謂性，率性之謂道，修道之謂教。"夫人生而莫不有愛敬之心，是得於天，而所謂性。循其性之自然，則君臣父子莫不各有其所當行者，是所謂道也。因其所當行者而裁之，使其"令而不違，共而不貳，慈焉而教，孝焉而箴"。至於愛敬、和柔、慈聽之云者，莫不有以爲之秩節，是所謂教也，非外立一道以强人也。將使適乎所行之宜，以全其所命之正也。是其言雖主乎禮，而仁義與知具是矣，不亦大乎？書晏子，崇教也。於是而後，侯爲不可及也。雖然，命之教而學校不修，諸侯之過也；學校修而教不具，師之過也；學校修，教法具，行之而弗著，習矣而弗察，士之過也。爾多士誠能反身以驗之，致學思問辨之功，資品節範防之力，全其所固有而去其所本無，則教明而道修，道修而性之命於天者各正。邇之事父，遠之事君，内之齊家，外之治國平天下，其誰以易之？君子於是堂也，見

① "執"，疑當作"埶"。
② "施"，本卷《御書閣》條作"拖"。
③ "縻"，疑當作"靡"。

諸侯之有學，見諸侯之學有以教。

咸淳三年七月旦，迪功郎、江陰軍學教授林千之記并書，中散大夫、新知桂陽軍兼管内勸農使丘汲題蓋。

軍學蠲租記

古之教者，族黨鄉遂皆爲之學，自司徒而下，至於鄉、遂之師、大夫，各掌其政教。凡征役之施舍，釋者曰"施"爲"馳"。夫其率之以知仁、聖義、中和之性，厲之以孝友、睦姻、任恤之行，博之以詩書禮樂之文，而必使免乎布縷粟米之征，此周之士所以貴且肆也。今州縣自嶺海莫不有學，澄江在甸服五百里之内，紹興初，王侯棠昉請於朝，立學官弟子員，廩以閑田，後稍增畝，凡爲畝七千有奇。士曠農惰，田之入於草莽者十之八九，歲榷米僅一千五百餘石。子衿[①]日盛，懼無以繼，州縣胥方盻盻然以學之賦爲言。夫學，諸侯之學也，田以養士，又斂之，是自征也，毋乃與初意劌佩乎？

咸淳乙丑，趙侯繇監丞以内閣守兹土。始至，謁夫子廟，慨然有興起學校之志。郡方築底，急符蜂午於郡，胥無敢以前説進者，侯益捐官田以裨學計。士相與言："既廩幸不乏，惟是賦税，法應弛，吾邦獨不得眂他郡。"乃僉以請。侯曰："嘻！可以是病吾士？"命有司删板籍，聞於臺府，著在牒書。而澄江郡類之蠲租實自侯始，猗歟休哉！凡我多士，食於斯，息於斯，講古道於斯，今而後寧慮吏率[②]之叫囂隳突乎？事固有闕於百年而伸於一旦者，存乎其人而已。西山真文忠公之守泉也，人到於今稱之。學廩之賦，公實

① "衿"，原作"衿"，徑改。

② "率"，疑當作"卒"。

蠲焉。泉，富郡也。真公蠲其税，未嘗益以田也。乃今不但補昔時之所闕，而又爲近日之所難，其過人遠矣。侯治郡，表厲以廉，梳櫛以勤，賑稱貸之民而免其息，練久惰之兵而厚其賞，鋤積奸之吏而窒其橐，行之三月，化孚之和，有次公、文翁之風焉。德侯之賜者，不獨士也。侯名孟奎，字文曜。

是歲之望，迪功郎、江陰軍學教授林千之記，奉直大夫、新知建昌軍兼管内勸農事丘必大書，中散大夫、新知桂陽軍兼管内勸農使丘汲篆蓋。

慈幼局記

江陰本膏沃，而遠鄉曠土有不耕者，民不足也；人類常生息，而窮檐窶户有不育者，力不足也。不足而坐視之，彼充[①]芻牧之心者然歟？

余咸淳乙丑秋至郡，賸祈而雪，率屬謝郡[②]祀，詣龍祠，出澄江門。歸聞户曹趙君汝訥言："出門外，有補茅綴葦而廬者，闃無炊烟，嬰孩啼户，饑寒之色不勝。"聞[③]之，則凍殍所餘裁此耳。活之不及，爲廢食轉枕累日。念昔先公尹輦下，創慈幼局[④]收孤棄，凡十有二年，男女襁褓籍存養者，不知其幾。守吴門亦如之，後皆相仍至今。滕雖小，宜遵用故事。乃度地視官舍可改者，得醋庫。庫舊有榷額，歲取糟酒務斤數千，徵民糠核以釀，官費而寡利，民擾而苦禁，遂弛榷醋，以庫爲慈幼局。公未有以給，輟俸先之，置乳嫗，

① "充"字，《永樂大典》卷一九七八一《局》無。
② "郡"，《永樂大典》作"群"。
③ "聞"，《永樂大典》作"問"。
④ "局"字，《永樂大典》無。

日予券[1]食，月予紉澣[2]費。男女齒二以上、十以下，皆養。養及十二，而能出就衣食者，聽。寒暑予衣、坐卧什器、帳被具，户曹庀之，郡博士提其要，咸定爲例。起於丑之冬，成於寅之春，遺弃[3]踵收，抱哺以時。昔之夭麛傷鷩者，大略減矣。雖然，捐俸，私無以繼也；剖廪，公無以充也，則來者有憚而已爾。利城鎮故置官，罷省久，餘職田畝百三十有奇，地畝五十有奇，民賕吏縮賦，厘而復之。刻町步歲入與支之數于石，且爲籍，隸之局。業定而利專，費給而惠遠，蓋於是乎在。按《周禮》"大司徒以保息六養萬民"，獨首"慈幼"，"民産子三，人與之母；二，人與之餼"。昔人措意於幼者，若此其密也，渠非保之而使之蕃息者，無最於是歟？當時，井田均，無甚富甚貧之眊，其望於上者猶狹也。今貧富之相絶者，不翅十指然矣，柰何坐視其不足於耕、不足於育，而弗之救乎？凡余之所圖者，亦庶幾芻牧之思而已。若夫人情之不足者無窮，余顧以不足之才智應之，而欲滿其望，則寧無愳載？因鑱石泮宫，非特以局事隸，它[4]日尚惟縫掖議然否也。

咸淳二年七月日[5]記。

便民浚河庫記

水在天地間，爲利最大，通之則行，湮之則止。風檣雨柂，雖雕題卉服、鳥言夷面之人，寶貨皆可交於中國；壤斷水絶，雖商颜褒斜，一跬步間，漕事不能致也。故坡公有言："維水之利，千里咫尺；

① "券"，《永樂大典》作"桊"。

② "澣"，原作"瀚"，據《永樂大典》改。

③ "弃"，《永樂大典》作"弁"。

④ "它"，《永樂大典》作"他"。

⑤ "日"字，《永樂大典》無。

維水之害，咫尺千里。”信哉！按郡志，暨陽故有河，北引大江，南出於郭，截蔡涇，歷茶[①]村，出五瀉，以達於漕河。始春申君開以溉其封邑，民到如今受其賜。中興後，一浚於乾道之丙戌，再浚於開禧之癸丑，復浚於嘉定之庚辰，至景定之壬戌，浚凡四已。潮汛吞吐，積沙易於反壤，舟行者病之。至冬運，水澀愈甚，上供米率以數十百夫舉近青賜[②]，然後裝綱，官窘於費，民困於役。

咸淳乙丑，上即位改元之歲，孟奎承乏試郡。越明年春，條奏郡事便宜，思爲經久可行之策，首以前政交承帳有管芝楮貳萬七千七百有奇，撥貳萬貫置便民庫，取其恩[③]以庚費，旨振[④]可。庫建於郡治之西，扁曰“便民浚河庫”，提督以秋官廳，監庫、子庫皆吏爲之，案前則顧募市之解事者。自百貫以下，息一分有半，恤細民也。自百貫以上至二千貫，息均二分，防販典也。每日所典，關軍資二庫眼以貯之。郡時稽其功緒而爲進退賞罰，總日成月要也。本錢永遠不移，庫息以備三歲一浚之費，民不知而事功集。雖然，寒潮漸縮，舟膠不行，目前之害不可待三年淹也。乃治畚鍤，乃峙糇粻，乃袤丈尺，乃程期會，以坐營之卒就委本營主兵官董其役，熟券外，厚給生券以利之。首於季秋之杪，而畢於鶉火、天策之交，費皆一出於郡。留息以候他年繼浚，未遽取辦於此也。自今以往，水脉通行，農其便於耕，商其便於販，官其便於運，舟無大小，民皆便於往來，可以百年之利矣。天地之運無窮，生人之利無盡。余之望於後來，曷有既哉？衆願鑱之石，因爲記。

咸淳二載九月十九日，奉議郎、直寶章閣、權發遣江陰軍兼管

① “茶”，原字下半作“佘”，據上下文改。

② “賜”，疑當作“暘”。

③ “恩”，疑當作“息”。

④ “振”，疑當作“報”。

内勸農事、節制屯戍軍馬趙孟奎立。

和豐倉記

《江陰志》不載建倉本末，年月無所考。孟奎始至，見所謂倉橋者，幅袤隆起，意倉必稱是。問之，則頹垣斷礎，廒屋東西攲，門闞之不闔不楔也。郡小而賦重，地寒而斂遲，多稼尚棲畝，大農急符已鱗次。民且艾且舂，輸惟恐後，往往朝入庾、夕轉漕矣。官若兵之既稟，方鑿空旁朵以給之，倉無宿儲，過者弗顧，匪但歲久蠹[①]毀也。孟奎聞而惕[②]若，切伏惟念，頃叨臨遣，玉音有[③]曰："此去千里民牧。"大哉王言，罔敢失[④]墜，求牧與芻，蓋藏宜謹，恃陋弗葺，芻牧謂何？銖累圭俸，創節制司酒庫，閱月七八，以其息緡授之理掾，俾提其綱，役以游擊坐營之兵，工取於傭，竹木磚甓，一用市價。始於咸淳二年之二月，落成於是年八月，爲廥一百八十五丈，崇九尺，溝壍繚匝，堂三間，合前營後室十有六楹，廒四所，屋各四間，字以"五穀人民役[⑤]"。閱其門，手書扁颜[⑥]曰"和豐倉"，蓋取民和年[⑦]豐之義。培厚增高，可支百年。向使於彼道謀，憚勞惜费，荒墟可立而待也。地與譙樓相直，後傳營，前臨河，以西曰"倉灣"，今訛爲"滄"。施椽[⑧]作亭其上，踈寮高公所記者也。既以名橋，又以名灣，其可弊陋弗補耶？幸連歲得稔，不愧新扁，又適與古磚之讖合。

---

① "蠹"，原作"槖"，據《永樂大典》卷七五一四《倉》改。
② "惕"，《永樂大典》作"踢"。
③ "有"字，《永樂大典》無。
④ "失"，《永樂大典》作"夫"。
⑤ "五穀人民役"，《永樂大典》作"五穀熟人民育"。
⑥ "颜"，《永樂大典》作"額"。
⑦ "年"字，《永樂大典》無。
⑧ "椽"，疑當作"掾"。

孟奎嘗刻之壁，故弗重著云。

明年二月日記。

寬徵記

澄江爲負海之國，豪商巨賈，輻輳井邑，王文公"珠犀""魚蟹"之句，父老往往能誦之。時異事殊，長筏大艑，來不可期，惟莆之客舟歲一至，關市所徵，布縷、菓蓏、雞豚之屬而已。胥徒人私龍斷焉，官惡其慢上而殘下也。至定額使抱解，滋有以籍口，所取益無藝，雖粟麥不得免。商賈不行，物痛騰躍，日用飲食，使五尺之童持百十錢適市，倀倀然而返，幾成陋邦矣。

武監丞、内閣趙侯來撫茲土，有不便，聞之惟恐後，除之惟恐不速。顧闤闠蕭條，民無以爲生，出錢若千[1]萬，廣貸而漸收，已復貸，盡免其息。曩盡無市聲，今午夜乃止，惟是關徵之苛，民旅病焉。亟屏所謂專攔者，取税則手自删削，素輕者不增，多者即減，尤多者痛減。昔所徵今可以不徵者，盡捐之，布帛、藥物、紙角亡徵，三去一，又殺之。凡纂節津渡之在郊者，視已減例之半，過税則量收而已。又蠲舊所取額外加一三分錢，著在公櫝[2]，揭諸通衢，聞於部使者。復刻梓都務，使皆得摹本爲據。蓋常常而曰："商賈逾都邑、涉波濤貿遷，亦良苦。吾欲盡捐其税，庶幾古者'譏而不征'之義。柰郡計不支，上之供億方於此乎辨[3]。毋已則損之又損，俾受一分之寬，以少遂吾志乎！"嗚呼！安得君子長者之用心如此也。於是侯爲郡期月矣，爬梳櫛理，舊觀浸還。行商坐賈，既歌於野，出

① "千"，疑當作"干"。

② "櫝"，疑當作"牘"。

③ 此處"辨"字當通"辦"。

於塗。邦人乃造千之而請曰:"侯德政在人心,毋痛[1]言也。吾受寬征之賜甚大,將壽之石,願有述。"千之曰:"侯治郡如治家,心誠求之,以爲是當然爾。初無一毫近名之心,勿記可乎!"則又曰:"良法雖行,美意宜續。不可以傳遠垂後,吾懼不得終拜侯賜也。"千之曰:"愛民體國,誰無是心?今豈特爲?若便於國也,蓋多。天下患物貴多矣,征之重則粥[2]於市取償焉,物烏得不貴?故通商所以阜物,物阜斯價輕,斯楮重矣。夫便民一也,通商二也,平物價三也,重楮價四也。一舉而數利存焉。蓋以《關雎》《麟趾》之意,行《周官》之法度,其誰以易之?"因記其實,使來者有考云。

侯名孟奎,字文曜。咸淳丙寅記。

以上《[洪武]常州府志》卷十八《文章》徵引《江陰續志》

其中《慈幼局記》又見《永樂大典》卷一九八七一《局》徵引《江陰志》

題　詠

浮遠留題

趙汝騰

浮遠奇觀天下稀,層欄上與玉繩齊。孤峰枕上勾吴左,一水來從蜀漢西。霜葉寂寥津樹少,烟波縹緲暮雲低。暂清正屬書生事,惆悵關河尚忍悽?

① "痛",疑當作"庸"。

② 此處"粥"字當通"鬻"。

登浮遠堂

尹　焕

憂民憂國鬢俱蒼，老去何心燕寢香？政自懲羹虞旱暵，又還載酒勸耕桑。鶯花無復行春樂，牲幣方思禱雨忙。何日承平還舊觀，醉歸倒載詠高陽。

雲濤沸日打春灣，仿佛川妃響珮環。千古長江朝巨海，一尖孤塔鎮君山。暖催雁翼歸天北，風約龍腥入坐間。草草登臨殊不惡，且呼樽酒暈衰顔。

題浮遠堂

吴當可

落日孤雲雁影斜，蒼蒼烟水渺蒹葭。江於盡處將通海，淮到中間尚隔沙。斗絶莫言千里小，風寒全靠一屏遮。願留名勝咽喉地，彈壓山川扈翠華。

假守澄江，元正會鄉友，叙拜於迪齋詔卿之壽力堂，小詩紀實

三山 趙崇侯

乘障江城又半年，是邦喜事大夫賢。一琴出處知清獻，九老婆娑有樂天。説著吴音方莞爾，拈來閩語尚依然。願君衣錦相承去，還與吾儂受一廛。

和前韻

吴當可

喬木家聲多歷年，幾年願識我公賢。瓣香來炷南豐壽，塵眼欣披樂廣天。滿砌芝蘭俱籍甚，故山桃李尚依然。亘鄉童子與其進，

收拾囊書冀托廛。

以上《[洪武]常州府志》卷十四《文章》徵引《無錫志》[1]

創雄覽臺留題

龔　準

茲城肇改邑,地偏景逾奇。襟江帶淮海,天造非人爲。筆峰兩離立,前參後欲隨。於間尚斯臺,收拾靡遐遺。歷覽既不極,稱雄亦其宜。我來桃未華,成此冰始澌。民劬歲僅熟,經始無與知。凌虚得游目,信美將安之?小住豈不佳,王事乃有期。雲泥渺飛鴻,去去餘丘坻。

留題天慶觀

龔　準

謁來古驛寄吟身,此是臨岐第一程。公事久閑行色易,歸期可數客心輕。榻分竹影推衾冷,舟傍梅花得句清。明日黄田江上路,料應鷗鷺不相驚。

暇日同衆官登浮遠

孫應鳳

此是經游第二遭,山君應不厭吾曹。天光秪覺茫茫闊,地步從知節節高。淮面雖云籬落静,江頭更要户門牢。欲將此意同商確,醉後無言首屢搔。

① 《無錫志》,疑當作《江陰續志》。

浮遠堂留題

趙孟奎

戰争當七國,此地楚圻東。塔共山根老,江分海勢雄。潮隨沙浣白,暈到日生紅。誰謂宸京遠,西風望眼中。

浮遠堂

李　珏

十分輿地赤欄前,只隔沙汀是極邊。此水可當兵十萬,昔人空有客三千。蒼茫雲氣龍横海,杳渺秋聲雁貼天。東望蓬萊知不遠,回潮好趁順風船。

孔霆發

山意經秋分外清,傍欄一笑大江横。當時珠履三千客,未必金鰲頂上行。

暑往寒來幾廢興,沙汀鷗鷺見猶曾?游人若問中原事,莫上浮圖最上層。

林千之

遺民長憶楚春申,并把青山唤作君。名與洞庭千里共,地聯淮海一江分。石灣潮怒秋逾白,馬馱烟横日欲曛。莫上浮圖西北望,離離山草直連雲。

吴　枋

何年山背築斯堂?今古題詩滿屋梁。風過塔鈴常自語,地高座席易生凉。春潮鵝鼻添魚網,秋日黄田聚舶航。最喜近城才二里,人言此景勝瀟湘。

此邦素號暨陽鄉,不是荆湖古岳陽。東近海門江結局,北連淮浦水分强。李侯屯戍名猶在,楚相經游迹已荒。漁叟不知形勝地,蘆花深處自鳴榔。

蒼　墩梁敬帝墓

吴　枋

四望平原接遠村，一丘荒土號蒼墩。漢唐陵寢今無幾，却喜梁王塚尚存。

青　山

冶爐九所迹俱荒，獨有空山卧夕陽。今遇太平無事日，誰從此地鑄干將？

水調歌頭・題練江亭

吴當可

江遠與天接，亭聳覺雲低。風寒卧護一峰，巧作翠屏圍。崒𡸣寶輪千丈，縹緲琛航萬里，入市涌珠犀。窗户青紅濕，旌騎鼓簫隨。　歲華新，春意動，落成時。賣薪買酒，老農捫腹看翬飛。盡道宣城別駕，來向澄江坐嘯，如練句重題。多謝尹師魯，休憶謝玄暉。

和前韻

尹　焕

木末畫欄小，雁背夕陽低。寒潮自入空港，斗折郡城圍。乍復江山奇觀，唤起蓬壺仙老，妙墨看揮犀。捧硯者誰子？已辦錦囊隨。　柳將芽，梅已粉，歲闌時。坐中有客，豪放逸思與雲飛。平日何曾盡醉，今日直須拚飲，落月到璇題。正要人料理，山水有清暉。

八聲甘州·聖妃祠下[1]

吴當可

湛晴空，暝色起林端，一片水雲秋。正潮回沙觜，烟迷渡口，天際歸舟。多謝江妃憐我，風馭暫教收。倚杖首看空闊，橘里漁洲。　　極目神州在望，勸詩人無事，莫上危樓。也不須趙舞，低首且吴謳。好辦取右杯左蟹，對西風萬斛洗牢愁。年華晚，流光梭擲，不爲人留。

賀新郎·奉别澄江

趙汝績

今日爲行客，望君山，層空塔影，依然孤直。白叟黄童休惆戀，鳥倦雲飛自得。看綵幟，紛紛争出。申浦從來風俗美，何芳題，韻句多傷激。重舉酒，共於邑。　　吴中蒓鱸[2]西風急。笑幾番，來來往往，總成勞役。只道江山天樣險，倚楫中流可擊。又豈料前程如漆。主聖臣良恩寬大，許相如，歸去猶全壁[3]。香火債，古桐柏。

沁園春·題雄覽

余　鰲

渤海政成，闔郡人和，戲爲此臺。倚長江一帶，擎空兩柱；水連天遠，山送青來。鴻帖雲飛，鷺從沙起，極目天邊近是淮。憑欄久，盡英豪意氣，慷慨襟懷。　　登臨與客啣杯，笑當日凌風只爲梅。

① “聖妃祠下”四字，原作小字。

② “鱸”，原作“鱠”，據《輿地紀勝》卷五《平江府》改。

③ “壁”，疑當作“璧”。

看江山歷歷，依然天險；波濤洶洶，還得人材。擊節中流，焚舟赤壁，個樣勛名亦快哉。留無計，柰使君行也，天上班催。

看花回敘·題浮遠[①]

石正倫

翠巘，俯晴空望極，澄江如練。氣蒸吴楚亘萬里，來自岷峨源遠。鯨潮暗長烟。半抹平沙，横展沙外天。但蒹葭莽蒼，遥指是淮甸。　雲帆豆許乍冥，迷望中難辯[②]。俄見津亭巨舶聚，峒寶蠻香登市駢闐。紅粉畫樓，促拍當歌勝鶯囀。應笑采芙蓉，來調客，臨流解瓊瑱。　徘徊處，欄干倚遍。滄半川，落日遺照黄田。珠履塵銷，故城蕪暗。問誰持酹，叢祠苔蘚。興亡古今如夢，清愁費排遣。來鷗去鷺，多情又還，雙下蓼灘淺。　春正好，長安戀。酒恨來晚，過了河魨初薦。除非重携弄玉，吹徹具[③]宫珠殿。飛鏡高懸。惢倒融尊，細吟海賦，星河任低轉。便酩酊，未驂鸞，也疑身是仙。

太清引[④]·雄覽臺留題

趙孟奎

四邊除去舊夫容，突兀起清空。浮遠未専雄。算一様，支當北風。　山川草木，樓臺城郭，生色畫圖濃。别後碧雲重，定只在，

---

① 按《御定詞譜》未見此詞牌。

② 此處"辯"字當通"辨"。

③ "具"，疑當作"貝"。

④ 《歷代詩餘》卷十九有注："'太常引'，一名'太清引'，雙調四十九字。"

江南夢中。[1]

以上《[洪武]常州府志》卷十五《文章》徵引《無錫志》[2]

① 此处原有“江陰舊有郡志,遺闕泯漫。至元丙戌,分教於兹,重加校正,命工鋟梓,始爲全書,蓋存古也”。即宋《江陰軍志》元刻本之跋,見《[弘治]江陰縣志》卷十四《諸志序例次第·重刊宋志題識》。

② 《無錫志》,疑當作《江陰續志》。

附　録

至元中重刊宋志題識

江陰舊有郡志，遺闕泯漫。至元丙戌，分教于兹，重加校正，命工鋟梓，始爲全書，蓋存古也。

江陰儒學教授、永嘉朱子昌書。

洪武中重刊宋志序

予觀宋《江陰志》，作於紹定，實起自太平興國以來，三百年事，略可尋覽。大要所詳載者三——江防、民政、學事也。其於營屯之設置、攻守之備具，七百里江面，歷歷掌握中，無尺地非其所經理；民間閘堰之起築、租課之耗益，二百里郊圻，物物在胸臆下，無一夫非其所料理；以至學校之事皆然。真可見古人爲政之用心矣！皇明龍集丙辰春，朝廷注意於天下典故，深加訪求，用探考究，以備觀覽。惜乎本境兵燹焚蕩之餘，架閣無文，廳壁無記。於是招集遺老，延致儒流，胥會于學宮，搜葺散亡，掇拾殘斷舊書，前後續編，總一十三卷。求之數家，晚得张彦翔所藏本讎校，始克稍完。謄録鋟刻，猶慮中閑魯魚亥豕，訛舛尚多。哲匠藻鑑，儻改而正諸，不亦宜乎？

洪武九年四月良日，承事郎、知常州府江陰縣事饒玄德序。

以上《［弘治］江陰縣志》卷十四《諸志序例次第》

參考書目

《上海圖書館藏稀見方志叢刊·[洪武]常州府志十九卷》,[明]張度,國家圖書館出版社,2011.9

《明永樂常州府志》,常州市地方志辦公室,廣陵書社,2006.10

《宋江陰志輯佚》,楊印民,天津古籍出版社,2016.8

《〈永樂大典·常州府〉清抄本校注》,王繼宗,中華書局,2016.7

《[萬曆]常州府志》,[明]劉廣生,萬曆四十六年刻本

《中國地方志集成·[康熙]常州府志》,[清]于琨,鳳凰出版社,2008.4

《無錫文庫·[弘治]江陰縣志》,[明]黄傅,鳳凰出版社,2011.2

《無錫文庫·[嘉靖]江陰縣志》,[明]趙錦,鳳凰出版社,2011.2

《無錫文庫·[崇禎]江陰縣志》,[明]馮士仁,鳳凰出版社,2011.2

《無錫文庫·[道光]江陰縣志》,[清]陳延恩,鳳凰出版社,2011.2

《無錫文庫·[光緒]江陰縣志》,[清]盧思誠,鳳凰出版社,2011.2

《無錫文庫·[民國]江陰縣續志》,[清]陳思,鳳凰出版社,2011.2

《續修四庫全書·[咸淳]重修毗陵志》,[宋]史能之,上海古籍出版社,2002.4

《欽定四庫全書·[淳熙]三山志》,[宋]梁克家,上海古籍出版社,1987

《欽定四庫全書·明一統志》,[明]李賢,上海古籍出版社,1987

《中國方志叢書·[成化]重修毗陵志》,[明]朱昱,成文出版社,1983.3

《中國方志叢書·重修琴川志》,[宋]鮑廉,成文出版社,1983.3

《江蘇地方文獻叢書·[至順]鎮江志》,[元]俞希魯,江蘇古籍出版社,1999.8

《中國地方志集成·[乾隆]江南通志》,[清]黄之雋,鳳凰出版社,2011.7

《北京圖書館古籍珍本叢刊·[正德]姑蘇志》,[明]王鏊等,書目文獻出版社,2000.7

《吴中人物志》,[明]張昶,古吴軒出版社,2013.7

《常郡八邑藝文志》,[清]盧文弨,鳳凰出版社,2017.5

《中國地方志集成·[光緒]常昭合志稿》,[清]鄭鍾祥,鳳凰出版社,2011.7

《太平寰宇記》,[宋]樂史,中華書局,2007.11

《方輿勝覽》,[宋]祝穆,中華書局,2003.6

《輿地紀勝》,[宋]王象之,四川大學出版社,2005.10

《永樂大典》,[明]解縉,中華書局,1998.4

《通典》,[唐]杜佑,浙江古籍出版社,2007.9

《國語》,[戰國]左丘明,上海古籍出版社,2015.6

《史記》,[漢]司馬遷,中華書局,2013.10
《晋書》,[唐]房玄齡等,中華書局,2013.10
《南史》,[唐]李延壽,中華書局,2013.10
《宋史》,[元]脱脱等,中華書局,2013.10
《宋會要輯稿》,[清]徐松,上海古籍出版社,2014.7
《南宋館閣録 續録》,[宋]陳騤,中華書局,1998.7
《資治通鑑》,[宋]司馬光,中華書局,2011.8
《全唐文》,[清]董誥等,中華書局,1983.11
《唐文粹》,[宋]姚鉉,浙江人民出版社,1986.12
《全宋文》,曾棗莊、劉琳,上海辭書出版社,2006.9
《藝文類聚》,[唐]歐陽詢,上海古籍出版社,1999.5
《全唐詩》,[清]彭定求等,上海古籍出版社,2010.7
《中興間氣集》,[唐]高仲武,國家圖書館出版社,2009.9
《文苑英華》,[宋]李昉等,中華書局,2018.9
《全宋詩》,北京大學古文獻研究所,北京大學出版社,1998.12
《宋詩紀事》,[清]厲鶚,上海古籍出版社,2008.3
《宋詩紀事補遺》,[清]陸心源,山西古籍出版社,1997.7
《元詩選》,[清]顧嗣立,中華書局,1987.10
《明詩綜》,[清]朱彝尊,中華書局,2007.5
《江上詩鈔》,[清]顧季慈,上海古籍出版社,2003.12
《全宋詞》,唐圭璋,中華書局,2005.1
《歷代詩餘》,[清]沈辰垣等,上海書店出版社,1985.10
《欽定四庫全書·疑獄集》,[五代]和凝,臺灣"商務印書館",1986
《欽定四庫全書·宛陵集》,[宋]梅堯臣,臺灣"商務印書館",1986

《欽定四庫全書・嚴陵集》,[宋]董弅,臺灣"商務印書館",1986

《欽定四庫全書・端明集》,[宋]蔡襄,臺灣"商務印書館",1986

《欽定四庫全書・廣陵集》,[宋]王令,臺灣"商務印書館",1986

《欽定四庫全書・集古録》,[宋]歐陽修,臺灣"商務印書館",1986

《欽定四庫全書・漫塘集》,[宋]劉宰,臺灣"商務印書館",1986

《欽定四庫全書・浮山集》,[宋]仲并,臺灣"商務印書館",1986

《欽定四庫全書・絜齋集》,[宋]袁燮,臺灣"商務印書館",1986

《欽定四庫全書・氏族大全》,臺灣"商務印書館",1986

《常州先哲遺書・丹陽集》,[宋]葛勝仲,南京大學出版社,2010.3

《常州先哲遺書・鴻慶居士集》,[宋]孫覿,南京大學出版社,2010.3

《常州先哲遺書・毗陵集》,[宋]張守,南京大學出版社,2010.3

《常州先哲遺書・韻語陽秋》,[宋]葛立方,南京大學出版社,2010.3

《影鈔宋本陸士衡文集》,[晉]陸機,國家圖書館出版社,2018.6

《四庫唐人文集叢刊・李遐叔文集》,[唐]李華,上海古籍出版

社，1993.6

《河東先生集》，[唐]柳宗元，北京圖書館出版社，2003.8

《蘇魏公文集》，[宋]蘇頌，中華書局，1988.9

《無爲集》，[宋]楊傑，中華書局，1991

《蘇轍集》，[宋]蘇轍，中華書局，1990.8

《劍南詩稿》，[宋]陆游，綫裝書局，2014.7

《歸田録 澠水燕談録》，[宋]歐陽修、王闢之，浙江古籍出版社，1984.5

《唐宋史料筆記·東齋記事》，[宋]范鎮，中華書局，1997.12

《"國立中央圖書館"善本叢刊·東都事略》，[宋]王稱，1991.2

《言行龜鑑》，[元]張光祖，上海商務印書館，1934

《叢書集成初編·煎茶水記》，[唐]張又新，中華書局，1991

《叢書集成初編·厚德録》，[宋]李元綱，中華書局，1985

《叢書集成初編·石林詩話》，[宋]葉夢得，中華書局，1991

《經義考》，[清]朱彝尊，中華書局，1998.11

《孟子注疏》，[漢]趙岐，[宋]孫奭，上海古籍出版社，2017.6

《莊子》，[戰國]莊子，花城出版社，1998.5

《蘇沈良方》，[宋]沈括、蘇軾，上海科學技術出版社，2003.1

《正統道藏·洞玄部威儀類·玉籙資度宿啟儀》，佚名，上海涵芬楼，1924